浙江越秀外国语学院出版基金资助

民办本科高校
教学质量保障体系建设研究

赵海峰 著

上海交通大学出版社
SHANGHAI JIAO TONG UNIVERSITY PRESS

内容提要

　　民办本科高校的人才培养有其自身特定的内涵和外延,从高等教育的"拾遗补缺"地位转变为重要组成部分,显示了其存在与发展的价值。教学质量是民办本科高校生存和发展的生命线。但因各种历史的、观念的、政策的、经济的原因,民办本科高校相比公办高校明显存在师资力量弱、生源质量差、办学经费紧张等现实差距。本书就民办本科高校该如何提升和保障教学质量,如何才能在新时代高校竞争中立足,决定民办本科高校教学质量的关键因素是什么等问题进行了深入的研究和探索。本书可作为我国民办高等教育教学质量管理人员的参考。也可供各民办本科高校的研究者参考。

图书在版编目(CIP)数据

　　民办本科高校教学质量保障体系建设研究/ 赵海峰
著. —上海:上海交通大学出版社, 2022.10
　　ISBN 978 - 7 - 313 - 27620 - 9

　　Ⅰ. ①民… Ⅱ. ①赵… Ⅲ. ①民办高校-教学质量-
保障体系-研究-中国 Ⅳ. ①G648.7

　　中国版本图书馆 CIP 数据核字(2022)第 185793 号

民办本科高校教学质量保障体系建设研究

MINBAN BENKE GAOXIAO JIAOXUE ZHILIANG BAOZHANG TIXI JIANSHE YANJIU

著　　者:赵海峰	
出版发行:上海交通大学出版社	地　　址:上海市番禺路 951 号
邮政编码:200030	电　　话:021 - 64071208
印　　制:上海万卷印刷股份有限公司	经　　销:全国新华书店
开　　本:710 mm×1000 mm　1/16	印　　张:16
字　　数:244 千字	
版　　次:2022 年 10 月第 1 版	印　　次:2022 年 10 月第 1 次印刷
书　　号:ISBN 978 - 7 - 313 - 27620 - 9	
定　　价:68.00 元	

前　言 | FOREWORD

2017 年，中国共产党第十九次全国代表大会首次提出"高质量发展"的表述，指出中国经济由高速增长阶段转向高质量发展阶段。2019 年政府工作报告中强调，"要发展更加公平更有质量的教育"。2020 年 10 月，党的十九届五中全会指出，"我国已转向高质量发展阶段"。2021 年 3 月，《中华人民共和国国民经济和社会发展第十四个五年规划和 2035 年远景目标纲要》第四十三章明确提出"建设高质量教育体系"，第三节专论"提高高等教育质量"。可见，"提高高等教育质量"不仅是大家谈论的热点话题，而且是上升到国家发展战略和目标的问题。

我们在谈论高校教学质量问题时，首先要弄清楚究竟什么是"教学质量"，然后才能判断我国高校教学质量究竟处于什么样的水平。然而，目前各种高等教育文件以及关于这个问题的高等教育研究论文著作，基本上都没有回答清楚这个前提性的基本问题。我们很少看到严谨、客观描述我国高校教学质量的文献资料，也很难找到关于我国教学质量严谨、翔实的实证数据。在提出本书标题的时候，就有人质疑："民办高校的教学质量与公办高校的教学质量难道不一样吗？"以此认为这个选题意义不大。产生这种疑问的原因就在于人们对"教学质量"的认识不明确。本书作者认为"教学质量"是一个动态变化的概念，不同的历史时期，不同的类型、层次和办学定位的高校，同一所高校的不同发展阶段对教学质量的标准和要求是不同的，判断教学质量高低的主要标准是：满足经济社会发展需要的程度、符合学校人才培养定位与教学目标的程度；满足学生个性发展需要的程度。是公办高校还是民办高校不是判断高校教学质量高低的标准，但是公办高校与民办高校在办学体制、经费来源、用人机制、教学条件建设等许多方面都是有显著区别的,因此其教学质量的保障体系是不一样的,是有特殊性的。

我国的民办本科高校是伴随着我国高等教育的大扩招而发展起来的,已经成为我国高等教育的重要组成部分。我国高等教育正处于从大众化迈向普及化的阶段,其发展面临普及化、信息化、国际化等多方面的压力与冲击,质量问题已经成为制约高等教育发展的核心问题。在国家开展"双一流"高校建设,走内涵式发展道路的背景下,民办本科高校如何改变传统的以经验为主的教学质量管理模式,建立规范、科学的教学质量保障体系,提高和保障教学质量,实现内涵式发展,是一个既具有挑战性,又具有重要意义的现实课题。本书研究的课题有助于促进民办本科高校教学管理的规范化,提升民办本科高校的教育教学质量,为高水平民办大学建设打下坚实的基础。

本书共分七章。第一章绪论,分析选题的缘由和意义,综述相关研究现状,界定核心概念,厘清研究思路、方法与研究的主要内容。第二章概述全国民办本科高校的教学质量现状。第三章概述浙江省民办本科高校的发展概况及其教学质量现状。第四章以浙江省民办本科高校为例,对其教学质量保障情况进行问卷调查,归纳和总结民办本科高校教学质量建设的主要问题和产生原因。第五章概述民办本科高校教学质量保障体系构建的理论基础,包括高等教育分类理论、全面质量管理理论和产出导向教育理论。第六章构建民办本科高校的教学质量保障体系,包括构建原则、组织设计、基本模型、基本要素和运行机制。第七章对民办本科高校教学质量保障体系的实施提出有关对策建议。

由于作者水平有限,本书错误和不当之处在所难免,敬祈读者指正。

赵海峰

2022 年 1 月

目　录 | CONTENTS

第一章
绪　论

　　培养人才是高校的第一职能,提高教学质量是高校永恒的主题。20 世纪后半叶,高等教育规模持续扩张,世界高等教育在校生总数由 1960 年的 1 300 万人增加到 1995 年的 8 170 万人,净增长 5 倍多[①]。我国从 1999 年开始高等教育扩招,全日制本专科在校生从 1999 年的 413.42 万人增加到 2016 年的 2 695.84 万人[②]。20 世纪 80 年代以来,高等教育质量保障运动在发达国家率先掀起,提高和保障高等教育质量逐步成为世界上众多国家的高等教育改革任务。进入 21 世纪以来,伴随着高等教育的大扩招,我国出现了一大批新建民办本科高校,作为我国高等教育的一个新的群体,其人才培养不同于部属本科高校和老牌地方本科高校,也不同于高职院校。民办本科高校的人才培养有其自身特定的内涵和外延,从高等教育的"拾遗补缺"地位转变为重要组成部分,显示了其存在与发展的价值。教学质量是民办本科高校生存和发展的生命线。但因各种历史的、观念的、政策的、经济的原因,民办本科高校相比公办高校明显存在师资力量弱、生源质量差、办学经费紧张等现实差距,在这样的情况下,民办本科高校该如何提升和保障教学质量? 如何才能在新时代高校竞争中立足? 决定民办本科高校教学质量的关键因素是什么? 对这些问题都需要不断地进行研究和探索。

---

　　① 熊志翔.高等教育质量保障的制度性变革[J].高教探索.2008(2).
　　② 数据来源:教育部公布的《1999 年全国教育事业发展统计公报》和《2016 年全国教育事业发展统计公报》。

第一节　研究缘起及研究意义

提高教学质量是高校办学的永恒主题。随着世界高等教育质量保障运动的高涨和联合国教科文组织在 1999 年第二届世界高等教育大会上提出"建立完善的质量保障体系"的倡议,中国高等教育大扩招带来的高等教育质量问题,包括民办本科高校在内的高等教育质量保障问题成为关注热点。

一、研究缘起

笔者从 2002 年起就职于浙江省的一所民办高校,主要从事民办高校的教学和管理工作,参与了所在民办高校从高职升格为本科的整个办学过程,选择并致力于民办本科高校的教学质量保障体系研究,主要有以下三方面缘由。

1. 本科教学质量是高等教育的根本

马丁·特罗教授提出了高等教育规模发展的三个阶段,相应地有学者认为,从人们对高等教育质量的关注程度的角度看,高等教育的发展也可以分为质量内隐时代(精英阶段)、质量保障时代(大众化阶段)和质量革新时代(普及化阶段)①。在质量内隐时代,高等教育质量只是高校内部或教育界关心的"自己的事情",外界很少有人怀疑高等教育质量。但高等教育从精英阶段进入大众化阶段时,随着高等教育规模的迅速扩大,高校的师资等其他教育资源无法及时得到同步增加,高等教育的质量在一定程度上会有所下降,社会公众也会质疑高等教育质量。为了应对公众对于高等教育质量的质疑,同时也为了尽可能防止高等教育质量的下降,高等教育质量保障体系开始构建,高等教育转入质量保障时代。西方发达国家高等教育进入普及化阶段后,规模扩张有所减缓,但社会对高等教育质量提出了更高的要

---

① 黄海涛.学生学习成果评估:美国高等教育质量保障研究[M].北京:教育科学出版社,2014.

求,"知识创新"成为世界各国关注的焦点,人们开始重新定义高等教育质量,并通过各种方式不断提高高等教育质量,这一时期,高等教育的"质量革新"主题越来越鲜明,高等教育也逐步进入质量革新时代。这一时期的特征主要表现为:① 高等教育从"卖方市场"转为"买方市场",人们对高等教育的需求从"有学上"转变为"上好学",教育质量成为高校竞争的最重要因素;② 知识创新能力和人才培养质量成为衡量一个国家高等教育发展水平的主要标尺;③ 高等教育质量成为全社会所有高等教育利益相关者关注的首要问题;④ 世界各国纷纷建立起质量保障体系并采取各种质量革新措施,促进高等教育质量的提高;⑤ 高等学校越来越重视内部质量保障体系的建立健全;⑥ 高等教育质量问题成为高等教育学界研究热点,研究从宏观不断趋向微观,并聚焦于教学中的实际问题。

《国家中长期教育改革和发展规划纲要(2010—2020 年)》中明确指出"提高质量是高等教育发展的核心任务,是建设高等教育强国的基本要求"[①]。建设教育强国是中华民族伟大复兴的基础工程,教育优先发展也是经济社会发展的一项战略决策,高等教育必须为国家的发展、民族的复兴提供优质人才资源。我国高等教育分博士研究生、硕士研究生、本科生、高职生四个层次,其中,"本科生是高素质专门人才培养的最大群体,本科阶段是学生世界观、人生观、价值观形成的最关键阶段,本科教育是提高高等教育质量的最重要基础,办好我国高校,办出世界一流大学,人才培养是本,本科教育是根"[②]。为此,教育部提出"必须坚持'以本为本',加快建设高水平本科教育"[①]。

教育部高等教育司司长吴岩在高等学校专业设置与教学指导委员会第一次全体会议上的讲话中指出:"我们现在民办高校的数量,本科学校 419 所,占 33.65%,正好三分之一。三分天下有其一,三分之一民办高等教育不行的话,中国高等教育一分天下塌了天怎么行?"[③]民办本科高校虽然是利

---

① 中共中央,国务院.国家中长期教育改革和发展规划纲要(2010—2020 年)[Z].中发〔2010〕12 号,2010 - 07 - 08.

② 教育部.教育部关于加快建设高水平本科教育　全面提高人才培养能力的意见[Z].教高〔2018〕2 号.2018.

③ 吴岩.在高等学校专业设置与教学指导委员会第一次全体会议上的讲话[EB/OL].光明校园传媒 https://mp.weixin.qq.com/s/fgPd4eJSnNTz5usbJ9hBfQ,2019 - 6 - 26/2019 - 07 - 23.

用非国家财政性经费举办的,但是在为国家培养人才方面承担着重大责任,发挥了重要作用,是普通本科教育不可或缺的重要组成部分,"以本为本"的要求必然包括所有民办本科高校。提升民办本科高校的教学质量,既是国家发展战略的要求,也是民办本科高校发展的核心任务。

2. 民办本科高校亟待提升教学质量

我国的民办本科高校几乎都是 2000 年以后通过"升本"或由独立学院转制才建立的,办学时间不长,教学质量相对还比较低,社会上对民办本科高校教学质量的认可度还不高。我国民办高等教育不同于国外的捐资办学,更多属于投资办学,具有"公益—营利"双重性。公益性与营利性之间的矛盾,加上民办高校法人属性不明以及政策性支持不足等问题,都给民办高校的发展带来很大的不利。在相当一部分人的思想观念中,始终存在着五种论调:一是认为民办高校的存在是多余的,办好公办学校就行了;二是认为民办高校的举办会对公办高校造成冲击,民办高校培养的人才就业是很难的;三是认为举办民办高校就是为了赚钱,不利于人才培养;四是对民办高校的人才培养质量表示怀疑,认为民办高校培养不出高质量的人才;五是认为民办高校迟早要被取缔,民办高等教育只是一种过渡性教育①。长期以来,人们对民办高校发展"宏观肯定、微观否定""制度鼓励、政策紧缩"的情况明显存在,我国民办高校一直处于公办高校的补充地位。比如,在高考招生录取制度上民办本科高校被安排在本科招生批次的最后,客观上给人们造成一种民办本科高校层次低、水平低,公办高校进不去才不得已选择民办高校就读的印象。

我国民办本科高校是伴随高等教育大扩招而发展起来的,为了积累资金,就千方百计扩大招生规模,由此带来一系列问题,比如人均校舍面积不足,教室、实验室等硬件条件较差,图书资料不足,自有专任教师数量严重不足,学生管理和教学改革滞后等,从而导致教学质量下降。2008 年左右,我国高考考生人数逐年下降,到达波谷,很多民办高校出现生源不足的危机。生源危机背后的实质是人民群众对民办高校教学质量的信任危机。要改变

---

① 中国民办高教发展战略研究课题组.民办高等教育新发展中面临的问题[J].浙江树人大学学报,2002(5).

人们对民办本科高校办学质量的偏见,唯有扎扎实实开展内涵建设,切实提高民办本科高校人才培养质量。

2014 年国家发布了高考招生制度改革方案,浙江省和上海市率先试点,尤其是浙江省从 2017 年开始实行"专业＋学校"的志愿填报方式,录取不分批次,直接对民办高校的专业人才培养质量提出了严峻的挑战。如果说以前有的专业可以通过"调剂"招满学生,那么现在就没有"调剂"一说,完全由市场进行决定,如果没有学生选择,那么这个专业就只能被淘汰。因此,民办本科高校迫切需要加强专业特色建设,提高和保障专业人才培养质量已是当务之急。我国民办本科高校建设还处在初级阶段,基础还比较薄弱,管理还很不完善,跟公办本科高校相比还有很大的差距。民办本科高校的教学质量保障工作还存在明显的不足,各项教育教学管理制度亟须加以规范和完善,教育教学改革需要不断深化,教学质量亟须提升。

3. 教学质量保障体系建设是提升教学质量的重要举措

我国目前的民办本科高校发展历史还很短,学校的很多管理规章制度都存在较大的模仿公办本科高校的痕迹;学校的领导很多来自公办本科高校,对学校的管理也主要依据其经验;学校的中层管理人员则两极分化,初期以聘请公办本科高校的学历职称层次相对较高的人员(有相当一部分是退休返聘教师)担任中层领导为主,目前发展相对较好的民办本科高校的中层干部已经主要以本校培养的年轻干部为主了,但这些人员普遍比较年轻,经验与能力相对不足。这些因素使得民办本科高校的教学管理工作在制度化、规范化方面尚显不足,一定程度上还带有较明显的"人治"色彩,还没有建立起系统地保障教学质量的制度规范体系。

高等学校建立教学质量保障体系,实际上是借鉴企业质量管理的理念与方法,从人才培养目标出发,把人才培养的各个阶段、各个环节的职能组织起来,围绕人才培养活动,动员各利益相关者全员、全方位、全过程参与,并实时根据相关质量标准进行评价与诊断,及时纠正偏差,从而实现人才培养工作的持续改进,最终建立保障人才培养目标实现的质量管理系统。它的主要功能是保证高校培养的人才能够满足经济社会发展的要求,提升高等学校主动适应市场变化的能力,促进高校合理利用内外部资源,尤其是学校内部的人力资源,不断改进和提高自身人才培养活动的效果①。因此,民办本科高校要提升教学质量,有必要先建立起一套教学质量保障体系,从而规范各项教学管理工作,同时又形成一种自我诊断、自我调整、持续改进的机制,使学校的教学质量建设事半功倍。

建立和完善高校的内部教学质量保障体系,既是世界高等教育研究的重要课题,也是我国政府最新推进的本科教学工作审核评估的重要考察指标,从整个高等教育发展历史来看,教学质量保障体系的建设是高等教育改革中的一项重大的制度创新。但一所新建的民办本科高校具体如何建立和完善内部教学质量保障体系,是民办高校在教育改革实践中的难点问题,包括如何保障、由谁保障、保障什么、怎样保障等问题都需要深入的理论研究和具体实践的检验。

此外,笔者目前正担任浙江省一所民办本科高校的教务处处长,每日所思所想的都是如何提升学校的教学质量,这也是选择研究民办本科高校教学质量保障体系建设的一大缘由。

二、研究意义

研究民办本科高校教学质量保障体系建设既是对当前高等教育改革实践需要的及时回应,也是民办本科高校提升教学质量的现实需要,具有重要的理论意义和实践意义。

(一) 理论意义

本书的理论意义,主要有以下两方面。

1. 有助于丰富教学质量保障体系建设理论

建立健全民办高等教育的内部质量保障体系,事关社会对民办高等教育的信心,事关我国高等教育事业的健康发展。我国目前已经建立了以"自我评估、院校评估(合格评估、审核评估)、专业认证与评估、教学基本状态数据常态监测、国际评估"为主要内容的"五位一体"的教学评估制度,外部教学质量保障体系建设理论相对已经比较完善。但是,高校的内部质量保障

---

① 王学俭,边耀君.建立思想政治理论课教学质量的保障机制[J].思想理论教育,2011(10).

体系才是一所高校健康发展的基石。然而,我国高校内部教学质量保障体系建设的理论还十分不完善,尤其是针对民办本科高校这一类型的高校内部教学质量保障体系的研究还十分稀少,因此,本书中的研究有助于丰富教学质量保障体系建设理论。

2. 能够为民办本科高校教学质量保障体系建设提供一个研究案例

理论指导实践又来源于实践。目前,对民办本科高校教学质量保障体系建设的理论研究还比较少,理论应用于实践的案例更少。本书以浙江省民办本科高校为例,在充分调查分析的基础上构建了民办本科高校的教学质量保障体系,同时又指导所在学校的实践,能够为民办本科高校内部教学质量保障体系建设的理论研究提供研究案例,及时总结民办本科高校在实践中探索的新思路、新方法、新经验,从而更好地指导民办本科高校教学质量保障体系建设工作,具有重要的理论价值。

（二）实践意义

本书的实践意义,主要有以下三方面。

1. 有助于提升民办本科高校教学管理的规范和实效

我国民办本科高校除仰恩大学外,都是在 2000 年以后设立的,开展本科教育的时间还很短,由于其办学体制的原因,一些民办本科高校实行家族式管理,开展工作可遵循的规章制度很不健全,遇到实际问题,经常凭经验办事,"人治"色彩还比较浓。另外,民办本科高校的校长有一大批是从公办高校聘请过来的,由于办学基础薄弱,硬件建设和软件建设都在不断地变化,学校的事务大多是凭校长们在公办高校积累的办学经验进行管理,还没有建立起一整套规范的具有民办本科高校特点的管理制度。随着本科教学改革的深入和教育思想观念的转变,本科生教育发展呈现多元化、多样化和个性化的趋势,社会各方面对本科人才培养质量提出了新的更高的要求。如何全面保障民办本科高校的人才培养质量,实现学校的规模、质量、结构、效益协调发展,是民办本科高校改革发展的关键问题。传统的以经验为主的教学质量管理模式已远远不能满足高等教育发展和人们对本科教学质量的要求。总之,通过建立健全民办本科高校的教学质量保障体系,使之形成完整的管理制度和实施体系,能够从根本上克服管理中的主观性和随意性,使学校管理科学规范,从而促进学校的可持续发展。

2. 有助于促进民办本科高校的特色发展

在高等教育大众化并迈向普及化阶段,高校本身应该是分类分层次的。在多元化的质量观指引下,不同类别与层次的高校应当建立起不同的质量标准。尤其是民办本科高校,可以充分利用体制机制的灵活性,细分经济社会的需求,确立自身的办学定位与专业的人才培养目标,构建一个独具特色的教学质量保障体系,从而促进民办本科高校的特色发展。

3. 有助于全面提高民办本科高校的教育教学质量

建设教学质量保障体系,能够促进民办本科高校加强内涵建设,不断完善办学机制,改善办学条件,提升师资水平,提高教学质量,增强学生的就业能力,树立学校的品牌与美誉度,使学校形成"进口旺、出口畅"的良性发展态势,从而使民办本科高校在办学层次与类型上达到一流的水平和质量,建设有较大影响力的高水平民办大学。

第二节　核心概念界定

本书研究民办本科高校的教学质量保障体系建设,在进入研究之前,首先要厘清民办本科高校、浙江省民办本科高校、教学质量、教学质量保障体系等有关核心概念。

一、民办本科高校

1993 年 8 月 17 日教育部颁发了《民办高等学校设置暂行规定》,第一次明确了"民办高等学校"的概念,"系指除国家机关和国有企事业组织以外的各种社会组织以及公民个人,自筹资金,依照规定设立的实施高等学历教育的教育机构"[①]。《中华人民共和国民办教育促进法》(以下简称《民办教育促进法》)第二条指出,"国家机构以外的社会组织或者个人,利用非国家

---

① 国家教育委员会.民办高等学校设置暂行规定[Z].教计〔1993〕129 号,1993.8.17.

财政性经费,面向社会举办学校及其他教育机构的活动,适用本法"①。根据上述法律和规章,将民办本科高校的概念总结如下:民办本科高校是指国家机构以外的社会组织或个人,主要利用非国家财政性经费,经国家有关部门批准设立的以实施本科学历教育为主的普通高等学校。这一概念包含以下四方面内涵。

一是其举办者是国家机构以外的社会组织或个人。也就是说它不是国家举办的,它的举办者主要有两类,一类是个人;另一类是具有法人资格的社会组织,如企业、社会团体等。当然也可以由个人和具有法人资格的社会组织共同出资举办。因此,它具有民间办学的性质,是现代意义上的私立高校。

二是其办学经费主要来源是非国家财政性经费。办学经费的来源是界定民办高校与公办高校的主要特征之一。民办高校虽然是民间办学,但同样是为社会培养有用人才的学校,具有"公益属性",因此,民办高校的发展同样需要政府财政的补助。根据新修订的《民办教育促进法》第三十六条规定,民办学校的经费来源主要有四种:举办者投入民办学校的资产、国有资产、受赠的财产和办学积累②。因此,虽然民办学校主要利用非国家财政经费办学,但不排斥政府财政经费支持。从世界范围来看,许多国家对私立大学的发展也都有不同程度的经费资助,有的补助经费额度甚至非常大。根据新修订的《民办教育促进法》,国家对民办学校按非营利性和营利性实行分类管理的政策,对于非营利性的民办学校,将加大政府财政的支持力度。

三是经国家有关部门批准设立。按照国家对民办高校实行"分类管理"的原则和《民办学校分类登记实施细则》,非营利性的民办学校登记部门为民政部门或事业单位登记机关,而营利性民办学校的登记机关为工商行政部门③。新修订的《民办教育促进法》第十一条规定,"民办学校的设置标准

---

① 全国人民代表大会常务委员会.中华人民共和国民办教育促进法[Z].2002年颁布,2016年修正.

② 全国人民代表大会常务委员会.中华人民共和国民办教育促进法[Z].2002年颁布,2016年修正.

③ 教育部等五部门.教育部等五部门关于印发《民办学校分类登记实施细则》的通知[Z].教发〔2016〕19号,2016.12.30.

参照同级同类公办学校的设置标准执行"①。

四是主要以实施本科学历教育为主。2006年教育部发布的《普通本科学校设置暂行规定》(教发〔2006〕18号)中指出,"普通本科学校主要实施本科及本科以上教育"②。因此,民办本科高校还包括在实施本科学历教育的同时实施研究生教育的高校。

本研究中的民办本科高校包括创建时即开展本科教育的民办本科高校、由"升本"而来的民办本科高校、由独立学院转制而来的民办本科高校,不包括公办大学下设的未转制的独立学院和中外合作办学高校,也不包括从事职业技术教育和培训的高等教育培训机构。

二、浙江省民办本科高校

根据上述"民办本科高校"的概念界定,浙江省民办本科高校是指浙江省内由国家机构以外的社会组织或个人,主要利用非国家财政性经费,经国家有关部门批准设立的以实施本科学历教育为主的普通高等学校。本书研究的主要对象是浙江省内的民办本科高校,不包括独立学院和中外合作办学高校。截至2021年底,浙江省共有5所民办本科高校,即浙江树人大学、浙江越秀外国语学院、宁波财经学院、温州商学院、西湖大学。其中前3所是由民办高职学院升格而来的,第4所是由独立学院转制而来的,最后一所是创建时先培养研究生的民办研究型大学,即西湖大学。因为西湖大学是由社会力量举办、国家重点支持的新型民办研究型大学,2022年招收首届本科生,在全国民办本科高校中不具有代表性,是个特例,所以本书主要以浙江省的其他4所民办本科高校为研究对象。

浙江树人大学是由浙江省政协于1984年创办的,1994年成为首批获国家教委批准的四所民办普通高校之一,2003年升格为民办本科高校。其创办资金主要来自社会人士捐助,后又并入了四所公办中专学校,国有资产占70%以上,其资产不归属于任何个人和私营组织。学校的产权性质决定

---

① 全国人民代表大会常务委员会.中华人民共和国民办教育促进法[Z].2002年颁布,2016年修正.

② 中华人民共和国教育部.普通本科学校设置暂行规定[Z].教发〔2006〕18号,2006.9.28.

了其是一所社会性的纯公益性的民办本科高校。

浙江越秀外国语学院前身是由绍兴市民盟于 1981 年创办的中专学校，1999 年浙江新和成集团公司、绍兴市房地产开发公司加入成立了绍兴越秀教育发展有限公司（目前浙江新和成集团公司是最大股东，占 90％的股份，绍兴市民盟和绍兴市房地产开发公司各占 5％的股份），由公司出资筹建高职学院，2001 年获教育部批准成为民办普通高职学院，2008 年 4 月升格为民办普通本科高校。

宁波财经学院前身为创办于 1997 年 12 月的宁波职业教育专修学院。2000 年经宁波市教育局批准，宁波卷烟厂下属的宁波大红鹰经贸有限公司（现为宁波大红鹰集团公司，系国有企业）创办宁波大红鹰教育集团。2002 年经浙江省政府批准，大红鹰教育集团在宁波职业教育专修学院的基础上，正式成立宁波大红鹰职业技术学院。2008 年 4 月升格为民办普通本科高校，2018 年经教育部批准更名为宁波财经学院。

温州商学院前身是 2005 年经教育部批准，在温州大学经济学院和信息科学与工程学院基础上建立的独立学院——温州大学城市学院，2016 年 4 月 21 日，教育部发文批准温州大学城市学院转设为温州商学院。民办的温州商学院由温州文博投资发展有限公司投资举办，而温州文博投资发展有限公司由北京英宁投资管理有限公司和陈玉梅、张汉鸣两位自然人股东三家共同投资组建，其中北京英宁投资管理有限公司占 60％股份，陈玉梅占 20％股份，张汉鸣占 20％股份（截至 2022 年 3 月）。

三、教学质量

在学术界，"教学质量"这个概念众说纷纭，没有形成一个统一的定义。代表性的观点主要有四个方面，一是认为教学质量主要指学生的质量，比如瑞典教育家胡森（T. Husen）认为："质量是指教育的产品，而不是指生产出这些产品的资源和过程。"[1]二是注重教学过程的质量，比如国内部分学者认为"教学质量是指教师在课堂授课过程中满足学生明确及隐含需求的特性之和"[2]。三是主

---

[1] ［瑞典］托斯坦·胡森.论教育质量[J].华东师范大学学报（教育科学版），1987(3)：2-9.

[2] 黄怡，田瑞玲.谈层次需求理论对提高高校教学质量的启示[J].兰州商学院学报，2001(2)：110-112.

要看教学效果,比如马红霞等学者认为,"教学质量就是指学生知识、能力、素质的变化与教学目标的符合程度"①;张卓认为教学质量是"教师的'教'和学生的'学'满足既定教学目标的程度"②。四是强调教学质量的综合性,认为"教学质量是一个综合指标,它是由上课教师的教授质量、学生的学习质量和教学管理部门的管理质量组成的。在形成教学质量诸因素中又有主次之分,其中教授质量和学习质量在教学质量形成中起重要作用,同时这两者在教学质量的形成中也不是等值的,其中教授质量起主导作用,是教学质量的主要体现"③。本书认同教学质量的综合性,认为教学质量涉及教学系统的各个方面,单纯从教学目标、教学过程或教学效果等某一方面来解释教学质量都是值得商榷的。

本书中的教学质量是指遵循教育规律,通过学校整个教学系统各个环节和要素的综合作用,使学生的德、智、体、美、劳等方面的发展符合学校的人才培养定位和教学目标、满足学生个性发展和经济社会发展需要的程度。这个概念主要有以下三方面内涵。

第一,教学质量表现在满足经济社会发展的需要上。教学质量是一个动态变化的概念,不同的历史时期因为生产力和科学技术发展水平不同,对学校所培养人才的质量有不同的标准和要求,因而反映在对教学质量的标准和要求上也就不同。但是,每一时期都要求学校所培养的人才、学校的教育教学质量应当符合当时的生产力发展水平、科学技术发展趋向及统治阶级的需要。因此,教学质量表现为高校所培养的人才质量达到社会的要求,能够满足经济社会发展的需要。而社会对人才的需求分很多层面,有研究型人才需求、复合型(或通识型)人才需求、应用型(或技能型)人才需求、一线技术工人需求,等等。在讨论教学质量时,首先要分清高校的人才培养定位,弄清高校是为满足社会的哪些需求的。我国当前的民办本科高校办学时间短、基础薄弱,在国家极力"引导部分地方普通本科高校向应用型转变,培养大量生产服务一线紧缺的应用型、复合

① 马红霞.论教学质量及其评价[J].天水师范学院学报,2002(6):57-58.
② 张卓.高校教学质量保障系统研究[J].中国高等教育评估,1998(4):24-26.
③ 郝保文.论教学质量的结构及教学质量的提高[J].内蒙古师范大学学报(哲学社会科学版),1994(3):68-73.

型、创新型人才"①的背景下,毫无疑问应当积极响应国家的号召,这也是民办本科高校得以生存发展的价值所在。

第二,教学质量是在教学工作过程中形成的。按照全面质量管理的观点,首先,教学质量是教学工作质量的综合反映,工作质量是教学质量的保证和基础,因此要通过改进教学工作,通过不断提高教学工作质量来保证和提高教学质量;其次,教学质量的形成与产品质量的形成类似,需要经过多道"工序"(或环节),会受多种因素的影响。教学质量的形成一般要经过招生、制定人才培养方案和教学计划、安排落实教学任务、开展教育教学等过程,其间还包括教室、实验室、教学仪器设备、图书资料等的建设与配备等辅助工作过程,最后还包括用人单位使用毕业生的过程等。而其中最复杂的教学过程包含学生、教师、教学内容与教学方法、教学条件与环境以及教学管理等基本要素。因此,教学质量的形成是一个系统工程,要提高教学质量就必须了解教学质量形成过程中的各个环节、各个要素的作用,抓好各个环节与要素的质量,同时注意协调各个环节、各个要素之间的关系,提高系统的整体性能,从而达到提高教学质量的目的。

第三,教学质量还体现在最终的教学效果上,体现在学生身上。具体可以从三个维度进行衡量:首先是学生的知识、能力、素质是否达到了预期的目标;其次是社会的满意度,即毕业生是否受到用人单位的欢迎;最后是毕业生自己的满意度,即毕业生是否实现了自身的发展需求。

四、教学质量保障体系

"所谓高等教育质量保障体系,是建立在高等教育质量保障机构和活动基础之上的有关要素相互联系、相互制约而构成的有机整体;是国家、社会和高等教育机构为对教育质量实施持续有效的质量维护、改进和提高而建立的管理体系。"②从实践来看,高等教育质量保障体系由外部质量保障体系和内部质量保障体系两部分构成。外部质量保障体系主要是由政府或社

---

① 教育部 国家发展改革委 财政部.教育部 国家发展改革委 财政部关于引导部分地方普通本科高校向应用型转变的指导意见[Z].教发〔2015〕7 号.2015-10-23.

② 熊志翔.本科院校质量保障体系研究[M].广州:广东高等教育出版社,2008.

会第三方机构所实施的对高等学校进行的质量审计与评估，是学校外部的评价与监督。内部质量保障体系是由高校自身实施的保障高校办学目标的实现和不断提高质量的持续改进的系统。

高校教学质量保障体系是高校内部质量保障体系下的一个子系统。本书中的教学质量保障体系是指：高等学校为了保障自身的教学质量而建立的能够持续改进教学质量形成的各个要素的质量和从人才培养目标出发，把人才培养的各个阶段、各个环节的职能组织起来，围绕人才培养活动，动员各利益相关者全员、全方位、全过程参与，并实时根据相关质量标准进行评价与诊断，及时纠正偏差，从而实现人才培养工作的持续改进，最终保障人才培养目标实现的一个质量管理系统。这个概念强调两方面内涵：一是能够持续改进教学质量形成的各个要素的质量；二是能够持续改进人才培养各个教学工作环节的质量。

第三节　相关研究综述

提高教学质量是高校建设发展的永恒主题，教学质量保障问题也是我国当下教育学术界的热点。基于中国知网(CNKI)数字平台，以"教学质量保障体系"为主题进行检索，发现相关研究主要以公办高校为研究对象，少见以民办高校为对象的研究。笔者以篇名中含有"民办本科"或"民办高校"，主题分别为"教学质量""质量保障""教学质量保障""教学质量保障体系"，时间限定在"2018年12月31日前"的条件进行搜索，结果如表1-1所示。

表1-1　相关文献检索结果(单位：篇)

主　题	教学质量	质量保障	教学质量保障	教学质量保障体系
文献数量	638	74	68	48

从发表的文献类型来看，68篇主题为"教学质量保障"的文献中有期刊文章49篇、博士论文2篇、硕士论文15篇、学术辑刊论文1篇、报纸文章1

篇。两篇博士论文分别是 2012 年陕西师范大学王庆如写的《民办高校办学水平提升策略研究》①和 2008 年华中科技大学李钊写的《民办高校办学风险防范研究》②。从这些文献的发表时间来看,2007 年以后有较多学者开始关注民办高校的教学质量保障问题,14 篇硕士论文全部都是在 2007 年以后发表的,其中 2011、2014、2017 年最多,每年 3 篇。另外,与民办高校质量保障体系的相关书籍,在厦门大学图书馆和华东师范大学的图书馆数据库中均只搜到一本著作,即中国海洋大学出版社 2012 年出版的由梁忠环、张春梅、张维霖、强玉红合著的《民办高等教育教学质量保障体系研究》③。该书共分 16 章,从显性和隐性两个方面的教学质量保障系统着手,对民办高校的教学质量保障体系的建设进行了研究,取得了一些成果。从现有的针对民办高校教学质量保障的相关文献来看,主要集中在对以下五个方面的研究。

一、关于民办本科高校教学质量及其保障现状的研究

柳国勇等④认为当前民办本科院校教学质量上的常见突出问题一是生源质量差,二是师资力量薄,三是教学经费相对缺乏,四是大众对民办本科院校的认可度不高。李卓⑤认为当前民办高校内部质量保障体系构建存在的问题一是教学管理的责任主体还不够明确,离科学化、精细化管理有差距;二是教学管理制度还不够完善,程序规范不够,落实和执行的自觉性和主动性不够,服务意识不强;三是二级教学单位在教学质量管理过程中的积极性、主动性没有充分发挥;四是教学质量信息反馈与改进机制不够健全,教学过程管理不够到位,检查、监督工作跟不上,部分教学环节的质量难以保障。胡祝恩⑥认为目前民办本科高校的教学质量保证体系建设的主要问

---

① 王庆如.民办高校办学水平提升策略研究[D].陕西师范大学,2012.

② 李钊.民办高校办学风险防范研究[D].华中科技大学,2008.

③ 梁忠环,张春梅,张维霖,强玉红.民办高等教育教学质量保障体系研究[M].青岛:中国海洋大学出版社,2012.

④ 柳国勇,郭国庆.民办本科院校教学质量保障体系研究与实践[J].教育观察(上半月),2016,5(07):55-56.

⑤ 李卓.民办高校内部教学质量保障体系构建研究——以湖南涉外经济学院为例[J].教育教学论坛,2016,(01):8-9.

⑥ 胡祝恩.民办本科院校教学质量保证体系的探索与思考——以浙江越秀外国语学院为例[J].黑龙江教育学院学报,2015,34(07):47-48.

题是认识不到位和教学质量保证机构不健全。梁忠环等①认为民办高等教育教学质量存在的问题主要包括：教学的中心地位没有真正落到实处；教学投入明显不足,教学基础设施满足不了教学需要；特色不够鲜明,专业重复建设；生源短缺,质量较差；缺乏骨干师资队伍,结构不合理；实践环节薄弱,人才培养结构不尽合理,学生能力未能得到很好的锻炼；社会对民办高校认识上有偏差等。这些学者虽然指出了民办本科高校教学质量保障存在的一些主要问题,但是缺乏实证数据的支持,要真正了解民办本科高校教学质量及其保障的现状还需要进行全面的调查研究。

二、关于民办高校教学质量保障体系建设的理论及模式的研究

关于民办高校教学质量保障体系建设的理论基础的研究,主要涉及五个方面。一是基于 ISO9000 的质量管理体系建设。如张黎②论述了引入 ISO9000 质量管理体系来开展内部专业评估的意义和作用,并提出按 ISO9000 质量体系的八大原则来实施专业评估。王成东、蔡渊渊③提出将 ISO9000 国际标准引入黑龙江省民办高校教学质量管理及保证中来,以建立健全黑龙江省民办高校教学质量管理及保障体系。杨国昌和许法文④通过实例验证 ISO9000 族标准在民办高校运营管理中的可行性与适用性。二是基于管理循环理论的研究。如蔡文芬⑤等依据"PDCA 管理循环理论"来建立教学质量保障体系,认为该体系主要由教学质量目标系统、教学过程管理系统、教学质量监控系统、教学质量改进系统四个子系统构成。三是基于系统论的研究。如史祎馨等⑥认为教

① 梁忠环,张春梅,张维霖,强玉红.民办高等教育教学质量保障体系研究[M].青岛：中国海洋大学出版社,2012：39 - 42.

② 张黎.基于 ISO9000 的民办本科院校内部专业评估质量管理研究[J].赤峰学院学报(自然科学版),2016,32(16)：203 - 205.

③ 王成东,蔡渊渊.基于 ISO9000 国际标准的黑龙江民办高校教学质量管理问题及对策研究[J].黑龙江科技信息,2013(4)：313.

④ 杨国昌,许法文.民办高校教学质量管理保证与监控体系的构建[J].中国高等教育评估,2011,23(02)：58 - 61.

⑤ 蔡文芬,陈莉.基于管理循环理论的民办高校教学质量保障体系构建[J].人类工效学,2015,21(05)：71 - 74.

⑥ 史祎馨,叶芬芳.基于系统论的民办高职教学质量保障体系的构建[J].当代职业教育,2013(09)：42 - 45.

学质量保障体系是一个系统工程,因此主张从"系统论"角度构建以学生为中心的多主体教学质量保障体系。四是基于全面质量管理理论的研究。如覃柳云等①认为要用"全面质量管理的理念"构建教学质量保障体系:以"顾客导向""质量第一"的理念构建办学定位系统;以"以人为本""全员参与"的理念构建教学的决策与执行系统;以"用数据和事实说话"的理念构建教学信息收集系统;以"事先预防""过程控制"的理念构建教学质量评价与诊断系统;以"质量改进、不断创新"的理念构建教学质量反馈系统。五是基于控制论。如王法能提出利用控制论原理来建构教学质量监控保障体系模型。

从全面质量管理理论到 ISO9000 质量管理体系,还有系统论、控制论以及 PDCA 循环理论,主要来自企业,为企业的质量控制与质量提升发挥了重要作用。但要将这些来自企业的质量管理的理论与方法应用于高等教育领域,不能只是简单地"移植",因为其对象是有头脑有思想的活生生的人,必须加以改造,使其理念、思想与高等教育的规律和高等教育的思想理论相结合,才能最终促进教育教学质量的提升。

三、关于民办本科高校教学质量监控体系建设的研究

关于民办本科高校教学质量监控体系的研究,主要包括监控体系建设的现状、体系的构成、质量监控队伍的建设等方面。如闫德鑫、冯芝丽②分析了我国民办高校教学质量监控体系存在定位不清、内部管理混乱、教学评价不公正、对问题缺乏有效整改、师资队伍建设不加强等问题,提出要加强教学质量监控体系建设。如卢红玲③认为构建民办高校校内教学质量监控体系,要以多元化的质量观为指导,建立由教学质量监控组织子系统、目标和标准子系统、评价子系统、信息和反馈子系统、保障子系统构成的教学质量监控体系。李晓光④认

---

① 覃柳云,何茂勋.以全面质量管理的理念构建独立学院教学质量保障体系[J].中国质量,2007(11):30-32.

② 闫德鑫,冯芝丽.民办高校教学质量监控与保障体系的研究[J].时代农机,2017,44(08):228-229.

③ 卢红玲.论民办高校校内教学质量监控体系的构建[J].文教资料,2012(03):196-198.

④ 李晓光.构建民办本科院校教学质量保障与监控体系的意义及路径[J].广西广播电视大学学报,2018,29(03):51-53.

为构建民办本科院校教学质量保障与监控体系要强化质量意识,明确职责权限,设立专职机构,建立协同机制,完善相关规章制度。还有一些学者认为,建设教学质量监控体系,要关注教学督导队伍和学生教学信息员队伍建设。如钱大宇[①]认为,民办高校的督导组织应该是学院内部独立工作的一个质量监督机构,主要开展对本院教育管理、教学质量和学生学习质量的监控、督察、评价和指导,促进教学改革,并起到导向、调控、激励、鉴定评价和指导帮助的作用,同时又是教师的良师益友,从而促进教育管理和教学秩序正常良性运转。如姚红燕[②]认为学生教学信息队伍对于民办高校提高教学质量和学生满意度,具有十分重要的作用,能够为增强教师的教学效果提供反馈信息;能够为评价教师提供依据;能够提高学生的教育满意度。徐洁[③]认为学生教学信息员队伍还存在意识不到位、业务素质偏低、奖惩机制不到位、反馈机制不完善、部分教学信息质量不高等问题。

四、关于民办本科高校教学质量保障的影响因素的研究

目前较多的文章是围绕民办本科高校教学质量的关键影响因素展开的。第一,师资队伍建设成为民办本科高校提升教学质量的最为重要的因素。如沈振华等[④]认为民办高校的师资队伍结构很特殊,由专任教师和兼任教师两部分组成,但专任教师层次跨度太大,造成两极分化严重,要保证教学质量,首先就要加强师资队伍建设。第二,课程教学的质量直接影响教学质量。如姚温玉等[⑤]认为教学质量保障体系中最重要的一环就是课程建设及其质量保障,同时提出了"系统规划,全面建设—形成特色,加大精品课程建设—突显特色,培养高水平的师资队伍—实现特色,完善课程设置、管理和评价保障机制—保障特色"的构建策略。第三,民办本科高校教学质量

① 钱大宇.民办院校设置督导机制的意义——以浙江育英职业技术学院为例[J].民办教育研究,2006(05):68-71.

② 姚红燕.加强民办高校学生教学信息员队伍建设——以浙江树人大学为例[J].文教资料,2013(4).

③ 徐洁.大学生参与教学管理的若干思考[J].科教文汇,2016(2)上.

④ 沈振华,安妍.关于民办本科院校教学质量保障体系下加强师资队伍建设的研究与思考[J].课程教育研究,2012(34):21-22.

⑤ 姚温玉,王志敏,王其浩.民办高校课程建设质量保障体系构建策略[J].鸭绿江(下半月版),2015(1).

的提升,要特别重视实践教学。如郭晓娜等[1]认为实践教学在人才培养过程中具有十分重要的地位,实践教学是培养学生的实践操作技能和创新创业精神的有效途径。总体来说,影响民办本科高校教学质量的因素很多,但是对影响民办本科高校教学质量的因素进行系统分析与研究的文章极少。

五、关于民办本科高校教学质量保障体系构建的研究

教学质量保障体系实际上是一种旨在不断规范教学管理和改善教学条件,从而保障和提升教学质量的质量管理体系。从现有的关于民办本科高校教学质量保障体系的研究文献来看,这些作者基本上就是民办本科高校的教师或管理人员,其研究主要是结合所在民办高校的建设案例来谈对策建议的。比如,胡祝恩[2]结合浙江越秀外国语学院的建设经验,提出建设民办本科高校教学质量保障体系首先要提高认识,健全机构,其次要加强各质量要素的建设,最后要重点加强教育质量信息反馈网络构建;郝结林[3]结合四川外国语大学重庆南方翻译学院的建设经验,提出第一要明确教学质量保证体系的基本模式,第二要明确体系中制定质量标准的责任人和质量标准的执行人,第三要明确质量监控系统及其主要监控的内容和监控单位,第四要明确教学质量保证工作流程,第五要明确教学质量保证体系的组织机构;李卓[4]结合湖南涉外经济学院的建设实践,提出第一要完善教学质量监控的组织机构,第二要建立健全教学质量管理制度,第三要建立二级学院教学工作评价体系,第四要建立教学督导制度,第五要强化教学信息收集与发布制度,第六要持续实行第三方人才培养质量调查;马红坤等[5]介绍了江西

---

① 郭晓娜,闫春生.民办高校实践教学质量保障体系的探索[J].价值工程,2011(35):234 - 235.

② 胡祝恩.民办本科院校教学质量保证体系建设的探索与实践——以浙江越秀外国语学院为例[J].高教学刊,2015(06):76 - 77.

③ 郝结林.民办本科院校教学质量保证体系的探索——川外重庆南方翻译学院个案分析[J].重庆与世界(学术版),2014,31(01):59 - 62.

④ 李卓.民办高校内部教学质量保障体系构建研究——以湖南涉外经济学院为例[J].教育教学论坛,2016(01):8 - 9.

⑤ 马红坤,邹波.构建民办高校教学质量与监控体系的思考——以江西科技学院为例[J].中国成人教育,2014(15):134 - 136.

科技学院教学质量监控体系建设的经验,认为一要完善制度体系,二是建立领导组织体系,三是建立质量监控信息系统,四是建立相应的运作系统;吴炯平等①介绍了广东培正商学院的教学质量督导评估运行机制,认为第一要建立校、系(部)、教研室三级教学质量保障监控组织体系,第二要独立设置督导评估机构,建立具有权威的专兼职督导评估队伍,第三要建立"评教"指标体系与评估机制,第四要建立督导评估工作制度。

这些研究结合所在民办本科高校的实际建设案例,虽然为其他民办本科高校的教学质量保障体系建设提供了十分有益的参考,但是对民办本科高校教学质量保障体系建设的整体把握还比较欠缺,缺乏系统性。关于民办高校的教学质量保障体系建设,众多学者也指出,不能套用公办高校的教学质量保障体系。如刘振泉②认为:"由于民办本科高校建校历史不长,文化及学科积淀不深,机构设置简单,生源质量偏低,无法按同一质量标准与公办高校比拼。民办本科高校只能充分利用自身的优势,突出特色,构建适合自身特点的教学质量保障体系,与公办高校进行错位竞争,才能在高等教育市场中打出一片属于自己的新天地。"蔡文芬等③认为:"民办高校的投资主体、发展定位、办学模式、师资结构、学科专业建设等均有别于公办高校,不能完全套用公办高校现成的教学质量体系。"然而,虽然有众多学者认识到这一点,但是从现有公开发表的文献看,"民办"特色仍然不够突出,尤其是对"民办本科高校"这一特殊性研究明显不足。

就高校内部教学质量保障体系建设来说,办学评价标准是不分公办高校还是民办高校的,也就是说不存在公办高校标准高一点,民办高校标准可以低一点之说。但是不同定位、不同办学目标的高校,其教学质量标准是不一样的,其质量保障体系也是不一样的。民办本科高校办学有其特殊性,其教学质量保障体系自然也有别于公办本科高校。

虽然如此,民办本科高校的教学质量保障体系建设也必然要与公办本

① 吴炯平,李望国,郭占元.民办高校应建立教学质量督导评估运行机制——广东培正商学院教学质量评估的实践[J].黄河科技大学学报,2005(04):25-28.
② 刘振泉.民办本科高校教学质量保障体系研究[J].青春岁月,2012(7)上:144-145.
③ 蔡文芬,陈莉.基于管理循环理论的民办高校教学质量保障体系构建[J].人类工效学,2015,21(05):71-74.

科高校一样遵循高等教育规律,因而国内大量研究高等教育质量保障体系的著作与博士论文,也为本书的研究奠定了基础。比如吴岩主编的《构建中国特色高等教育质量保障体系》①、陈玉琨等著的《高等教育质量保障体系概论》②、史秋衡著的《高等教育大众化阶段质量保障与评价体系研究》③、安心著的《高等教育质量保证体系研究》、熊志翔著的《本科院校质量保障体系研究》、蒋冀骋等著的《大众化条件下高等教育质量保障体系研究》、沈玉顺的博士论文《高校教学质量保障模式研究》④、田恩舜的博士论文《高等教育质量保证模式研究》⑤、张欣的博士论文《我国地方本科院校教学质量保障体系研究》⑥、盛欣的博士论文《新建地方本科院校人才培养质量及保障机制研究》⑦、方鸿琴的博士论文《我国高校质量保障体系一般模式构建与质量审计》⑧等。

一些介绍国外高等教育质量保障的著作也为本书的研究开拓了国际视野。比如马健生等著的《高等教育质量保证体系的国际比较研究》⑨、田锋著的《国际高等教育质量外部保障实践的研究》⑩、唐霞著的《英国高等教育质量保证体系》⑪、黄海涛著的《学生学习成果评估：美国高等教育质量保障研究》⑫、丁丽军著的《基于 AUQA 的澳大利亚高等教育质量保障模式研究》⑬、阳荣威等著的《比较视域下的高等教育质量保障研究》⑭、高迎爽著的

---

① 吴岩.构建中国特色高等教育质量保障体系[M].北京：教育科学出版社,2014.

② 陈玉琨等.高等教育质量保障体系概论[M].北京：北京师范大学出版社,2004.

③ 史秋衡.高等教育大众化阶段质量保障与评价体系研究[M].广州：广东高等教育出版社, 2012.

④ 沈玉顺.高校教学质量保障模式研究[D].华东师范大学,1998.

⑤ 田恩舜.高等教育质量保证模式研究[D].华中科技大学,2006.

⑥ 张欣.我国地方本科院校教学质量保障体系研究[D].华中科技大学,2012.

⑦ 盛欣.新建地方本科院校人才培养质量及保障机制研究[D].湖南师范大学,2015.

⑧ 方鸿琴.我国高校质量保障体系一般模式构建与质量审计[D].华东师范大学.2011.

⑨ 马健生等.高等教育质量保证体系的国际比较研究[M].北京：北京师范大学出版社,2014.

⑩ 田锋.国际高等教育质量外部保障实践的研究[M].广州：华南理工大学出版社,2014.

⑪ 唐霞.英国高等教育质量保证体系[M].北京：北京师范大学出版社,2012.

⑫ 黄海涛.学生学习成果评估：美国高等教育质量保障研究[M].北京：教育科学出版社, 2014.

⑬ 丁丽军.基于 AUQA 的澳大利亚高等教育质量保障模式研究[M].南昌：江西人民出版社, 2012.

⑭ 阳荣威等.比较视域下的高等教育质量保障研究[M].长沙：湖南大学出版社,2016.

《法国高等教育质量保障体系研究：基于政府层面的分析》①等。

　　大量的有关高等教育教学质量保障体系的高水平的研究论文，为本书的写作提供了借鉴，为民办本科高校的教学质量保障体系研究提供了普遍规律，从而能够重点探讨民办本科高校不同于公办本科高校的教学质量保障体系建设的途径和方法。比如：潘懋元先生的《高等教育大众化的教育质量观》②、潘懋元和陈春梅的《高等教育质量建设的理论设计》③；邬大光教授的《中国民办高等教育发展状况分析》④和《高等教育的质量底线》⑤；别敦荣教授和邵士权的《高等教育质量观与优质高等教育的发展》⑥、别敦荣教授和孟凡的《论学生评教及高校教学质量保障体系的改善》⑦；郑觅的《高校内部质量保障：框架与措施——联合国教科文组织"IQA项目"优秀案例述评》⑧；李国强的《高校内部质量保障体系建设的成效、问题与展望》⑨；杨彩霞和邹晓东的《以学生为中心的高校教学质量保障：理念建构与改进策略》⑩；戚业国的《高校内部本科教学质量保障体系建设的理论框架》⑪；魏红、钟秉林、李奇、韦小满的《优化指标体系　强化内部保障　促进自主发

　　① 高迎爽.法国高等教育质量保障体系研究：基于政府层面的分析[M].北京：中国社会科学出版社,2014.

　　② 潘懋元.高等教育大众化的教育质量观[J].中国高教研究,2000(01)：7－9.

　　③ 潘懋元、陈春梅.高等教育质量建设的理论设计[J].高等教育研究,2016,37(03)：1－5.

　　④ 邬大光.中国民办高等教育发展状况分析(上)——兼论民办高等教育政策[J].教育发展研究,2001(7)：23－28.

　　⑤ 邬大光.高等教育的质量底线[A].中国高等教育学会.改革　质量　责任：高等教育现代化——2013年高等教育国际论坛论文集[C].中国高等教育学会,2013：3.

　　⑥ 别敦荣、邵士权.高等教育质量观与优质高等教育的发展[J].大学(研究与评价),2007,(10)：50－56.

　　⑦ 别敦荣、孟凡.论学生评教及高校教学质量保障体系的改善[J].高等教育研究,2007,28(12)：77－83.

　　⑧ 郑觅.高校内部质量保障：框架与措施——联合国教科文组织"IQA项目"优秀案例述评[J].中国高教研究,2016(9)：17－22＋76.

　　⑨ 李国强.高校内部质量保障体系建设的成效、问题与展望[J].中国高教研究,2016(2)：1－11.

　　⑩ 杨彩霞、邹晓东.以学生为中心的高校教学质量保障：理念建构与改进策略[J].教育发展研究,2015,35(03)：30－36＋44.

　　⑪ 戚业国.高校内部本科教学质量保障体系建设的理论框架[J].高教质量,2009(2)：31－33.

展——新一轮本科教学评估基本问题探析(三)》①;等等。

对这些文献进行梳理发现,对于高校内部教学质量问题的讨论,大致可分为三个不同的视角:一是教育行政部门领导、教学管理人员层面的视角,主要着眼于教学条件的满足、教学过程的流程与规范控制,以及对教育的"输出"进行质量检测与评价;二是用人单位的视角,主要着眼于毕业生的知识、能力、素质等是否满足"雇主"的需要;三是学生本身成长与发展的视角,不仅看毕业后的就业率和岗位契合度,还看重毕业生的可持续发展能力。从目前而言,从前两种视角切入的研究与分析较多,但从第三个视角切入的研究分析则比较鲜见。

现有研究主要存在以下不足:第一,多数研究没有考虑不同类别高校的巨大差别,研究对象比较泛化;第二,过于注重监控质量而对质量的持续改进不够重视;第三,对高校教师的"学术自由"要求和"个体劳动者"的属性以及教师组织相对"松散"的特性研究较少,忽视了质量文化建设的重要作用;第四,对教师本身在教学质量保障体系中的作用不够重视;第五,在"互联网+"时代,学生的学习渠道发生了重大变化,以信息化为基础的混合式教学模式已经越来越普遍,因此原来注重教师的"教"的质量管理模式必须要转变为以"学生的学习"为中心的质量管理模式,而现有文献很少从这个角度去研究教学质量保障体系建设;第六,泛泛而谈的比较多,所构建出来的教学质量保障体系更多只是设想,真正付诸实践的很少,理论研究与实践的"两张皮"现象并没有得到根本改善。

某一所高校或一类高校,需要建设一个怎样的教学质量保障体系,对教学质量的保障期望达到什么样的目标,能够在多大程度上发挥作用,这一切都与学校的质量文化密切相关。建设民办本科高校的教学质量保障体系,还必须同时注重教学质量文化的建设,树立"教学质量人人有责"的质量意识,营造良好的质量文化氛围,与此同时,研究并构建一套符合学校自身办学定位与特色的教学质量保障体系,加强影响教学质量保障的关键要素的建设,才能真正使教学质量得到保障,才能促进高校的不断发展与进步。

---

① 魏红,钟秉林,李奇,韦小满.优化指标体系 强化内部保障 促进自主发展——新一轮本科教学评估基本问题探析(三)[J].中国高等教育,2009(09):37-40.

第四节　研究思路、内容与方法

本书的核心问题是民办本科高校的教学质量保障体系的建设问题。为了做好研究,笔者梳理了以下研究思路,明确了研究的主要内容,制定了相应的研究方法,力求研究能够取得实效。

一、研究思路

本书首先对全国民办本科高校的教学质量现状进行概述,然后具体到浙江省的民办本科高校的教学质量现状分析,同时在浙江省民办本科高校师生中开展问卷调查,进一步分析浙江省民办本科高校的教学质量存在的主要问题和形成原因,在弄清现状、问题和原因之后,根据高等教育分类理论、全面质量管理理论、产出导向教育理论,构建民办本科高校的教学质量保障体系,并对其实施提出有关对策建议。

二、主要内容

除第一章绪论外,本书的主要内容包括以下三个部分:

第一部分是现状调查,包括第二章、第三章。第二章是对全国民办本科高校的教学质量现状进行概述。第三章是对浙江省民办本科高校的教学质量现状进行分析。

第二部分是问题和原因分析,即第四章。主要在对浙江民办本科高校教学质量问卷调查及分析的基础上,从师资、生源、经费与教学条件、课程等四个方面对民办本科高校教学质量保障体系建设的主要问题和形成原因进行归纳和总结。

第三部分是提出解决方案,包括第五、六、七章。第五章主要阐述民办本科高校教学质量保障体系建设的理论基础,包括高等教育分类理论、全面质量管理理论和产出导向教育理论。第六章根据质量建设理论构建民办本科高校的教学质量保障体系,具体包括体系构建的基本原则、组织设计、基本模型、基本要素和运行机制。第七章是对民办本科高校教学质量保障体系的实施提出有关对策建议。

三、研究方法

本书在开展现状调查、分析问题与原因的基础上，提出了民办本科高校教学质量保障体系的构建方案，并对其实施提出相应的对策建议。研究的方法主要有以下几种：

1. 文献研究法

站在前人的肩膀上才能看得更远，少走弯路。通过从中国知网、图书馆的藏书和各类数据库以及互联网中广泛搜集"教学质量保障体系"建设方面的书籍、期刊论文、学位论文、报纸文章等文献，进行深入的阅读与整理，以便能全面了解当前民办本科高校教学质量保障体系建设方面的主要研究成果、代表性的观点、研究的重点与方向、实践上的推进程度，以及目前存在的不足和尚待进一步研究与解决的问题，明确课题的研究重点与突破口，从而完善研究方案。

2. 案例研究法

本书选取浙江省的四所民办本科高校作为案例，通过对这四所民办本科高校的教学质量现状及教学质量保障情况开展调查与研究，一方面揭示民办本科高校的教学质量现状，另一方面，对浙江省民办本科高校教学质量存在的主要问题与原因进行分析，从而为教学质量保障体系的建设提供必要的实证。

3. 系统分析法

教学质量保障体系建设是一个系统工程，民办本科高校的教学质量既受到社会、政治、经济、历史等外部因素的制约，又受生源、师资、教学条件、教学环境、教学管理等内部因素的制约，这些复杂的内外部因素相互作用、相互影响，形成了一个大系统。因此，本书的研究要以系统论、控制论、信息论为基础，运用系统分析法，将教学质量保障体系建设置于人才培养的全过程和高校教育活动的大系统之中来进行研究。

4. 实证调查法

研究主要采用问卷调查的方式，以浙江省四所民办本科高校的教师和学生为对象,开展问卷调查。通过问卷调查,采集第一手资料,对浙江省民办本科高校的教学质量现状与问题以及影响教学质量的各种因素,如教师、学生、专业、课程、教学条件、教学方法和手段等进行分析,以便更清楚地了解现状,找出问题,寻求对策。

第二章
我国民办本科高校教学质量现状概述

　　我国民办本科高校伴随着改革开放逐步发展起来,尤其是进入 21 世纪以后获得了快速发展。纵观我国民办本科高校的发展历程,先后经历了萌芽期、发展起步期、发展探索期、快速发展期、发展转型期、分类管理与健康发展期六个阶段,办学越来越规范,教学质量也不断得到提升,逐步获得了社会和用人单位的广泛认可。我国民办本科高校的教学质量从总体而言,人才培养紧贴社会需求,社会需求适应度不断提高,应用型人才培养目标基本实现,办学条件极大改善,教学质量保障体系初步建立,学生和用人单位满意度不断提高。当然,相比公办本科高校而言,我国民办本科高校与经济社会发展相匹配的战略规划还需要加强,内涵建设亟待整体深化,经费投入与队伍建设仍是短板,教学质量保障体系的系统功能发挥仍需要改进,学生和用人单位的"不满意"仍占一定比例。

第一节　我国民办高等教育的发展历程

　　我国民间办学最早可追溯到春秋战国时期孔子开办的私学,此后两千多年,私塾、书院等民间办学形式始终存续。中国近代私立学校和教会学校有过较大的发展,到 1949 年,全国有私立高校(含教会开办高校)81 所,占全国高校数的 39.5％①。可以说中国私学为传承中华文明、传播现代科学文化知识、发展教育事业做出了不可磨灭的贡献。然而,到了 1951 年,所有教会大学被国家接管,1952 年,其他私立高等院校又全部收归公立,实现了国家"对私有制的改造",我国的民办高校消失了整整 30 余年。直到十一届三中全会的召开,国家开始实行改革开放后,我国的民办高等教育才开始复兴。关于我国民办高等教育的发展历程,有"三阶段""四阶段""五阶段"等不同的说法,我们认为我国民办高等教育的发展至今经历了六个阶段:

一、第一阶段:萌芽期(1978—1983 年)

1977 年我国恢复高考,当时全国只有 4％～5％的高考录取率,"千军万马过独木桥"是当时高考的真实写照。我国实行改革开放,加快社会主义现代化建设对人才提出了巨大需求,高等教育的发展远远满足不了人民群众的需求,由此引发了一些知识分子的办学热情。一些有识之士开始举办各种各样的高考辅导班、技术培训班、高等教育自学考试助考班和学历文凭考试助考班。

当时比较有名的一些学校有 1977 年由著名教育家刘季平先生和著名教育艺术家李燕杰先生等创办的北京自修大学;1980 年原国家学部委员、北京农业大学第一任校长乐天宇教授自筹资金回乡创办的"九嶷山学院";1982 年由聂真、张友渔、刘达等著名教育家创办的中华社会大学等。这些学校大多是由民主党派或社会著名知识分子举办,但普遍缺乏资金,最后基本都没有进入普通高校行列。

厦门大学邬大光教授认为:"我国民办高等教育的复兴究竟从何时算起,目前比较公认的看法,是把长沙中山业余大学作为我国改革开放后民办高等教育的雏形,把 1982 年创办的中华社会大学作为民办高等教育诞生的标志。其实,无论是湖南长沙中山业余大学,还是中华社会大学,都只能说是'助学机构',而非严格意义上的学历教育。"②

这一时期的民办高等教育机构虽然没有颁发学历文凭资格,还不能算是

---

① 毛礼锐、沈灌群主编.中国教育通史(第六卷)[M].济南:山东教育出版社,1998:25.

② 邬大光,卢彩晨.艰难的复兴 广阔的前景——我国民办高等教育 30 年回顾与前瞻[J].中国高教研究,2008(10):12-16.

真正的"大学",但其产生具有历史性的意义。首先,这种办学形式满足了当时众多考生的需求,弥补了高等教育资源严重不足而带来的人才缺口,成为高等教育的重要补充。其次,这批"民办高校"是在当时的计划经济体制下产生的,是社会力量举办高等教育的有益尝试,是我国民办普通高等教育的孕育。

二、第二阶段：发展起步期（1984—1991 年）

1984 年对于我国民办高校的发展具有深远意义。这一年我国多个省市筹建了一批省(市)内招生、自筹资金、自主办学、毕业生不包分配、国家承认大专学历文凭的民办普通高校。刘莉莉在 2000 年做过统计,在当年 37 所具有颁发学历文凭资格的民办高校中有 11 所创办于 1984 年和 1985 年,分别是北京海淀走读大学、凉山大学、邕江大学、中原职业学院、黄河科技学院、湖北函授大学、浙江树人大学、西安女子培华大学、长江职业学院、福建华南女子职业学院、天津联合业余大学①。在全国,1984 年到 1991 年间成立的这类学校约有 30 余所,并且都是经各地政府批准的具有独立颁发学历文凭资格的普通高校,都是国家计划内招生。因为当时的政治环境正处于姓"资"姓"社"的讨论时期,政府审批的这些学校"性质"是不明确的,多冠以"公办民助"或"筹建"的名义,政府还没有明确提出发展民办普通高校的政策。这些学校大多是混合型的,公办民助、民办公助的都有,很多由民主党派或政协举办,官方色彩还比较浓,办学性质不透明,一般不明确"民办"身份。因此,对于这些学校什么时候能进入"民办"序列,没有文件标明。

三、第三阶段：发展探索期（1992—1998 年）

1992 年邓小平的"南方谈话",极大地解放了人们的思想观念。1993 年《中国教育改革和发展纲要》颁布,对民办高等教育发展提出了"积极鼓励、大力支持、正确引导、加强管理"的十六字方针,民办高等教育发展得到了政府的支持。与此同时,高等学历文凭考试(录取标准与教学计划由教育行政部门制定,学校负责招生和组织教学,其中 70% 的课程由考试机构组织考试,30% 的课程及实验课、实践教学环节由学校组织考试,国家承认其大专

---

① 刘莉莉.中国民办高等教育发展的研究[M].长春:吉林人民出版社,2002：29.

学历)开始在部分省市试点,使得民办高等教育机构的办学不断规范,快速发展。到1999年,全国民办高等教育机构已有1 277所,在校生达到148.8万人,其中有370所高等学历文凭考试学校,29.7万在校生,约占全国全日制高校在校生的7%①。

1993年国家教委印发了《民办高等学校设置暂行规定》,第一次提出了"民办高等学校"的概念,明确了民办普通高校的设置条件和程序。1994年,黄河科技学院、上海杉达学院、浙江树人大学、四川天一学院成为原国家教委首次审批通过的四所民办普通高校,第二年,黑龙江东方学院和江苏三江学院也获得了批准。根据《民办高等学校设置暂行规定》,这些获批的学校名称前面都需要冠以"民办"二字。首批6所民办普通高校问世后,自1984年以来原先经各省市自行批准的部分符合条件的民办普通高校经向国家教委备案后得以合法化。

然而,这些民办普通高校创办初期"无校舍、无资金、无教师",办学经费十分紧张,办学条件十分简陋。教育部门担心办学质量,对民办普通高校的发展持比较谨慎的态度。1997年国务院颁发《社会力量办学条例》,严格控制社会力量举办高等教育机构②,民办普通高校审批几乎停顿。到1998年,全国仅有25所民办普通高校,2.4万在校生。③

1994年7月,我国诞生了第一所民办本科大学——仰恩大学。仰恩大学是由吴庆星家族独资设立仰恩基金会后于1987年出资创办的,最早由福建省教委和华侨大学联合办学、共同管理,当时称华侨大学仰恩学院。1989年8月,仰恩学院脱离华侨大学独立办学,经国家教委同意,改名为仰恩学院(正厅级),仰恩基金会将学校全部校产捐赠给了福建省政府。1992年3月,在仰恩学院的基础上建立了仰恩大学(由吴庆星捐资兴建,国家办学,福建省人民政府领导)。从1994年7月起,仰恩大学作为中国教育改革的试点,由仰恩基金会独立办学,成为全国第一所具有颁发国家本科学历证书和授予学士学位资格的民办大学④。

① 瞿延东.我国民办教育的发展和管理[M].北京:中国财政经济出版社,2002:374-375.
② 中华人民共和国国务院令(第226号)《社会力量办学条例》第五条。
③ 瞿延东.我国民办教育的发展和管理[M].北京:中国财政经济出版社,2002:374-375.
④ 资料来源于仰恩大学官网.历史沿革[EB/OL].http://web.yeu.edu.cn/xuexiaogaikuang/lishiyange.html,2019-07-15.

四、第四阶段：快速发展期（1999—2006 年）

1999 年第三次全国教育工作会议提出："进一步解放思想、转变观念，积极鼓励和支持社会力量以多种形式办学，满足人民群众日益增长的教育需求，形成以政府办学为主体、公办学校和民办学校共同发展的格局。"①第三次全国教育工作会议后，我国高等教育开始大扩招，与此同时，我国民办高等教育也进入了快速发展时期。2002 年 12 月 28 日《民办教育促进法》正式通过，并从 2003 年 9 月 1 日起施行。民办教育终于有法可依，进一步促进了社会力量举办民办教育的积极性。这一时期，民办高校数量和在校生数在整个高等教育中的比例迅速提升。从民办高校数量来看，1998 年只有 22 所，到 2006 年就达到了 278 所（见表 2-1）；从在校生数来看，1998 年民办普通高校在校生数为 2.2 万人，到 2006 年就达到了 280.5 万人（见表 2-2）。民办高等教育进入快速发展期，在我国高等教育的大众化进程中发挥了积极作用。这一时期民办高等教育发展的特点主要是民办高校数量的迅速增加和办学规模的迅速扩大。

表 2-1　1998 年以来历年民办普通高校建校数增加情况（单位：所）

年份	1998	1999	2000	2001	2002	2003	2004	2005	2006	2007	2008	2009	2010
增加数	1	15	6	46	44	40	53	26	26	19	21	18	22
合计数	22	37	43	89	133	173	226	252	278	297	318	336	358

数据来源：徐绪卿.我国民办高校内部管理体制改革和创新研究[M].北京：中国社会科学出版社，2012.

表 2-2　1998 年以来历年民办普通高校在校生数增加情况（单位：万人）

年份	1998	1999	2000	2001	2002	2003	2004	2005	2006	2007	2008	2009	2010
增加数	0.6	1.8	2.8	7.2	20.1	49.5	58.5	70.53	67.87	69.2	51.6	44.8	30.54
合计数	2.2	4	6.8	14	34.1	83.6	142.1	212.6	280.5	349.7	401.3	446.1	476.7

数据来源：徐绪卿.我国民办高校内部管理体制改革和创新研究[M].北京：中国社会科学出版社，2012.

---

① 中共中央.国务院.中共中央 国务院关于深化教育改革全面推进素质教育的决定[Z].中发〔1999〕9 号.

2000 年以前,我国只有仰恩大学一所由爱国华侨以教育改革试点性质设立的民办本科高校,其他民办高校均只有专科层次,以开展职业技术教育为主。2000 年开始,国家允许部分符合条件的民办高职院校申报升格本科。2000 年,黄河科技学院升本成功,至此,民办高等教育开始了本科办学之路。2002 年,上海杉达学院和三江学院升格成为本科高校;2003 年,浙江树人学院、黑龙江东方学院、西安培华学院、北京城市学院、吉林华侨外国语学院升格成为本科高校;2005 年,西京学院等 16 所民办高职院校升格为本科高校;2006 年上海建桥学院升格为本科高校;2007 年河北传媒学院升格为本科高校;2008 年浙江越秀外国语学院等 13 所民办高职院校升格为本科高校。至 2008 年底,全国共有本科层次的民办普通高等学校40 所。

五、第五阶段:发展转型期(2007—2016 年)

1999 年到 2006 年,是我国高等教育大扩招的时期。2001 年我国高等教育毛入学率达到了 15%,从精英高等教育跨越到了大众化高等教育。2005 年我国高等教育在学规模达到 2 300 万人,成为世界上高等教育规模最大的国家。高教大发展满足了经济社会发展对人才的需求,但也引发了人们对高等教育质量的质疑。在这样的背景下,国家适时启动了高等学校教学工作质量工程,高校发展重点开始从规模扩张转向内涵建设。

在高等教育大扩招时期,国家对民办高等教育的发展实施比较积极与宽松的政策,民办高校数量和办学规模也迅速壮大,出现了一批万人规模的民办高校。然而如此快速的发展速度与教学资源的不足形成了巨大反差,民办高校的投资水平与管理能力亟待提高,部分民办高校出现了稳定危机,学生群体性事件频发,引起社会各界广泛关注。政府开始高度重视民办高校的管理问题,先后出台了《关于加强民办高校规范管理,引导民办高等教育健康发展的通知》(国办发〔2006〕101 号)、《关于加强民办高校党的建设工作的若干意见》(教党〔2006〕31 号)等文件,加强民办高校的管理。2007年 1 月 16 日,教育部发布了 25 号令,即《民办高等学校办学管理若干规定》,强调规范办学,维护民办高校师生和举办者的合法权益,引导民办高校健康发展。

这一阶段,民办高校从规模扩张转向了内涵建设,不断加强规范,改善办学条件,办学质量也得到了不断提升,民办高校在稳定中发展。截至2017 年 5 月 31 日,全国共有民办普通高校 735 所,其中本科院校 417 所(含独立学院 265 所)、高职(专科)院校 318 所,民办普通高校占全国普通高校总数(2 631 所)的 28%①,已经成为我国高等教育的重要组成部分。2011年 10 月 17 日,北京城市学院、西京学院、河北传媒学院、黑龙江东方学院、吉林华侨外国语学院获准试点招收硕士专业学位研究生,开启了民办普通高校培养硕士研究生的新征程,对民办高等教育的发展具有非常重大的意义。

六、第六阶段:分类管理与健康发展期(2017 年至今)

虽然我国民办高校经过 30 多年的发展,取得了巨大的成绩,已经成为我国高等教育的重要组成部分,但是我国民办高校长期以来存在着"法人属性不明、产权归属不清、扶持政策难以实施、平等地位难以落实"等突出矛盾和关键问题,影响我国民办高校的健康发展。为此,教育部从 2012 年开始启动了《民办教育促进法》的修订工作,2016 年 11 月 7 日第十二届全国人民代表大会常务委员会第二十四次会议通过了《全国人民代表大会常务委员会关于修改〈中华人民共和国民办教育促进法〉的决定》,并于 2017 年 9月 1 日起施行。而此次修法的核心是对民办学校按非营利性和营利性实施分类管理,其目的就是解决原先民办学校法人属性不明、产权归属不清等问题,使政府可以分类落实财政、税收、土地等方面的扶持政策,使营利性和非营利性的民办教育都能得到良性的发展②。

随着民办教育分类管理政策的逐步落实,民办高等教育将朝着依法办学、健康发展的道路前行,相信在不久的将来,我国必将出现一批高水平的民办普通高校。

----

① 教育部.全国高等学校名单[EB/OL].http://www.moe.gov.cn/srcsite/A03/moe_634/201706/t20170614_306900.html,2017 - 06 - 14/2017 - 07 - 20.

② 教育部网站.教育部有关负责人就《民办教育促进法》修改情况答记者问[EB/OL].http://www.moe.gov.cn/jyb_xwfb/s271/201611/t20161107_287961.html,2016 - 11 - 07/2019 - 07 - 15.

我国民办本科高校人才
培养目标的达成度

培养目标达成度是衡量高校人才培养质量的核心维度。我国对普通
高等学校本科教学工作的审核评估有一个基本原则,即"用自己的尺量自
己"。人才培养目标的达成度是指高校自己确定的人才培养目标在经过
学校四年的教育教学后最终实现的程度。总体来讲,我国民办本科高校
致力于培养本科应用型人才的目标基本实现,但是学校的内涵建设亟待
整体深化。

一、应用型人才培养目标基本实现

民办本科高校的创办初期基本都是模仿与跟随公办本科高校人才培养
的理念和做法,相当一部分民办本科高校从高职院校升格而来,其人才培养
理念和做法带有明显的专科痕迹,确立的人才培养目标定位没有很好地遵
循适切性原则,忽视了办学基础和学情基础,培养质量提升缓慢,社会认
同度不高。进入"十二五"时期,随着国家提出"引导部分地方本科高校向
应用型转型"的号召,绝大部分民办本科高校明确把人才培养目标定位转
向"地方性、应用型",把为地方经济社会发展服务、为地方经济社会发展
提供高素质应用型人才作为核心价值追求。有一批民办本科高校凭借其
机制灵活、决策高效的优势,以超越公办本科高校发展的速度,积极探索
应用型人才培养规律,加强与地方企事业单位的合作,加强实践教学,突
出应用能力培养,走出了一条特色发展之路,促进了人才培养质量的
提升。

根据教育部高等教育教学评估中心统计的数据,合格评估参评民办本
科院校"产学研合作教育"观测点的专家评估合格率从 2012 年的 44.4% 提
高到 2015 年的 86.5%;在企业中完成的实践教学项目比例达到 37.4%;企
业、行业人员承担实践类课程教学的人数校均达到 137.5 人;学生职业资格

证书获取率达到 47.3%①。民办本科院校以应用型人才培养为目标,积极深入开展校企合作,强化实践教学环节,取得了明显的成绩。

二、内涵建设亟待整体深化

在看到成绩的同时,我们也应看到民办本科高校在人才培养方面发展很不平衡,还存在着很多不足。

首先,在人才培养顶层设计方面,人才培养目标定位和与之相适应的课程体系建设脱节。一是没有形成持续的社会人才需求调查制度,在确定人才培养目标与规格时照抄国标和其他学校的方案,或者"凭经验""靠判断",没有真正做到将人才培养和社会需求有效对接。二是缺少对应用型人才本科教育规律的认识,仍然沿用学术型人才培养课程体系,使得课程体系与应用型人才培养脱节,虽然设置了实践学分,但实际教学内容没有落实到社会需要的学生应用能力培养上。三是紧贴地方应用型人才培养需求的应用型课程开发极少。

其次,在实践教学方面,投入不足,形式重于效果。一是实践教学条件建设投入不足,生均教学科研仪器设备值、生均实验经费、生均实习经费支出明显不足,与应用型人才培养之间存在较大差距。二是具有实践教学能力的"双师型"教师数量极少,民办本科高校聘请的外聘教师中绝大部分是公办高校退休的教师和在兄弟高校任职的普通教师,真正从行业或企业聘请的兼职教师数量不多,实践教学能力薄弱。三是合作育人虽然取得一定成效,但深度合作不够。企业真正参与课程建设、实践教学的很少,很多校外实践基地只用于毕业实习,有的甚至没有开展实质性的教学活动。

最后,在课堂教学方面,仍以传统方式为主,缺少改革创新。民办高校教师中年轻教师比例高,教学积累少,课堂教学仍以传统的灌输式为主,难以调动学习主动性本就不高的学生的学习积极性,教学效果不佳。从调研结果来看,学生认为民办本科高校的教师态度是好的,也是有责任心的,但

---

① 教育部高等教育教学评估中心编.中国民办本科教育质量报告(2016 年度)——中国民办本科教育质量的全景与深析[M].北京:教育科学出版社,2017:68.

是教学的方式方法亟待改进,教学效果也有待提升。

总之,要更好地实现应用型人才培养目标,民办本科高校的内涵建设还需要整体深化。

第三节 我国民办本科高校教学质量的相关满意度

民办本科高校教学质量的评价除了看学校自身确定的人才培养目标达成度外,还要看主要利益相关者的满意度,包括社会需求的适应度、学生和用人单位的满意度。

一、人才培养紧贴社会需求,匹配的战略规划仍须加强

截至 2019 年 6 月 15 日,全国共有民办本科高校 177 所(不含独立学院),这些民办本科高校主要包括三种类型:一是创建时即开展本科教育的民办本科高校;二是由独立学院转制的民办本科院校;三是由高职"升本"而来的民办本科高校。我国民办本科高校是在国家高等教育资源远远不能满足社会需求的情况下产生与发展起来的,从其产生就具有鲜明的市场性特征,对接需求、适应需求、满足需求是民办本科高校得以发展的基础。因此,民办本科高校的办学定位与人才培养目标必须要适应地方经济社会发展的需求。从调研情况来看,民办本科高校根据其综合实力,普遍定位于教学型高校,定位于为地方经济社会发展培养应用型人才,这个办学定位既符合国家的政策导向,也符合民办本科高校的实际,符合经济社会发展需求和学生的需求。

民办本科高校大多位于非省会城市,其办学紧贴地方经济社会发展需要,满足了地方经济社会发展对应用型人才的需求。这正是民办本科高校得以生存与发展的契机。目前,民办本科高校定位于教学型,定位于培养应用型人才,符合社会需求,但是从整个国家高等教育发展的现状来看,应用型本科人才培养的成功经验不多,民办本科高校虽然明确了应用型人才培

养目标,但实践中仍然沿用着一贯的老牌成熟高校的办学思路,缺乏应用型人才培养的创新举措,学科专业的设置、应用型课程的建设、对传统专业的改造、对满足产业结构升级需求的举措都是需要不断改革创新的。民办本科高校由于缺少年富力强的学校层面领导和专业层面的带头人,其行政能力和业务领导力不强的劣势十分明显。由于没有清晰的学校发展战略规划,组织能力又欠缺,执行能力又不强,民办本科高校往往不能敏锐感知、准确捕捉社会需求的变化,即使捕捉到了,由于各项能力配备不足,应对变化的能力欠缺,也很难跟上社会发展的步伐,造成社会适应性的下降。因此,民办本科高校需要尽快制定和完善战略规划,推动组织再造,发展领导力,进一步提升社会需求适应度。

首先要制定出明确有效的战略规划,梳理自己特有的使命、愿景,以及学校战略目标在竞争环境中对未来的适应性与动态调整能力。其次要以战略为导向,找到适合自身特色的组织变革路径,建立灵活高效的组织架构,重新梳理工作流程,提高工作效率,推动职能部门角色转变与内部结构优化,使学校由管理者角色向服务支持者角色转变;落实应用型办学定位,将传统的以学科为二级教学单位的划分标准转变为以所依托的行业为划分标准,推进二级教学单位整合重组,同时向二级教学单位授权,激发其教学活力,全面落实现代大学制度。最后要培养领军人物,提升团队领导力,确保战略规划和应用型人才培养目标的最终实现。

二、学生和用人单位满意度不断提高,"不满意"仍占一定比例

毕业生对母校的总体满意度是对母校整体教育水平及毕业生整体素质水平的评价,是对母校认可度的重要指标,是对母校人才培养质量的综合认定。用人单位对毕业生的满意度是最直观、最能反映高校人才培养质量的指标。教育部高等教育教学评估中心利用中国高等教育满意度在线调查系统,于2016年4月18日至6月4日对48所民办本科院校的在校生实施了民办本科院校学生满意度调查,结果显示,民办本科院校学生对学习效果的满意度(很满意和比较满意的比例之和)基本在80%以上,对教师教学工作的满意度(很满意和比较满意的比例之和)在83%以上,对专业与课程设置的满意度(很满意和比较满意的比例之和)在76.6%以上,对管理和服务的

满意度(很满意和比较满意的比例之和)在 80.5% 以上,对教学条件保障的满意度(很满意和比较满意的比例之和)在 77.3% 以上,对教风和学风的满意度(很满意和比较满意的比例之和)在 72.6% 以上,对学校的总体满意度(很满意和比较满意的比例之和)为 83.8%[①]。同期,教育部高等教育教学评估中心对 2 166 家用人单位进行了民办本科院校用人单位满意度调查,结果显示,用人单位对民办本科院校毕业生的团队协作能力、专业知识、人际沟通能力、表达能力、运用现代信息工具的能力、分析和解决问题的能力与人文科学素养的满意度(很满意和比较满意的比例之和)分别为 90.2%、89.6%、89.1%、88.1%、87.6%、86.6%、86.6%,用人单位对民办本科高校的毕业生总体满意度比较高[②]。可见,我国民办本科高校已经成为我国高等教育的重要组成部分,已经取得了较大的发展,在学生学习效果、教师教学工作、专业与课程设置、管理与服务、教学条件保障以及教风和学风等主要方面都取得了显著的建设成就,也得到了学生和用人单位的充分认可。

然而,我们在看到民办本科高校的社会满意度不断提升的同时,应该看到"不满意"仍占相当比例,民办本科高校需要继续努力。这些满意度调查数据表明,有相当一部分学生和老师对学校的教学条件、师资队伍、教学管理等不满意,甚至很不满意,民办本科高校存在的问题不容忽视,学校在这些方面还有很大的改进空间,必须加强内涵建设,分析原因,采取措施,加以改进。

第四节　我国民办本科高校教学质量的资源保障情况

民办本科高校的教学质量建设受土地、校舍、师资、教学仪器设备、图书资料、经费等资源的制约。总体来说,我国民办本科高校的办学条件得到了

---

① 教育部高等教育教学评估中心编.中国民办本科教育质量报告(2016 年度)——中国民办本科教育质量的全景与深析[M].北京:教育科学出版社,2017:139-151.

② 教育部高等教育教学评估中心编.中国民办本科教育质量报告(2016 年度)——中国民办本科教育质量的全景与深析[M].北京:教育科学出版社,2017:155.

极大改善,但是经费相对不足,师资队伍建设是民办本科高校教学质量建设的短板。

一、办学条件极大改善

民办本科高校虽然经费来源比较单一,主要依靠学费滚动发展,办学经费比较紧张,但民办本科高校依靠其规模优势,舍得把有限的资金投入到改善学校的办学条件上来。从 2010 年到 2015 年,我国民办本科高校生均教学行政用房面积从 14.4 平方米提高到了 15.3 平方米,生均教学科研仪器设备值从 4 863.3 元提高到了 5 760.3 元,生均藏书量从 77.0 册提高到了 82.9 册[①]。从教育行政部门公布的数据来看,浙江省民办本科高校的三项生均教学经费支出均在 2 000 万元以上,每年又投入了大量的专项教学经费用于改善教学条件,加强内涵建设。依托地方政府的支持,目前民办本科高校的校园环境有了极大的改善,出现了一大批校园面积超千亩的民办本科高校,这些高校校园环境优美、生活设施完备、学习条件优良,吸引了众多的优秀人才。

近几年,民办本科高校加大师资队伍引进与培养的力度,师资队伍的数量与结构有了较大的改善。据教育部高等教育教学评估中心统计的数据,从 2010 年到 2015 年,民办本科院校具有硕士与博士学位的专任教师占比从 2010 年的 47.8% 增加至 2015 年的 62.7%;35 岁及以下专任教师的占比从 2010 年的 55.9% 下降至 2015 年的 51.8%;双师型教师占比从 2010 年的 20% 增加至 2015 年的 22.2%[②],教师队伍结构有了明显改善。民办本科高校由高职院校升格而来,先后接受过教育部和省教育厅的各项评估和检查,比如高职合格评估、高职水平评估、升本评估、本科教学工作合格评估等,在外部质量保障措施的促动下,办学条件有了质的提升,已经实现了"办学条件基本达到国家标准,教学管理基本规范,教学质量基本得到保证"的本科合格评估"三个基本"要求。

---

① 教育部高等教育教学评估中心编.中国民办本科教育质量报告(2016 年度)——中国民办本科教育质量的全景与深析[M].北京:教育科学出版社,2017:87.

② 教育部高等教育教学评估中心编.中国民办本科教育质量报告(2016 年度)——中国民办本科教育质量的全景与深析[M].北京:教育科学出版社,2017:98.

二、经费投入与队伍建设仍是短板

在办学条件得到基本保障的同时,我们必须清醒地认识到,要提高人才培养质量,使学校不断向前发展,仍然需要不断加大投入,改善办学条件。从调研结果来看,民办本科高校的经费总量不高,收入来源单一,教学经费投入与公办本科高校相比还有较大差距;生均教学行政用房、生均实验用房、生均教学科研仪器设备值还严重不足;教室、实验室等硬件教学条件还有待改善;实习基地、图书馆学习资源、运动场等体育设施、校园环境、在线课程资源等的师生满意度还不高;师资数量严重不足,生师比仍处高位,外聘教师总量偏多,师资队伍结构性矛盾突出,呈现"专任教师偏少,外聘教师偏多;高学位教师偏少,无学位、低学位教师偏多;高职称教师偏少,初级与无职称教师偏多;中青年骨干教师偏少,年轻教师偏多"[①]的"四多四少"现象;教师的培养培训机会不多,水平提升不快等。这些问题都需要民办本科高校多方筹资,加大经费投入,优化和改善办学条件,更好地支撑教学质量的建设。

三、教学质量保障体系亟须建立健全

教学质量是民办本科高校发展的生命线。民办本科高校对教学质量的生命线意义认识非常清醒,质量将决定学校的生存与发展。浙江省率先试行高考招生制度改革,招生录取不分批次,并且采用"专业＋学校"的志愿填报方式,可以说一些教学质量较差的专业将会很快被淘汰出局。因此,民办本科高校要有强烈的危机意识和质量意识,必须开始着力建设高校内部的教学质量保障体系,包括设立专门的质量保障组织机构与专职人员、加强质量标准建设、进一步完善各项管理制度、建立教学质量监控体系等。

民办本科高校的教学质量保障体系的完善程度与教育部实施的外部评估有很大关系。目前我国本科教育的外部质量保障主要有本科合格评估、审核评估、教学状态数据常态监测、专业认证等,这些外部质量保障措施是

---

① 教育部高等教育教学评估中心编.中国民办本科教育质量报告(2016年度)——中国民办本科教育质量的全景与深析[M].北京:教育科学出版社,2017.

民办本科高校发展的"导航仪"和"助推器"。合格评估主要评估办学条件是否基本达到国家标准,教学管理是否基本符合规范,教学质量是否基本得到保证,接受过教育部本科教学工作合格评估并且结果为"合格"的民办本科高校,其办学条件、教学管理、教学质量应该基本是有保证的。审核评估主张"用自己的尺子量自己",主要是评估"五个度",其中有一个一级指标就是"质量保障体系"的建设情况,因此接受过本科教学工作审核评估的民办本科高校,其教学质量保障体系的健全程度就相对比较高。一般本科教学工作合格评估是在有本科毕业生之后进行的,而审核评估是在接受过合格评估后五年以后进行,按照这个时间节点计算,我国接受过本科合格评估的民办本科高校一般是在 2013 年之前升本的,而接受过审核评估的民办本科高校一般是在 2008 年以前升本的,因此,到目前为止接受过本科教学工作合格评估的民办本科高校大致只占民办本科高校总数的三分之二,而接受过本科审核评估的民办本科高校只有不到五分之一(2007 年全国独立设置的民办本科高校只有 30 所),可见全国民办本科高校的教学质量保障体系建立健全程度总体不高。

从学校发布的年度教学质量报告和对教师的问卷调查结果来看,民办本科高校正着力构建内部质量保障体系。民办本科高校都把质量保障体系建设写入学校发展规划,其年度计划也把质量保障作为重要内容,并把具体工作任务分解到各二级教学单位。学校领导、有关职能部门和教学单位定期研究教学工作,坚持召开教学研讨会议和教学例会,研究和部署教学工作;建立了领导听课制度、教学巡查制度,了解一线教师教学情况。明确教学工作"一把手"责任制度,开展机关作风建设,定期召开座谈会,听取意见和建议,不断改进工作思路和方法,提高服务水平;建立青年教师助讲制度,加大对教师教学能力的培养培训;等等。这些措施都为提高教学质量起到了十分重要的作用。

宋晓洁通过对 129 所民办本科高校 2015 年度教学质量报告的统计分析,得出 27.2%的民办本科高校存在教学质量保障不足、保障体系有待健全的问题,而归纳这些问题,主要表现在以下几个方面:一是教学质量保障体系尚未建立;二是教学质量目标缺乏动态调整的机制,没有明确的目标;三是质量监控及信息反馈机制不健全;四是教学评价指标及评价过程不科学;

五是没有设计运行机制或要素保障措施来确保教学质量保障体系合理运行①。不同民办本科高校在教学质量方面差异明显,虽然已经认识到教学质量保障体系建设的重要性,但是在具体落实方面仍然存在缺位,主要表现在"机构设置不到位,队伍建设不到位,质量监管不到位,持续改进不到位"②的问题。教学管理人员队伍和质量监控队伍人员数量不足,队伍不稳定、经验不足,在一定程度上影响质量管理的效果。教学质量的标准还不完善、不健全,有些主要教学环节缺少相应的质量标准,有些环节虽有标准但与应用型人才培养匹配度不高,标准只是写在纸上,挂在墙上,实际并不执行。对教师教学质量评价中的"同行评教"与"学生评教"的具体实施还需要深入研究,不断提高其科学性与合理性。持续改进是目前民办本科高校教学质量保障体系中最薄弱的环节,重信息采集与评价,轻分析与改进,写了整改意见后,缺少督办与复查,没有形成质量保障体系的闭环。

---

① 宋晓洁.民办本科高校教学质量保障体系研究[D].广西师范学院,2017.
② 教育部高等教育教学评估中心编.中国民办本科教育质量报告(2016年度)——中国民办本科教育质量的全景与深析[M].北京:教育科学出版社,2017.

第三章
浙江省民办本科高校教学质量现状分析

在全国 31 个省级行政区中,浙江省是一个经济大省,2018 年,浙江省的 GDP 总量位于广东、江苏、山东之后列全国第四位①。浙江省是一个民营经济高度发达的省份,2018 年中国民营企业 500 强中,浙江省有 93 家,位列全国各省区第一②。浙江省更是全国居民收入最高的省份,2018 年浙江省居民人均可支配收入 45 840 元,仅次于上海(64 183 元)、北京(62 361 元),高于天津、重庆两个直辖市③。根据杭州电子科技大学中国科教评价研究院和浙江高等教育研究院、武汉大学中国科学评价研究中心联合发布的《2019—2020 年大学教育地区(31 个省市区)竞争力排行榜》,浙江省高等教育竞争力位于全国各省区的第 8 位④。在浙江这样一个民营经济高度发达、居民人均可支配收入较高的省份,发展民办高等教育具有得天独厚的条件。浙江省的每一所民办本科高校在全国民办本科高校中都居于中上水平。因此,浙江省民办本科高校的教学质量保障体系建设,在全国具有较强的引领和示范意义。为更加充分了解我国民办本科高校教学质量及其保障

---

① 中国经济网.2018 年 31 省区 GDP“成绩单”出炉:仅 5 省总量未破万亿[EB/OL].http://district.ce.cn/zg/201902/02/t20190202_31418762. shtml,2019 - 02 - 02/2019 - 08 - 22.

② 搜狐网.2018 中国民营企业 500 强榜单出炉,快看各省分布情况[EB/OL].http://www.sohu.com/a/250850411_99919028,2018 - 08 - 30/2019 - 08 - 22.

③ 搜狐网.2018 年全国各省份人均可支配收入排行榜出炉,10 省份超全国水平[EB/OL].https://www.sohu.com/a/303682326_120113054,2019 - 03 - 25/2019 - 08 - 22.

④ 中国科教网.2019—2020 年大学教育地区(31 个省市区)竞争力排行榜[EB/OL].http://www.nseac.com/eva/CUAE.php? DDLyear=2019,2019 - 08 - 22.

的现状,本章运用目的抽样法,选择浙江省的民办本科高校为样本,对浙江省民办本科高校的教学质量及其保障现状进行调查分析。

第一节　浙江省民办高等教育发展概况及其在全国的地位

浙江省地处东部沿海经济发达地区,尤其是民营经济高度发达的地区,处于我国改革开放的前沿,也是民办教育发展最早的地区,从幼儿园到中小学,再到高等教育领域,已经形成了典型的民办教育发展的"浙江模式"。本节主要对浙江省的民办高等教育发展情况作一概述。

一、浙江省民办高等教育发展概述

截至 2019 年 6 月 15 日,浙江省共有普通高等学校 108 所,其中普通公办本科高校 31 所(含浙江大学)、普通公办高职学院 40 所、独立学院 21 所、中外合作办学高校 2 所、独立设置的民办普通本科高校 5 所(含西湖大学)、民办普通高职学院 9 所,形成了浙江省高等教育的多类型发展格局。浙江省民办高等教育的发展也相应地经历了萌芽期、发展起步期、发展探索期、快速发展期、发展转型期、分类管理与健康发展期。

在民办高等教育的萌芽期(1978—1983 年),1979 年 4 月,由浙江省工商业联合会、中国民主建国会浙江省委员会联合组建成立了一所综合性成人业余学校——杭州钱江业余学校。这所学校是浙江省第一所社会力量举办的民办学校。1982 年 6 月经省政府批准试办英语和中文两个大专班,曾被浙江省人民政府授予"优秀民办学校"称号[①]。目前这所学校为浙江省工商联下属的一个培训中心,属于省级公益二类事业单位。

在民办高等教育的发展起步期(1984—1991 年),当时正处于"千军万马过独木桥"的高考低录取率时期,为了给更多浙江的高考落榜生接受高等

---

① 资料来源:杭州钱江业余学校网站,地址为:http://www.hzqjac.com/home.php.

教育的机会，由浙江美术学院（现中国美术学院）的部分老教授发起，挂靠光明日报国际技术开发公司，于 1984 年成立了中华高等专科学校，次年就开始招生，但由于政策原因，该校于 1999 年停办。1984 年 12 月省政府同意省政协依靠省各民主党派和社会力量筹建一所民办的武林大学（浙江树人大学的前身），学生入学参加高校招生统一考试，实行收费走读，国家不包分配，学完规定课程，考试合格，承认学历，学校办学经费自筹①。学校于 1985 年秋正式开始招生。

在民办高等教育的发展探索期（1992—1998 年），邓小平"南方谈话"极大地解放了大家的思想，1993 年国家教委颁发《民办高等学校设置暂行规定》，官方文件首次提出了"民办高等学校"的概念。这一时期，浙江树人大学正式向国家教委递交了建校申请，获得全票通过，1994 年 3 月国家教委正式下文批复，浙江树人大学成为首批获批的四所民办普通高校之一（另三所为黄河科技学院、上海杉达学院、四川天一学院）。

全国民办高等教育的快速发展期（1999—2006 年）也是浙江民办高等教育的快速发展期。1999 年第三次全国教育工作会议后，国家实行了高等教育大扩招战略。浙江省也于 1998 年 12 月出台了《关于鼓励社会力量参与办学的若干规定》等一系列文件，大力鼓励民间资金办学，满足人民群众日益增长的教育需求，促进浙江省教育事业的发展。1999 年 2 月全国第一所独立学院——宁波大学科学技术学院正式成立，此后，浙江省陆续批准设立了 22 所独立学院，开创了全国独立学院的"浙江模式"。此外，从 1998 年到 2006 年浙江省先后设立了 10 所民办高职学院，包括绍兴越秀外国语职业学院、宁波大红鹰职业技术学院。2003 年浙江树人大学正式升格为民办本科高校。

在民办高等教育的发展转型期（2007—2016 年），浙江民办高校贯彻2007 年 1 月 16 日教育部发布的 25 号令（即《民办高等学校办学管理若干规定》）精神，进一步规范民办高校的办学行为，维护民办高校师生和举办者及学校的合法权益，引导民办高校从规模扩张转向内涵建设为主的道路上来。

---

① 徐绪卿.我国民办高校内部管理体制改革和创新研究[M].北京：中国社会科学出版社，2010：207.

这一时期,浙江只新增了 1 所民办高职学院,即 2008 年新增的浙江横店影视职业技术学院。另外,温州大学城市学院(独立学院)于 2016 年 4 月经教育部批准转设为独立设置的民办普通本科高校,并更名为温州商学院。在浙江省民办高校加强内涵建设的同期,浙江越秀外国语职业学院、宁波大红鹰职业技术学院于 2008 年同批经教育部批准升格为民办普通本科高校,并分别更名为浙江越秀外国语学院和宁波大红鹰学院。

2017 年开始,全国民办高校进入了分类管理与健康发展期。其标志是 2017 年 12 月 29 日国务院发布的《国务院关于鼓励社会力量兴办教育促进民办教育健康发展的若干意见》(国发〔2016〕81 号),且新修订的《民办教育促进法》于 2017 年 9 月 1 日起正式施行。为了贯彻落实《民办教育促进法》和国务院的文件,国家和浙江省均出台了一系列关于落实民办学校"分类管理"的政策文件。浙江省规定,"现行民办学校(2016 年 11 月 7 日前正式设立的)到 2022 年底前完成分类登记"①。所以,目前浙江省的民办高校正处于落实"分类管理"政策的过渡时期。而正当原有民办高校在选择"营利性"与"非营利性"并进行重新登记注册的时候,2018 年 2 月,经教育部正式批准,由多位企业家捐赠的中国第一所民办研究型大学——西湖大学正式成立,开创了中国民办研究型大学的先河。西湖大学创办初期不招本科生,主要培养研究生,2022 年开始招收本科生。②

截至 2018 年,浙江省共有独立设置的民办普通高校 5 所、独立学院 21 所、民办高职学院 9 所。2018 年民办普通本专科招生数 8.5 万人,比上年增长 0.4%;全日制在校生数为 31.3 万人,比上年增长 0.2%;招生和在校生数各占全省普通本专科招生、在校生总规模的 29.1% 和 31.2%,三分天下有其一。

二、浙江省民办本科高校在全国民办本科高校中的地位

西湖大学是由社会力量举办、国家重点支持的新型民办研究型大学,2022 年招收首届本科生,在全国民办本科高校中不具有代表性,是

---

① 浙江省人民政府.浙江省人民政府关于鼓励社会力量兴办教育促进民办教育健康发展的实施意见[Z].浙政发〔2017〕48 号.
② 资料来源:西湖大学网站,地址为:https://www.westlake.edu.cn/。

个特例。因此本书研究的浙江省民办本科高校主要是指其他四所民办本科高校,即浙江树人大学、宁波财经学院、温州商学院和浙江越秀外国语学院。为了便于研究,以下分别用 A 学校、B 学校、C 学校和 D 学校表示。

浙江省民办本科高校(不包括独立学院)就数量而言,在全国各省区市中属于不多的,但是办学的综合实力、科研竞争力等方面的排名在全国民办本科高校中是比较靠前的。

2018 年武书连大学排行榜对中国 117 所民办本科高校的综合实力、教师创新能力、教师绩效、社会科学、自然科学、毕业生就业质量、择校顺序等进行了排名,浙江省的 A、B、C、D 四所民办本科高校在每项排名中都比较靠前。其中 A 学校在所有项目的排名中都稳居前 10 位;D 学校在中国一流民办大学、择校顺序、毕业生就业质量、文学学科四个项目的排名中都居于第 1 位。在中国民办本科大学综合实力排行榜中,A、B、C、D 四所民办本科高校分别居于第 2 位、第 19 位、第 35 位、第 17 位,在全国 117 所民办本科高校中居于前 30%,充分说明了浙江省民办本科高校的办学实力。具体情况如表3-1所示。

表 3-1　2018 年武书连中国民办本科大学排行榜(A、B、C、D 学校)

项　　目	A 学校	B 学校	C 学校	D 学校
中国民办本科大学综合实力排行榜	2	19	35	17
中国一流民办大学排名	4	/	6	1
社会科学排名	3	6	53	5
自然科学排名	2	20	21	/
教师创新能力排名	1	5	7	9
择校顺序排名	4	/	6	1
教师绩效排名	1	/	6	8

续　表

项　　目	A学校	B学校	C学校	D学校
文学学科排名	/	/	/	1
毕业生就业质量排名	/	/	/	1

注：1. 中国民办大学综合实力排名的依据是 117 所民办本科大学的人才培养和科学研究得分高低。

　　2. 中国一流民办大学的标准：在中国民办大学评价中，择校顺序居前 10％的民办大学。

　　3. 中国民办大学择校顺序排名的计算方法是把本科毕业生就业质量、教师创新能力、教师绩效三项指标的分项排名相加，其中本科毕业生就业质量排名加两次，之后按得分由低到高排列，得分越小越好。若得分相同，综合实力排名靠前的学校排在前面。

资料来源：新浪网.武书连大学排行榜，http://edu.sina.com.cn/zt_d/wushulian/。

以邱均平教授为首的研究团队联合中国科教评价网连续 16 年发布《中国大学及学科专业评价报告》，对中国大学和学科专业进行排名，也具有比较大的影响。根据中国科教评价网发布的 2019 年中国民办院校综合竞争力排行榜，浙江省 A、B、C、D 四所民办本科高校分别排在第 4 位、第 12 位、第 26 位、第 94 位①。

综上所述，浙江省的几所民办本科高校的综合实力在全国民办本科高校中居于前列。浙江省民办本科高校在教学质量建设过程中遇见的问题在一定程度上具有普遍性意义，研究浙江省民办本科高校教学质量保障体系建设能够为全国其他民办本科高校教学质量保障体系的建设提供参考。

第二节　浙江省民办本科高校的办学定位与教学条件

浙江省几所民办本科高校都是经过多年的建设与积累，从民办高职学院升格为本科院校，或是从独立学院转制成为独立设置的民办本科高校的，全部都定位于培养应用型人才，办学条件不断得到改善。

---

① 中国科教评价网."金平果"独家发布 2019 年中国民办院校竞争力排行榜[Z].http://www.nseac.com/html/14/681240.html,2019－01－24/2019－08－24.

一、办学定位与人才培养目标

　　不同层次、类型、定位的高校,其教学质量标准是不同的,讨论教学质量保障体系建设,首先必须明确教学质量保障的总目标。这个总目标就是学校的办学定位与人才培养目标。从表3－2可知,四所民办本科高校办学定位具有共性:即全部定位于"教学型高校",培养"应用型人才"。但在"发展目标"以及"应用型人才"的定位上又各具个性。

表3－2　四所民办本科高校的办学定位

学　校	办　学　定　位
A学校	发展目标:建设综合实力处于国内民办高校一流、部分学科和研究领域在全国高校中有重要影响、富有特色的教学服务型大学。 办学类型:教学服务型大学。 人才培养目标:培养基础扎实、知识面宽、人格健全、适应能力强,有较强实践能力和创新创业精神的高级应用型人才。
B学校	发展目标:建设国内领先、有改革创新示范价值、特色鲜明的民办大学。 办学类型:教学型大学。 人才培养目标:培养具有创新精神和创业能力的中小企业中高端技术、管理岗位高素质应用型人才。
C学校	发展目标:没有相关数据。 办学类型:教学型本科高校。 人才培养目标:培养德智体美全面发展、具有现代商业精神的高素质应用型人才。
D学校	发展目标:建设应用型、国际化、高水平民办大学。 办学类型:教学型本科高校。 人才培养目标:培养具有国际视野的高素质应用型人才。

数据来源:四所学校的官方网站及其公开发布的教学质量年度报告。

二、现有专业设置及学生规模

　　学生规模意味着学校的经费收入,对民办本科高校的发展至关重要。从表3－3中可知,在2015—2016学年,浙江省的四所民办本科高校中只有C学校(从独立学院转设而来)的规模为8 000多人,其余三所学校的学生规模均在 15 000～20 000 人之间。从四所学校的专业设置中可以看出文经管类专业数量最多；A学校专业设置较为丰富，涉及文学、经济学、管理学、工学、艺术学、法学 6 大学科门类，综合性较强；B学校也有较多的工科类专业和艺术类专业；D学校学科门类比较单一，除 1 个艺术类专业外，其余都是文经管类专业。因此，"学生规模大，文经管类专业为主"是民办本科高校的一个共性。

表 3-3　2015—2016 学年四所民办本科高校的专业设置与学生规模

学　　校	学生规模（人）	专业数量（个）	具体专业数（个）			
			文经管类	工科类	艺术类	其他
A学校	15 239	40	19	16	4	1
B学校	18 997	30	16	9	5	
C学校	8 359	19	12	3	4	
D学校	16 986	23	22	0	1	

数据来源：四所学校的官方网站及其公开发布的 2015—2016 学年教学质量报告。

三、师资队伍数量和结构

师资队伍是民办本科高校相比公办本科高校最为薄弱的地方，也是影响教学质量的最为关键的要素。表 3-4 是 2016 年上半年浙江省四所民办本科高校的专任教师数量与结构情况表，体现了浙江省民办本科高校师资队伍的六个特点，第一，教师数量紧缺。对照表 3-3 中的学生数，如果不计算民办本科高校聘请的一批外聘教师，A学校的生师比为 25.83：1，B学校的生师比为 26.31：1，C学校的生师比为 17.56：1，D学校的生师比为25.16：1，教师数量是严重不足的。第二，高职称教师数量少。四所学校的高职称教师比例分别为 39.7%、32.4%、35.3%、32%，远低于全省本科高校的平均值 49.15%。第三，学历偏低。主要表现在博士数量和硕博士比例上。四所学校的博士比例分别为16.3%、9.8%、14.9%、14.5%，而当年全省本科高校平均博士比例为 39.47%，差距非常大。第四，年轻教师比例高。主要表现在 35 岁及以下教师的数量偏多，教学经验相对不足，必然从整体上影响教学质量。第五，外聘教师多。民办本科高校为了满足教学需要,以及应付上级教育行政部门对生师比的考核指标(合格要求 18∶1),聘请了大量的外聘教师。据本人所在学校的师生反映:部分外聘教师上完课就走,教学精力投入严重不足,管理也比较难,教学质量很难保证。第六,女教师比男教师多。无论是学科门类比较单一的外国语院校,还是理工科专业比较多的相对综合性的高校,女教师的数量均远超过了男教师数量,最少的相差 52 人,最多的相差 203 人。

表 3﹣4　2015—2016 学年四所民办本科高校的专任教师队伍数量和结构(单位:人)

结　　　构		A 学校	B 学校	C 学校	D 学校
专任教师总数		590	722	476	675
性别	男	262	308	212	236
	女	328	414	264	439
职称	正高级	69	71	46	94
	副高级	165	163	122	122
	中级	298	445	236	352
	初级与未定级	48	43	72	107
学历	博士	96	71	71	98
	硕士	365	527	327	422
	本科	87	124	78	155
	专科及以下	42	0	0	0
年龄	35 岁及以下	234	267	157	317
	36 至 45 岁	185	271	179	181
	46 至 55 岁	126	136	95	70
	56 岁及以上	26	48	45	107
外聘教师数		665	720	64	370

数据来源:四所学校的官方网站及其公开发布的 2015—2016 学年教学质量报告。

四、教学硬件条件

在教学硬件上主要涉及生均教学科研仪器设备值、生均图书量、电子图书量、生均教学行政用房、生均实验室面积等指标，本文选取生均教学科研仪器设备值、电子图书量、生均教学行政用房面积、生均实验室面积四个指标对民办本科高校的硬件条件进行分析，具体数据如表3-5所示。从表中可知，浙江省民办本科高校硬件教学条件的生均指标都远远小于全省本科高校的平均值。尤其是生均教学行政用房的面积与公办高校的差距相当大。

表3-5　2015—2016学年四所民办本科高校的教学硬件条件

项　　　　目	A学校	B学校	C学校	D学校	全省平均
生均教学科研仪器设备值（元）	10 607	6 611	4 120	5 455.81	17 756
电子图书量（万种）	76.13	54	49	102.25	93.09
生均教学行政用房面积（平方米／人）	14.13	16.3	15.52	10.87	16.11
生均实验室面积（平方米／人）	2.66	13.2	0.86	1.03	4.9

数据来源：四所学校的官方网站及其公开发布的2015—2016学年教学质量报告。

五、教学经费投入

年度教学经费投入的统计指标主要有四个，分别是生均本科教学日常运行支出、生均本科实验经费支出、生均本科实习经费支出、本科专项教学经费支出（包括专业建设、教学改革等）。从表3-6可知，浙江省民办本科高校在生均教学经费支出方面远低于全省本科高校的平均值。但从本科专项教学经费投入来看，有两所本科高校的经费投入超过了全省本科高校平均值，说明民办本科高校在专业建设、课程建设、教学改革等方面正不断加大投入，加强内涵建设。

表 3 - 6　2015—2016 学年四所民办本科高校年度教学经费投入情况

项　　目	A 学校	B 学校	C 学校	D 学校	全省平均
生均本科教学日常运行支出(元)	2 400	1 838.6	2 782	2 343.65	3 476.20
生均本科实验经费支出(元)	400	61.2	455	26.71	276.80
生均本科实习经费支出(元)	60	283.47	300	86.63	298.14
合　计(元)	2 860	2 183.27	3 537	2 456.99	4 051.14
本科专项教学经费支出(万元)	1 565	2 148.33	765.78	548.87	1 510.42

数据来源：四所学校的官方网站及其公开发布的 2015—2016 学年教学质量报告。

六、教学建设与改革

在教学建设与改革方面,围绕专业建设、课程与教材建设、课堂教学与教学改革、实践教学、创新创业教育、国际合作与交流等方面,每所高校各有自己的发展规划与具体举措,更多地只能做一些定性的描述,很难具体地进行定量分析。但是为了综合地反映各个高校教学建设与改革的成效,本文对浙江省四所民办本科高校自升格本科以来积累的一些教学建设与改革方面的标志性成果进行罗列,以此在一定程度上反映出各校在教学建设与改革方面取得的成效。

表 3 - 7　四所民办本科高校在教学方面的标志性成果(省级及以上,截至 2020 年)

成果类别	A 学校	B 学校	C 学校	D 学校
教学成果奖	省级一等奖 2 个;省级二等奖 11 个	省级一等奖 2 个;省级二等奖 2 个	无	省级二等奖 2 个
优势特色专业	国家级特色专业 1 个;省级优势专业 2 个;省级特色专业 3 个	省级优势专业 2 个;省级特色专业 7 个;	省级特色专业 3 个	省级优势专业 1 个;省级特色专业 7 个

续　表

成果类别	A学校	B学校	C学校	D学校
大学生校外实践基地	国家级1个、省级2个	省级1个	无	无
精品在线开放课程	省级3门	省级6门	省级3门	省级3门
实验教学示范中心	省级4个	省级1个	无	省级1个
省级教学团队	省级2个	省级2个	无	省级1个
学科竞赛（2017年）	次数99,得分56.85	次数143,得分60.86	次数41,得分43.7	次数50,得分40.38

数据来源：历年教育部和浙江省教育厅公布的文件,其中学科竞赛数据来源：中国高教学会《高校竞赛评估与管理体系研究》专家工作组编.全国普通高校大学生竞赛白皮书(2012—2017)[M].浙江：浙江大学出版社,2018.

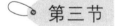 **第三节　浙江省民办本科高校的教学质量满意度情况**

本节主要从毕业生职业发展与人才培养质量总体评价、毕业生就业率状况、毕业生对母校的满意度、用人单位对毕业生的满意度四个方面来说明浙江省民办本科高校教学效果与人才培养质量。

一、毕业生职业发展与人才培养质量总体评价

通过就业率、就业质量、职位胜任度及创业前景、毕业生对母校的满意度、用人单位对毕业生的满意度五个指标可以衡量全省高校毕业生的职业发展与人才培养质量,并根据其得分进行排名。其中,就业率主要考察毕业生离校时的就业率、当前就业率、失业学生工作经历、失业学生待业状况4个方面;就业质量主要考察就业的专业相关度、工资水平、社会

保障水平、职业稳定度、学生就业满意度、个人职业发展信心、创业率、创业状态、创业规模、升学率 10 个方面；职位胜任度及创业前景主要考察岗位适应度、人际关系、职业胜任情况、职业发展空间、创业情况自我满意度、创业前景 6 个方面；对母校满意度主要考察总体满意度、专业课程课堂教学效果、实践教学水平、教师教学水平、学校提供的发展机会和锻炼平台、创新创业教育及指导、求职时学校提供的帮助、师德师风、校风学风、师生关系、对母校的推荐度、对母校的忠诚度 12 个方面；用人单位满意度主要考察综合素质评价、实践动手能力、专业水平、创新能力、管理能力、合作与协调能力、人际沟通能力、心理素质、用人单位对学校的认可度 9 个方面。

　　"毕业生职业发展与人才培养质量"的排名是按本科院校、独立学院、高职院校三类进行的。截至 2018 年，浙江省的普通本科院校（不含浙江大学、独立学院）总计 36 所，其中中国美术学院、宁波诺丁汉大学、温州肯恩大学不参与排名，实际参与排名的共有 33 所。表 3-8 是浙江省四所民办本科高校 2017 届毕业生职业发展与人才培养质量在全省 33 所本科高校中的排名。从表中可知，除了 B 学校排名居最后外，其他三所民办本科高校排名分别在 27、28、29 名，排在 30、31、32 名的是三所公办的普通本科高校。浙江省民办本科高校的人才培养质量虽然总体上还是处于全省本科高校的末尾，但是与部分公办本科高校差距已经不远了。

表 3-8　四所民办本科高校 2017 届毕业生职业发展与人才培养质量排名

学校	就业率	就业质量	职位胜任度及创业前景	对母校满意度	用人单位满意度	总得分	排名
A 学校	12.72	20.65	7.57	20.79	9.96	71.69	29
B 学校	12.24	19.92	7.64	20.69	10.33	70.81	33
C 学校	12.65	21.12	7.53	20.74	10.17	72.21	28
D 学校	13.39	19.51	7.58	21.50	10.28	72.26	27

数据来源：浙江省教育评估院 2018 年 11 月面向浙江省本科高校发布的《2017 届浙江省高校毕业生职业发展状况及人才培养质量调查报告》。

二、就业率状况

在就业竞争不断加剧的情况下,高校的就业率成为衡量一所高校人才培养质量的重要指标。通过就业率及其在省内同类高校中的排名,可以粗略地比较出各高校人才培养质量的差别及其培养的毕业生是否符合经济社会发展的需要。从表3-9中可以看到,浙江省四所民办本科高校三届学生的就业率在全省57所本科院校(含独立学院,不包括浙江大学)中处于中等甚至偏上的水平,就2017届毕业生的就业率来说,四所民办本科高校的就业率分别排在第16、14、26、32名,明显处于中等偏上水平。由此,充分说明浙江省民办本科高校的毕业生具有较大的就业市场和较强的就业竞争力,其人才培养质量是符合经济社会发展需求的,社会对民办本科高校的毕业生质量还是充分认可的。

表3-9 四所民办本科高校2015—2017届毕业生毕业一年后的就业率情况

学校	2015届		2016届		2017届	
	一年后就业率	就业率排名	一年后就业率	就业率排名	一年后就业率	就业率排名
A学校	95.49%	20	95.02%	32	95.8%	16
B学校	95.15%	31	95.9%	11	95.91%	14
C学校	94.75%	41	95.2%	27	95.55%	26
D学校	95.29%	28	95.81%	12	95.38%	32

数据来源:浙江省教育评估院2018年11月面向浙江省本科高校发布的《2017届浙江省高校毕业生职业发展状况及人才培养质量调查报告》。

三、毕业生对母校的满意度

大学毕业生是高校人才培养的"产品",高校人才培养质量最终是通过毕业生的质量体现出来的。毕业生对母校人才培养与社会用人单位需要二者之间的矛盾和差距最为了解,因此,毕业生对母校的办学和人才培养各方面的满意度评价是衡量高校办学水平高低、人才培养质量优劣的重要依据。

毕业生对母校的"总体满意度"是对母校整体教育水平及毕业生整体素质水平的评价,是对母校认可度的重要指标,是对母校人才培养质量的综合认定。如表3-10所示,浙江省四所民办本科高校的毕业生对母校的"总体满意度"位列全省进行排名的33所本科高校的最后四位。由此可见,民办本科高校在毕业生眼中还有非常大的提升空间。

专业课程课堂教学效果、实践教学效果是对学校人才培养环节的评价指标;教学水平、师德师风是对学校教师队伍与人才培养环节评价的重要指标;学校提供的发展机会和锻炼平台是学生参与实践、提升自我的重要途径,是学校人才培养环境的重要指标;学校提供的就业求职服务体现了学校人才培养的精细度,是学校人才培养服务的重要指标;有良好的校风学风的学校才能更好地培养优秀人才,才能更好地提升教学质量,校风学风是测评学校是否具有良好学习环境的重要指标;创新是社会发展进步的灵魂,创业是社会前行的发动机,提供创新创业教育及指导是高校应该担负起的重任。这八个分项满意度指标比较全面地反映了学校人才培养的方方面面,是学校人才培养质量的综合体现。如表3-10所示,浙江省四所民办本科高校在八个方面的得分几乎都在80分以下,离毕业生的满意程度还有较大的差距。

表3-10 四所民办本科高校2017届毕业生对母校的满意度得分及排名情况

评价指标	A学校		B学校		C学校		D学校	
	满意度	排名	满意度	排名	满意度	排名	满意度	排名
总体满意度	82.44	30	79.77	32	79.76	33	80.09	31
专业课程课堂教学效果	76.01	30	75.92	32	76.75	28	75.02	33
实践教学效果	74.97	30	75.37	28	76.25	25	72.75	33
教学水平	75.15	31	74.65	32	75.43	30	74.08	33
发展机会和锻炼平台	74.10	32	75.26	28	75.38	27	73.66	33
创新创业教育及指导	73.58	32	75.09	27	75.78	26	73.35	33
就业求职服务	73.08	33	74.21	29	75.07	26	73.21	32

续　表

评价指标	A学校		B学校		C学校		D学校	
	满意度	排名	满意度	排名	满意度	排名	满意度	排名
师德师风	79.25	31	78.43	33	80.35	28	77.50	33
校风学风	77.53	30	77.30	32	77.29	33	76.33	33

数据来源：浙江省教育评估院 2018 年 11 月面向浙江省本科高校发布的《2017 届浙江省高校毕业生职业发展状况及人才培养质量调查报告》。

四、用人单位对毕业生的满意度

用人单位是高校毕业生就业的最终去向，用人单位对毕业生的满意度评价反映了高校毕业生的知识、能力与素质满足社会需要的程度。通过用人单位对大学毕业生质量的满意度调查，了解用人单位对大学毕业生的要求与期望，能为即将毕业走上社会的在校大学生提供就业指导，而且对学校改进人才培养方案、采取更有针对性和更为有效的教学改革举措具有重要的参考价值。

表 3-11 是用人单位对浙江省四所民办本科高校毕业生的满意度评价情况，可以发现，用人单位对浙江省民办本科高校的毕业生较为满意，"综合素质"的满意度分别位居全省 33 所本科高校的第 20、4、16、7 位，有两所民办本科高校毕业生的用人单位满意度居全省本科高校前十位。再从"实践动手能力、专业水平、创新能力、管理能力、合作与协调能力、人际沟通能力、心理素质与抗压能力"等 7 个分项满意度指标看，满意度全部超过 85 分，充分说明，用人单位对民办本科高校的毕业生各方面的评价相当不错，这也反映出民办本科高校的人才培养目标定位、人才培养质量还是符合经济社会发展需求的。有人说，因为用人单位对民办本科高校毕业生的心理期望值比较低，因而对"质量稍低"的民办本科高校毕业生的满意度反而比较高。乍一看，这句话是有道理的，但细究起来，这里面隐含着一个"质量观"的问题。我们不能用精英高等教育的人才培养质量标准来衡量大众化教育的人才培养质量，不用能 985、211 高校的质量标准来衡量民办本科高校的人才培养质量。多样化、多元化是 21 世纪人才培养的特征，我们应该树立起多样化、多元化的质量观。

表 3–11　用人单位对浙江省四所民办本科高校 2017 届毕业生的满意度情况

评价指标	A学校		B学校		C学校		D学校	
	满意度	排名	满意度	排名	满意度	排名	满意度	排名
综合素质	90.07	20	93.14	4	91.43	16	92.83	7
实践动手能力	89.93	25	93.61	6	91.69	17	93.23	10
专业水平	88.00	29	92.43	11	90.39	18	92.83	7
创新能力	86.22	25	91.48	4	89.22	13	89.70	12
管理能力	85.78	23	90.41	5	88.44	15	89.39	8
合作与协调能力	89.48	24	93.61	4	92.08	13	93.23	5
人际沟通能力	88.89	26	93.61	2	91.56	15	93.43	5
心理素质及抗压能力	87.70	25	91.12	11	90.91	12	90.91	12

数据来源：浙江省教育评估院 2018 年 11 月面向浙江省本科高校发布的《2017 届浙江省高校毕业生职业发展状况及人才培养质量调查报告》。

第四节　浙江省民办本科高校教学质量保障体系建设情况

经过调查，截至 2018 年，浙江省四所民办本科高校只有一所学校比较系统地建立了教学质量保障体系，而其他几所民办本科高校的教学质量保障体系还没有很好地建立。

A 学校在迎接本科院校审核评估前，构建了一个由"教学质量目标、教学过程监控、资源保障、质量分析反馈以及工作改进管理职责"等 5 个监控执行子系统构成的教学质量保障体系，在专业建设方面，校、院、教研室三级各司其职，定期开展对新专业、省、市、校各级重点专业的检查与评估，形成了专业、学院、学校和专家多层次的专业质量检查与评估制度。目前正不断完善主要教学环节的质量标准建设与制度建设,通过领导干部听课、教学督导、专项评估和学生信息员等途径,及时了解教学信息,强化课堂教学质量和过程监控。聘请校院两级学生信息员 400 余名,聘请校级专兼职督导 19名,各学院构建各自的督导队伍,对日常教学、毕业环节进行检查、督促、考评和信息反馈,全面监控教学管理和教学质量,及时反馈教学运行过程中的问题,并提出许多合理化建议。

B 学校制定了《教学质量管理体系实施方案》,组建了学校教学质量管理委员会,独立设置了教学质量评估处,完善了质量管理的组织机构。学校聘任了二级兼职督导 59 人、学生信息员 468 人、校外专家 13 人,建立了一支由学生、督导、校外专家组成的教学质量监控队伍。由教务处牵头组织实施教学常规检查和专项检查,督导、学工、二级学院等共同参与。常规检查主要为期初、期中、期末的教学检查;专项检查包括专业、课程、实验室、教学资料等建设情况、学风建设以及课堂教学状况、试卷、毕业设计(论文)等检查项目。学生信息员每月开展一次会议,向学校督导反馈教学情况。每学期同行与专家听课覆盖全体教师。B 学校还专门编制了《校领导集体听评课总结分析报告》《课堂教学状态监测指数报告》等 6 个课堂教学质量分析报告,对教学质量及时进行评价和分析。①

C 学校成立了校教学督导室,由返聘教授组成,设督导室主任 1 名,专职督导 3 名,主要对课堂教学质量进行监控,并设立了学院二级兼职督导,由各学院来自教学一线的高级职称教师兼任,共 9 人。学校建立了督导联系学院制度,制定"四周一表"听课计划,深入课堂听课,并要求把听课情况及时反馈给教师本人,把《教师听课登记表》上交教学管理部门。实施开学教学检查、期中教学检查、期末教学工作总结,同时根据工作需要进行不定期的随机专项检查,通过定期与随机相结合的方式,对教学运行进行全程有效监控。

D 学校领导经常深入二级学院和职能部门开展调研,全面掌握本科教学状态。建立了校领导分工定点联系二级学院制度、校领导与师生双向沟

① 资料来源于宁波大红鹰学院(现为宁波财经学院)公开发布的《宁波大红鹰学院 2015—2016 学年本科教学质量报告》。

通机制、领导干部听课制度和领导干部考试巡查制度。高度重视教学质量管理,制定完善各教学环节的质量标准,形成了较为系统完善的教学管理制度,对每项教学管理工作绘制工作流程图,并编印成册,形成了规范的教学质量管理工作体系。学校成立了教学质量保障工作委员会,全面领导学校的教学质量保障工作,设置了质量管理办公室,与教务处合署办公,下设质量监控科,设有专职人员2名。组建了校级督导工作委员会,由质量监控科科长担任办公室主任;各教学单位组建了二级督导组,负责对所在教学单位的质量监控与课堂教学督导工作,形成了校院两级督导工作机制。建立了专业自我评估制度,每个专业每五年开展一轮自我评估工作,按专业自我评估、学院初评、学校组织专家评估三个层面展开,评估结束后由质量管理办公室下达整改通知,限期整改,进行整改后再检查。

总结浙江省四所民办本科高校的教学质量保障体系建设工作,可以发现,除了A学校有一个较为明确的由五大系统组成的教学质量保障体系外,其他三所学校还没有关于教学质量保障体系的系统提法。在质量保障组织机制设置方面,A学校独立设置了"教学质量监控中心(教师教学发展中心)";B学校独立设置了"教学质量评估处(教师发展中心)";C学校还没有独立设置的质量管理机构,只设立了一个督导室;D学校设置了"质量管理办公室",与教务处合署办公。除了C学校外,其余三所学校已经基本有了质量保障的组织基础。B学校在教学质量保障方面做了大量的工作,形成了丰富的成果,不足之处是缺少对教学质量保障体系的系统化凝练。C学校从可见的书面材料而言,还停留在教学管理的经验层面上,缺少教学质量保障体系的整体概念。D学校有了组织机构,也形成了校院两级督导工作机制,虽然规范了各项教学管理工作,形成了较为完善的教学管理工作体系,但从教学质量保障体系而言,还没有形成"计划、执行、检查、评估、反馈、整改"的闭环,没有形成一个"体系"。

第四章

实证研究：浙江省民办本科高校教学质量问卷调查及分析

　　大学教学质量处于一个复杂的动态发展的过程中，它受到众多因素的制约，并伴随着这些因素的变化而不断更新和优化。国内研究者普遍认为，教师、学生、教学条件是影响高等学校教学质量的三大关键要素（内部因素），国外学者还特别强调"课程"也是影响教学质量的核心要素。根据对全国和浙江省民办本科高校教学质量及其保障的现状调查，本章通过问卷调查的方法对浙江省民办本科高校的教学质量及其保障情况进行实证研究，然后从影响民办本科高校教学质量的四个关键要素，即师资队伍、生源、经费与教学条件、课程等四个方面，对民办本科高校的教学质量及其保障的主要问题和产生原因进行分析。

第一节　浙江省民办本科高校教学质量问卷调查情况

　　本节将主要通过问卷调查的方式，面向浙江省几所民办本科高校的学生了解学生对学校教学质量的总体满意度、对教师与学校教学的满意度、对学校教风与学风的满意度、影响教学质量的主要因素等；面向教师主要了解教师对学校教学质量及其保障体系建设的满意度，包括对教学质量的总体满意度,对人才培养顶层设计、课程教学质量标准、教学过程管理、师资队伍建设、教学质量监控与评价措施等的满意度,了解影响教学质量的主要因素。

一、研究工具设计及数据收集

1. 研究工具设计

本调查所用研究工具包括以学生和学校教师(含教学管理人员)为对象的调查问卷、"问卷星"调查工具和 SPSSAU 统计分析软件。

面向学生的调查问卷共分为四部分:第一部分是调查对象的基本信息,包括性别、专业、年级、毕业后的首选去向等;第二部分是对教学现状的满意度;第三部分是对学风和教风的评价;第四部分是对影响教学质量的关键因素的看法;第五部分是一个开放性问题,让学生谈谈对于提高教学质量的意见和建议。

面向教师的调查问卷共分为五部分:第一部分是调查对象的基本信息,由性别、年龄、学历、职称、所从事的专业领域和单位所在城市等信息组成;第二部分是教师对所在学校的教学质量保障体系有关情况的评价,内容涉及教学质量及其保障体系的总体满意度、人才培养的顶层设计、教学质量标准、教学过程管理、教师队伍建设等五个方面(见表 4-1);第三部分是教师对教学质量监控与评价的基本措施的重要性与满意度的看法,涉及学生评教、教师自评、同行评教、领导评教、督导评教、新教师培训、在职教师培训7个方面;第四部分是教师对学校提供的学习资源与机会对教学质量的重要性与满意度的看法,这些学习资源与机会主要涉及生源、师资队伍、教室与实验室等硬件条件、校园环境、全英或双语课、优质精品课、小班授课、实践教学、图书馆学习资源、数字化网络学习资源、精品在线开放课程资源、运动场与体育设施、学术讲座、学科竞赛活动、科研活动、实习基地等 16 个方面;第五部分是开放性问题,主要设计了两个开放性题目,一是要求被调查者谈谈影响民办本科高校教学质量保障体系的关键因素有哪些,二是要求被调查者简述一下近五年所在学校在教学质量保障体系建设方面的主要举措。

表 4-1　关于教学质量保障体系建设情况调查的结构维度

项　目	子　项　目
总体满意度	本科教学质量的总体满意度
	教学质量保障体系的合理性
	教学质量保障体系完善情况
人才培养的顶层设计	专业设置符合地方经济社会发展需求的程度
	培养方案对学校定位与人才培养目标的支撑度
	学校课程设置对培养目标的支撑度
	教师对学校办学理念、定位、人才培养目标的认知度
教学质量标准	教师对自己任教课程目标的认知度
	课程大纲的合理性
	课程大纲的作用
	教学质量标准的合理性
教学过程管理	课堂教学质量监控制度
	教学管理规范程度
	课堂考勤制度
	教材选用质量
	实验实践教学
	开新课或新开课的审核制度
教师队伍	教师教学质量评价制度
	教学精力投入与科研精力投入的比较
	教师队伍整体素质
	教师对学生的教学引导与服务
	教师的培养培训

2. 数据收集与信度分析

本调查首先利用问卷星软件制作好问卷，并形成问卷链接，然后借助人脉关系通过微信发送到四所民办本科高校的教师群（教师卷）、学生群（学生卷），再请教师和学生填写问卷，由问卷星软件即时统计师生填写的数据。收集数据后再连接 SPSSAU 软件对收集到的数据进行统计和分析。

本调查共回收有效问卷 4 069 份，其中回收教师有效问卷 400 份，回收学生有效问卷 3 669 份。四所学校教师和学生的问卷回收情况如表 4 - 2 所示。

表 4 - 2 调查问卷回收情况（单位：份）

	A 学校	B 学校	C 学校	D 学校	其 他	合 计
教 师	84	86	93	137	0	400
学 生	38	22	16	3 549	44	3 669

本调查借助 SPSSAU 软件，采用 Cronbach's α 信度系数对回收问卷的信度进行了分析，以检验问卷的可信度。

通过对教师问卷调查结果的检验，结果显示除了"教师队伍"这一维度的信度系数值为 0.767，属于"信度较好"之外，其余维度的信度系数值均大于 0.8，属于"信度较高"，本次调查结果具有较高的可信度，具体如表 4 - 3 所示。

表 4 - 3 教师调查问卷各维度量表的信度系数（Cronbach's α）表

调 查 维 度	项目数	信度系数
总体满意度	3	0.818
人才培养的顶层设计	4	0.836
教学质量标准	4	0.837

续　表

调查维度	项目数	信度系数
教学过程管理	6	0.806
教师队伍	5	0.767
教学质量监控与评价措施的重要性	5	0.814
教学质量监控与评价措施的满意度	5	0.873
学习资源与机会对教学质量的重要性	16	0.952
学习资源与机会对教学质量的满意度	16	0.969

　　分析教师队伍这一维度的信度系数偏低的原因,是因为其中"教师对教学的精力投入相对于投入科研的精力来说"这一项对应的CITC值(校正项总计相关性)小于0.4,因此,关于这个项目的调查结果需要修正处理。

　　通过对学生问卷调查结果的检验,结果显示所有维度的信度系数值均大于0.8,属于"信度较高",本次调查结果具有较高的可信度,具体如表4-4所示。

表4-4　学生调查问卷各维度量表的信度系数(Cronbach's α)表

调查维度	项目数	信度系数
对教学现状的满意度	19	0.989
对学风的满意度评价	6	0.942
对教风的满意度评价	5	0.956

二、面向学生的问卷调查结果分析

1. 样本的基本情况和特征

本次调查中,学生样本的基本情况包括性别、年级、专业、学校所在城市、毕业后首选去向五个方面。从调查统计情况来看，学生样本具有以下基本特征：① 女生占大部分，比例达到 83.7%，主要原因是 D 学校是一所外国语高校，女生占绝大多数，另外三所学校也是女生比例高于男生；② 调查学生中，一年级学生最多，达到 48.46%，二、三年级比例相近，四年级最少；③ 调查学生专业主要集中在文科类专业，比例达到 87.08%，考查排在第二的"其他"类专业占 8.07%，全部是经管类专业，理工科类专业只占 2.89%，这也反映了民办本科高校以文经管类专业学生为多的特点；④ 关于学生毕业后的首选去向，56.72% 的学生选择了直接"就业"，其次是"国内攻读硕士研究生"和"国（境）外攻读硕士学位"，选择继续学习深造的学生比例达到 33.33%，而选择"创业"的学生只占 4.22%。具体数据参见表 4 - 5 至表 4 - 8。

表 4 - 5　学生性别和学校的分布（单位：人）

性别＼学校	A学校	B学校	C学校	D学校	小　计	占　比
男	6	3	5	577	598	16.3%
女	32	19	11	2 972	3 071	83.7%
小　计	38	22	16	3 549	3 669	100%

表 4 - 6　学生年级分布（单位：人）

年　级	小　计	占　比
一年级	1 778	48.46%
二年级	944	25.73%
三年级	837	22.81%
四年级	93	2.53%
已毕业	17	0.46%

表4-7 学生专业分布(单位:人)

专　　业	小　　计	占　　比
文科类	3 195	87.08%
理工科类	106	2.89%
艺术类	71	1.94%
其　他	296	8.07%

表4-8 学生毕业后的首选去向分布(单位:人)

毕业后首选去向	小　　计	占　　比
国内攻读硕士研究生	942	25.67%
国(境)外攻读硕士学位	281	7.66%
就　业	2 081	56.72%
创　业	155	4.22%
其　他	210	5.72%

2. 对教学质量的总体满意度

通过调查,学生对所在民办本科高校的教学质量总体表示满意。有16.79%的学生表示非常满意,43.74%的学生表示满意,加起来满意度达到60.53%。但也有35.76%的学生认为学校的教学质量一般,4%左右的学生明确表示不满意和非常不满意。具体如图4-1所示。

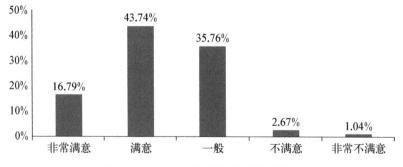

图4-1 学生对教学质量的总体满意度

3. 对学校定位的满意度分析

在学生看来,学校的办学理念、办学定位与人才培养目标还是比较符合学生实际与社会发展需求的,超过 60% 的学生明确表示满意和非常满意,其中非常满意的有 17.99%,满意的有 46.77%,另有 32.3% 的学生认为一般。余下对学校教学质量认可度不高的学生中不满意和非常不满意分别占 2.15% 和 0.79%。具体如图 4-2 所示。

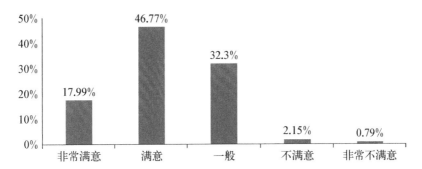

图 4-2 学生对学校的办学理念、办学定位与人才培养目标的满意度

对于学校的办学特色,大多数学生也表示十分认可,选择满意和非常满意的学生分别占 45.24% 和 18.12%。认为一般、不满意和非常不满意的只占了 36.63%。具体如图 4-3 所示。

从面向学生的调查来看,民办本科高校的定位、特色与人才培养是基本符合学生需求与社会需求的。

4. 学生对教师及其教学的满意度

教师是教学质量的主导要素,学生的学习离不开教师的指导,教师的知识、素质和能力,尤其是教师是否热爱学生、舍得在教学上投入精力、课后能经常跟学生互动交流、应用现代化的教学方式方法等都会对教学质量产生重大影响。从对浙江省四所民办本科高校的学生的问卷调查结果看,学生对教师的专业素养有较高的认可度,满意和非常满意的

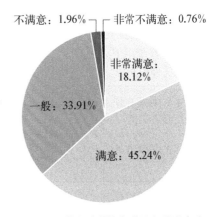

图 4-3 学生对学校办学特色的满意度

比例分别达到 49.58% 和 20.22%，一般占 27.94%，不满意和非常不满意只占 2.26%。另外，关于教师在教学工作中精力投入的充分性，有 75.03% 的学生认为比较充分；关于教师在教学中注意因材施教，有 66.78% 的学生表示认可；有 70.92% 的学生认为教师在教学中比较关注师生互动；61.22% 的学生认为在课余能有机会经常和老师交流；对教师的教学方式方法有 67.68% 的学生表示满意；对教师的课堂教学水平有 69.61% 的学生表示满意；关于教师对学生课后学习的引导和指点，有 63.31% 的学生表示满意；有 78.14% 的学生表示教师能有效运用多媒体和网络教学平台进行教学，具体数据如表 4-9 所示。按满分 5 分计，每一项的平均分都在 3.75 分以上，说明这几所民办本科高校的学生对所在学校的教师及其教学的满意度都比较高，如图 4-4 所示。

表 4-9 学生对教师及其教学的满意度

项　　目	非常满意/%	满意/%	一般/%	不满意/%	非常不满意/%	平均分
教师具备较高的专业素养	20.22	49.58	27.94	1.58	0.68	3.87
教师在教学工作中精力投入的充分性	22.73	52.3	23.41	1.12	0.44	3.96
教师在教学中能因材施教	20.61	46.17	30.31	2.23%	0.68	3.84
教师在教学中十分关注师生互动	22.38	48.54	27.04	1.47	0.57	3.91
学生和老师在课余能经常交流	19.71	41.51	34.75	3.16	0.87	3.76
教师的教学方式方法	19.98	47.7	30.47	1.23	0.63	3.85
教师的课堂教学水平	20.22	49.39	28.54	1.25	0.6	3.87

续　表

项　目	非常满意/%	满意/%	一般/%	不满意/%	非常不满意/%	平均分
教师对学生课后学习的引导与指点	19.65	43.66	33.52	2.51	0.65	3.79
教师能有效运用多媒体和网络教学平台进行教学	25.13	53.01	20.74	0.55	0.57	4.02

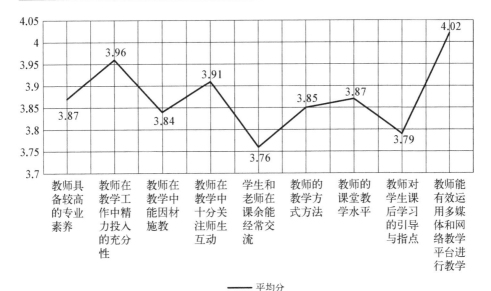

图 4-4　学生对教师及其教学的满意度

　　此外,从折线图中能够非常直观地看到"学生和老师在课余能经常交流"和"教师对学生课后学习的引导和指点"这两项指标的满意度最低,反映出课后老师对学生的辅导与交流还是比较少的。"教师能有效运用多媒体和网络教学平台进行教学"这一项得分最高,其次是"教师在教学工作中精力投入的充分性",第三是"教师在教学中十分关注师生互动",这三项得分最高的项目,与"教师样本的基本情况"中反映的民办本科高校以中青年教师为主的特点可以相互印证,民办本科高校教师虽然年轻,但在教学上愿意投入精力,善于运用多媒体和网络教学平台等现代化教学手段开展教学,在教学中也注重与学生的互动,因此,民办本科高校中这支教师队伍是非常可贵的,是民办本科高校进一步发展的基础。

5.学生对学校教风的评价

本研究通过学生对教师的教学责任感、教学态度、教学方法、教学内容、教学效果五个方面的评价来反映学校整体教风的情况,从调查结果看,五项的平均分最低为3.95,因此总体来说学生对教风的整体满意度还是很高的。如图4-5所示,学生最为满意的是教师的教学态度,然后依次是教师的教学责任感、教学内容、教学方法和教学效果,可见学生认为教师的教学态度是好的,教师是有责任感的,教学内容也不错,但是需要提升教学方法和教学效果。

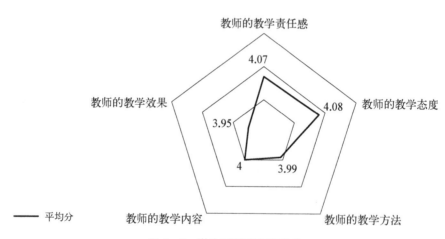

图4-5 学生对教风的满意度

6.学生对学风的评价

本研究从学习目标明确性、学习主动性、学习方法、自主学习、参加学科竞赛以及上课迟到、早退、旷课现象六个方面考察这四所民办本科高校的学风。从问卷调查结果来看,学生对学校的学风整体评价是好的,"很好"与"较好"的比例加起来达到66.88%,如表4-10所示。从图4-6可以很直观地看到,学生对"上课迟到、早退、旷课现象"的评价较高,说明此类现象较少,学生上课纪律很不错。其次是学习目标比较明确,自主学习、学习主动性、学习方法稍差一些。学生认为在这六个方面中"参加学科竞赛的情况"是最差的,也是最薄弱的一项。从中可以反映出这几所学校在组织学生学科竞赛方面,一方面应该扩大学科竞赛的参与面,另一方面也要争取在各级各类的学科竞赛中获奖,增强自信心和满意度。

表 4-10　学生对学风的评价

项　目	很好/%	较好/%	一般/%	较差/%	很差/%	平均分
学习目标明确性	22.81	47.12	27.64	1.94	0.49	3.9
学习主动性	20.93	44.84	30.53	2.92	0.79	3.82
学习方法	21.01	43.88	32.24	2.18	0.68	3.82
自主学习	21.53	44.24	30.77	2.73	0.74	3.83
参加学科竞赛	20.85	41.76	32.95	3.52	0.93	3.78
上课迟到、早退、旷课现象	27.77	44.54	25.07	1.91	0.71	3.97
小　计	22.49	44.39	29.87	2.53	0.72	3.85

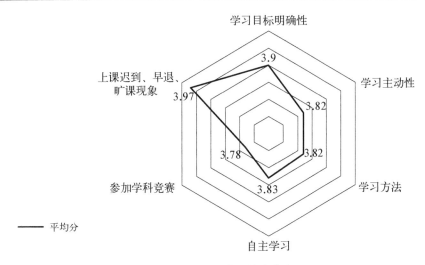

图 4-6　学生对学风的满意度

7. 学生对影响教学质量的主要因素的选择

本研究用不定项选择的方式,列举了影响教学质量保障的主要因素,分别是:学生基础,教师的素质、能力和水平,教学方式方法,教室、实验室等教学硬件条件,班级学生数,学科竞赛活动,校园文化活动,课程与实践教学,图书馆学习资源,数字化学习资源与环境,其他。在调查中,让学生选择对教学质量影响最大的 4 至 6 个因素。按学生最终的选择结果,排在前六位的依次是教学方式方法(85.94%),教师的素质、能力和水平(84.3%),学生基础(76.61%),教室、实验室等教学硬件条件(57.35%),课程与实践教学(47.23%),校园文化活动(37.91%);排在后四位的依次是图书馆学习资源(36.11%)、数字化学习资源与环境(31.07%)、学科竞赛活动(18.15%)、班级学生数(16.71%)。而选择数量最少的"其他____"(1.47%),我们调阅了学生填写的内容,总共有 41 条记录,经过整理,剔除与上述选项重复的内容后还剩 29 条,意见最集中的是寝室环境差(设施条件差、生活舒适度差、学习氛围差)(8 人)、学风与学习氛围(6 人)、自主学习(不会学、不自觉)(3 人)、课程及时间安排(3 人),另外都是单个意见,比如对手机、图书馆服务态度、教室没有空调、合作培养、学费等均只有一条意见。从调查结果发现,我们一直以为的对教学质量会有很大影响的"班级学生数量"却排在最后;另外,对学生在"其他"栏填写的意见,我们也要重视,比如学生寝室的条件与学习氛围会对教学质量有较大影响,对于民办本科高校的学生来说,要加强在"自主学习"方面的指导,在学校营造良好的学风和学习氛围,这些都会对教学质量产生影响。具体数据如图 4-7 所示。

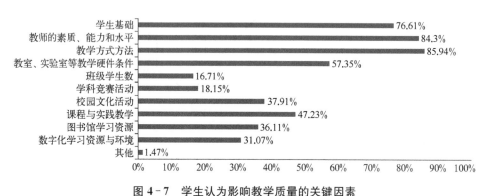

图 4-7　学生认为影响教学质量的关键因素

三、面向教师的问卷调查结果分析

1. 样本的基本情况和特征

教师样本的基本情况包括性别、年龄、职称、学历、从事专业、学校所在城市六个方面。从调查统计情况来看,教师样本具有以下基本特征:① 调研对象中女教师的比例远远超过男教师,反映出民办本科高校中女教师比例比较高;② 年轻教师比例高,其中 35 岁及以下教师占 35.84%,36～45 岁教师占 45.97%,两者合计 81.81%,反映出民办本科高校中青年教师占绝大多数;③ 中级及以下职称教师数超过 50%,正高职称占 9.09%,副高职称占26.23%;④ 教师的学历以硕士为主,占 71.95%;⑤ 教师所从事的职业多为文科,占 59.74%,也反映出民办本科高校的学科专业偏重于办学成本(实验仪器设备支出)较低的文科类专业;⑥ 四所本科高校参与调研的教师数量均超过 70 人。具体统计数据参见表 4-11 至表 4-15。

表 4-11　教师性别分布(单位:人)

性别＼学校	A学校	B学校	C学校	D学校	小　计	占　比
男	32	28	33	34	127	31.75%
女	52	58	60	103	273	68.25%
小　计	84	86	93	137	400	100%

表 4-12　教师年龄分布(单位:人)

年龄＼学校	A学校	B学校	C学校	D学校	小　计	占　比
35 岁及以下	21	33	43	44	141	35.84%
36～45 岁	39	41	41	66	187	45.97%
46～55 岁	13	10	4	14	41	10.25%
55 岁以上	11	2	5	13	31	7.75%

表 4-13　教师职称分布(单位:人)

职称＼学校	A学校	B学校	C学校	D学校	小　计	占　比
初级与未定级	13	17	29	18	77	19.25%
中　级	40	45	37	63	185	46.25%

续　表

学校 职称	A学校	B学校	C学校	D学校	小　计	占　比
副高级	23	20	22	38	103	26.23%
正高级	8	4	5	18	35	9.09%

表4-14　教师学历/学位分布(单位：人)

学校 学历/学位	A学校	B学校	C学校	D学校	小　计	占　比
专科或其他	0	0	0	0	0	0%
本　科	10	6	10	20	46	11.5%
硕　士	51	74	69	97	291	71.95%
博　士	23	6	14	20	63	15.75%

表4-15　教师所从事的专业领域分布(单位：人)

学校 专业领域	A学校	B学校	C学校	D学校	小　计	占　比
文　科	33	43	66	102	244	59.74%
理　科	7	4	10	11	32	8%
工　科	25	9	4	4	42	10.5%
医　科	2	0	0	0	2	0.5%
农　科	2	0	0	0	2	0.5%
教学行政管理	8	26	11	18	63	15.75%
其　他	7	4	2	2	15	3.75%

2. 对教学质量现状的满意度

在教师对学校教学质量的总体评价中，"非常满意"和"满意"分别占7.25%和53.5%，加起来满意度达到了60.75%，但也有34.75%的教师认为所在学校的教学质量一般，有4.25%的教师认为不满意，有0.25%的教师认为非常不满意。由此可以看出,有相当比例的教师对民办本科高校的教学质量是不满意的。具体如图 4-8 所示。

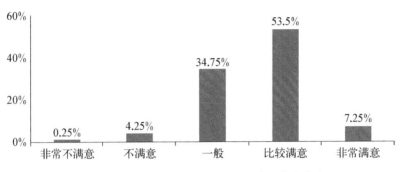

图 4-8 教师对所在学校教学质量的总体满意度

3. 对教学质量保障体系现状的满意度

由图 4-9 可知,浙江省四所民办本科高校的教师对所在学校的教学质量保障体系的合理度不是特别认可,认为非常合理的只有 5.75%,认为比较合理的也只有 54.5%,有 34% 的教师认为学校的教学质量保障体系的合理度一般,5.25% 的教师认为比较不合理,0.5% 的教师认为非常不合理。同时就"学校教学质量保障体系的建设与完善情况"项目的评价看,非常满意和比较满意的只占 56.75%,有 37.5% 的教师认为一般,4.75% 的教师明确表示不满意,1% 的教师明确表示非常不满意,如图 4-10 所示。因此,民办本科高校的教学质量保障体系还有较大的改进空间。

4. 对人才培养顶层设计的满意度

本研究从"专业设置符合地方经济社会发展需求的程度""培养方案对学校定位与人才培养目标的支撑度""学校课程设置对培养目标的支撑度""教师对学校办学理念、定位、人才培养目标的认知度"四个指标来考察民办本科高校教师对学校人才培养顶层设计的满意度。从调查结果中可以发现,教师对上述四项指标的满意度分别为 64.75%、60%、

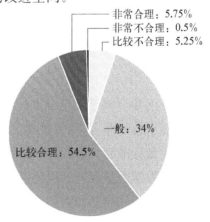

图 4-9 教师对学校教学质量保障体系合理度的评价

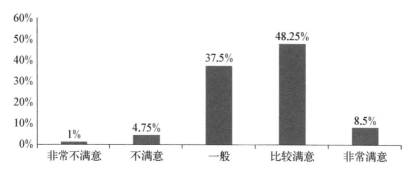

图 4－10　教师对学校教学质量保障体系的建设与完善程度的评价

54％、75.25％,其中"教师对学校办学理念、定位、人才培养目标的认知度"的满意度最高,达到 75.25％,从总体看,教师还是认可学校人才培养的顶层设计的。但是教师对"课程设置对培养目标的支撑度"满意度比较低,说明学校在课程设置方面还需要进一步改进。具体数据如图 4－11 所示。

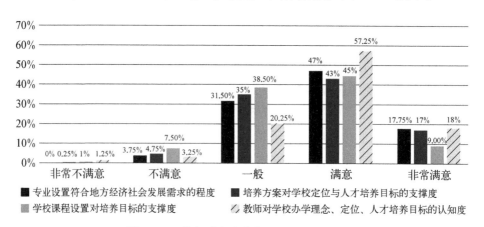

图 4－11　教师对人才培养顶层设计的满意度

5. 对课程教学质量标准的满意度

对于教师而言,课程教学大纲是其实施教学的主要标准和依据,反映了教学质量标准的科学性,课程教学大纲在实施教学过程中发挥作用的程度反映了教学质量管理的规范性。本研究设计了四个指标来考察教师对课程教学大纲的认知度和满意度,这四个指标分别是"目前学校施行的教学质量标准是否合理""学校制定的课程教学大纲支撑专业人才培养目标的程度""老师们都清楚自己所任教的课程在实现人才培养目标中的地位和作用"

"课程教学大纲在教师授课中发挥的作用如何"。从表 4-16 的调查结果看,教师对学校的教学质量标准的合理度总体上是满意的,选择"满意"和"非常满意"的达到 62.75%;老师们对所任教课程在实现人才培养目标中的地位和作用也有较高的认知度,选择"满意"和"非常满意"的达到71.25%。但是教师对课程教学大纲支撑专业人才培养目标的程度以及课程教学大纲在授课中发挥的作用相对就不怎么认可,对课程教学大纲支撑专业人才培养目标的满意度只有 57.75%,对课程教学大纲在教师授课中发挥作用的满意度总共也只达到 51%。从图 4-12 中可以明显地看出,课程教学大纲在教师授课中发挥的作用的满意度比较低,说明学校需要对课程教学大纲的修订以及贯彻执行采取相应措施,以充分发挥课程教学大纲作为课程教学标准的作用。

表 4-16　教师对课程教学质量标准的满意度

评价指标	非常不满意	不满意	一般	满意	非常满意	平均分
目前学校施行的教学质量标准是否合理	1%	5%	31.25%	54%	8.75%	3.65
学校制订的课程教学大纲支撑专业人才培养目标的程度	0%	6%	36.25%	49%	8.75%	3.61
老师们都清楚自己所任教的课程在实现人才培养目标中的地位和作用	0.25%	3.50%	25%	52%	19.25%	3.87
课程教学大纲在教师授课中发挥的作用如何	0%	9.75%	39.25%	40.75%	10.25%	3.52

6. 对教学过程管理的评价

教师对"教学管理规范程度"的总体评价比较高,有 62.5% 的教师认为

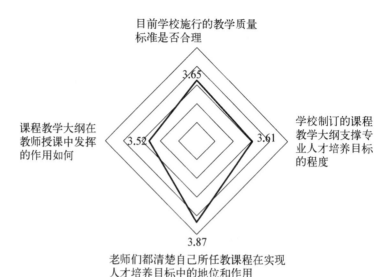

图 4-12 教师对课程教学质量标准的满意度

比较规范,有 25% 的老师认为非常规范,两者合计达到 87.5%。对于"课堂教学质量监控制度",有 49.25% 的老师认为比较健全,20.25% 的老师认为非常健全,认为不大健全或很不健全的只占 5%。从"课堂考勤制度""教材选用制度""开新课或新开课审核制度"这三个具体的指标来看,认为执行非常严格和严格的加起来分别达到 84%、70.25%、75.75%,如图 4-13 所示。从上述五个指标看,目前民办本科高校的教学过程管理总体是比较规范的,在一定程度上保证了民办本科高校的教学质量。

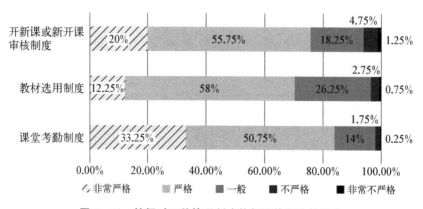

图 4-13 教师对三种管理制度执行严格程度的评价

7. 关于教师队伍建设情况

为了了解民办本科高校教师队伍建设的有关情况,问卷调查中设计了五个方面的问题：一是对现有教师队伍整体质量的总体评价;二是关于教师教学质量的评价制度;三是教学精力投入情况(这个指标因为信度较低,本书不予采信);四是教师对学生的引导和服务;五是教师队伍的培养培训情况。如图 4-14 所示,认为现有教师队伍整体质量比较高和很高的总共占55.75%,认为一般的占 39.25%,还有 5%的教师认为比较低或很低。

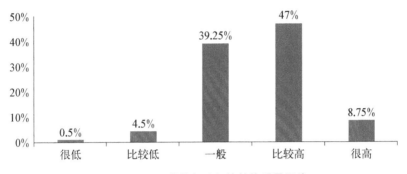

图 4-14 目前教师队伍的整体质量评价

教师队伍的建设和学校的引导有非常密切的关系,比如教师的职称晋升制度,对教师教学质量的评价制度等。通过调查发现,老师们对学校现有的教师教学质量评价制度非常满意和比较满意的只有 51.5%,有近一半的教师对现有的教师教学质量评价制度是不大满意的,如图 4-15 所示。另外,从"学校教师主动采取有效方法引导和督促不同学生课后学习的情况"来看,选择"很多"的比例只有 12.5%,选择"较多"的比例只有 37.75%,两者加起来也只有 50.25%。可见教师对学生课余的辅导是很少的,教师的教学还主要局限在课堂上,远没有延伸到课外,教学方式方法还是比较传统的。

大学教师很多不是毕业于师范类专业,没有经过正规的教育学、心理学

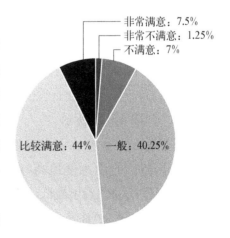

图 4-15 教师教学质量评价制度的满意度

等知识的学习和教学方法与技巧的训练,其教学主要是凭自身学习的经验和模仿给自己上过课的教师的方法,因此,对教师的培养和培训对于提升教学质量是十分重要的。经过调查,目前民办本科高校教师获得培养培训的机会是比较少的。如图4-16所示,有5.5%的教师认为机会很少,17.75%的教师认为机会较少,41.5%的教师认为机会一般,只有35.25%的教师认为参加培养培训的机会是较多和很多的。

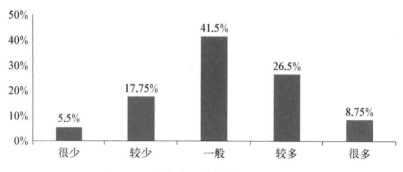

图4-16　教师参加培养培训的机会情况

8.对现有常见的教学质量监控与评价措施的重要性与满意度评价

目前高校中实施的教学质量监控与评价措施主要有"学生评教""教师自评""同行评价""领导评价""督导评价"五个方面,本研究针对这五方面措施在教学质量监控和评价中的重要性,以及实施过程中教师的满意度进行了调查。

关于这五个措施的重要性,从调查结果中可以发现:① 这五种措施都比较重要,最低一项的平均分也有3.55分;② 最重要的是"督导评价";③ 最不重要的是"领导评价";④ 五项措施从最重要到最不重要依次排序为"督导评价—同行评价—学生评教—教师自评—领导评价"。具体数据如表4-17和图4-17所示。

关于这五个举措在具体实施过程中教师的满意度,调查结果显示:① "督导评价"的满意度最高,选择满意与非常满意的比例达到66.5%;② "学生评教"的满意度最低,选择满意与非常满意的只有51.5%;③ 满意度从高到低依次为"督导评价—教师自评—同行评价—领导评价—学生评教"。具体数据如表4-18和图4-17所示。

表 4‑17　五种教学质量监控与评价措施的重要性百分比分布

措　　施	非常不重要	不重要	一　　般	比较重要	非常重要	平均分
学生评教	1.75％	4％	29％	42.25％	23％	3.81
教师自评	1.25％	5.5％	31％	47.75％	14.5％	3.69
同行评价	1％	3.25％	25.5％	48.25％	22％	3.87
领导评价	1.75％	7.25％	38％	40％	13％	3.55
督导评价	1.5％	3％	22％	49.75％	23.75％	3.91

表 4‑18　五种教学质量监控与评价措施的满意度百分比分布

措　　施	非常不满意	不满意	一　　般	满　　意	非常满意	平均分
学生评教	2％	8.75％	37.75％	40.25％	11.25％	3.5
教师自评	0.75％	3.75％	37.5％	47.25％	10.75％	3.64
同行评价	0.5％	5.25％	38.25％	45.5％	10.5％	3.6
领导评价	1％	5.25％	40.25％	43％	10.5％	3.57
督导评价	1.5％	2.75％	29.25％	52.5％	14％	3.75

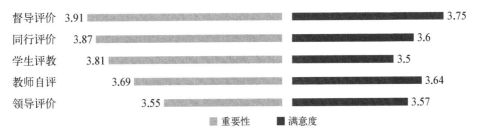

图 4‑17　五种教学质量监控与评价措施的重要性与满意度

把这五个举措的重要性与满意度对照起来比较，发现重要性程度很高的"学生评教"与"同行评价"，在具体实施的过程中满意度却不尽如人意，如何实施"学生评教"与"同行评价"是一个需要深入研究的问题。

9. 学校提供的学习资源与机会对教学质量的重要性与满意度评价

为了全面了解民办本科高校提供的学习资源与机会对教学质量的影响，本次调查问卷列举了16种学习资源与机会，让教师们对这些学习资源和机会对教学质量的重要性与满意度进行评价。经调查，教师们对这些学习资源和机会对教学质量影响的重要性排序依次为：师资队伍、课程与实践教学、教室与实验室等硬件条件、小班授课、生源、实习基地、图书馆学习资源、数字化网络学习资源、学科竞赛活动、优质精品课、运动场与体育设施、学术讲座、校园环境、科研活动、精品在线开放课程资源、全英或双语课程。满意度排序依次为：师资队伍、校园环境、学科竞赛活动、课程与实践教学、实习基地、图书馆学习资源、数字化网络学习资源、优质精品课、运动场与体育设施、精品在线开放课程资源、小班授课、教室与实验室等硬件条件、科研活动、生源、全英或双语课程、学术讲座。

从调查结果看，这16个方面的重要性平均值达到4.23，而满意度的平均值只有3.57，可见这16个方面都会影响本科教学质量，教师对其重要性的认识高度一致，但是民办本科高校在这16个方面的学习资源与机会的提供还是很不足的，老师们的满意度整体而言不高。

此外，我们对"重要性"与"满意度"的数据进行比较，发现落差最大的是"生源"和"教室与实验室等硬件条件"，分别从第5位、第3位下降到第14位、第12位，均相差了9个位次；其次是小班授课，从第4位下降到第11位，满意度也下降了7个位次。说明在民办本科高校中，老师们对"生源""教室与实验室等硬件条件"是很不满意的。另外，在民办本科高校中老师们对"校园环境""学科竞赛活动"则是比较满意的。具体数据如图4-18所示。

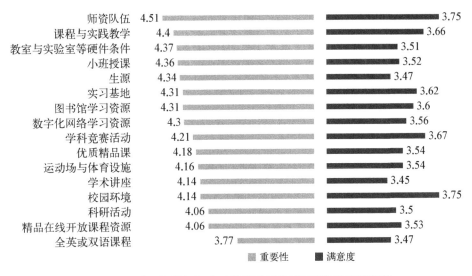

图 4-18　学习资源与机会对教学质量的重要性和满意度评价

第二节　民办本科高校教学质量建设的主要问题

结合对全国和浙江省民办本科高校教学质量的现状分析和对浙江省民办本科高校教学质量的问卷调查分析，本节主要从师资、生源、经费与教学条件、课程等影响民办本科高校教学质量的四个关键要素分析民办本科高校教学质量及其保障存在的主要问题。

一、师资队伍建设的主要问题

厦门大学潘懋元先生说："质量保障包括外部保障和内部保障，用外力来推动保障质量有一定作用，但如果只是追求外部保障，不重视内部保障就会舍本求末。质量保障最基本的是内部保障，是师资队伍的建设，师资队伍建设不好，谈什么都是空的。"[①]华东师范大学教育学部主任袁振国教授认

---

① 张景轩.把脉高等教育和高校发展——访我国著名教育家潘懋元教授[J].教育与职业，2005(34).

为，"从国家战略层面上来说，影响和决定教育质量的有五个关键因素，提高教育质量首先要深化改革使以下五个因素不断改善：确保数量是提高教育质量的基础，合理的结构是教育质量的骨架，教育公平是教育质量的有机组成部分，优秀的教师是提高教育质量的关键，教育创新是提高教育质量的核心"[①]。因此，无论是从一所学校的建设来说，还是从国家层面来说，师资队伍建设永远是教学质量建设的第一要素。对于民办本科高校来说，教师队伍的建设相比公办本科高校更为艰难。由于民办本科高校的办学性质、办学历史、办学条件的特殊性，目前，我国民办本科高校的师资队伍建设呈现出与公办本科高校不同的特点与问题，主要表现在以下几个方面。

1. 师资实行全员聘任制

随着民办高校的发展，民办高校的师资队伍建设也逐步得到改善。很多民办本科高校在创办初期基本上没有自己的专职教师，主要依靠外聘兼职教师授课。经过近二十年的发展，尤其是自 1999 年高等教育扩招以来，多数民办高校已经建立起一支有相当数量和一定质量的自有专职教师队伍，从而形成了专兼结合的师资队伍结构。公办高校的教师招聘都被列入政府的事业编制使用计划，招聘的教师同时被赋予了"干部身份"，身份固化既是优势（能够在政府行政机关内调动），也有不足（缺少灵活性）。民办本科高校的教师实行全员聘任制，用人机制比较灵活。而民办本科高校教师之间的区别主要就在于聘用期限的长短。一般民办本科高校的教师聘任分三类，第一类是自有在职在编教师，也就是学校自己招聘的没有退休的教师。一般采用签订劳动合同的形式，合同期由双方约定，首次签合同的合同期一般定为 1~3 年，试用期按劳动法规定为 1~3 个月。对于引进高层次人才一般首次签订 5~8 年合同，约定相应的聘期考核条件与相关引进待遇。第二类是专职退休返聘教师。一般签订聘用协议。这类教师虽然也是学校专职教师，但因其已经退休，不需要转人事关系，不需要缴纳社保与公积金，采用聘任协议，双方约定工作任务与相应待遇，协议一般一年一签。第三类是外聘兼职教师。这类教师主要是被聘请过来担任课程教学任务的，双方签订聘用协议，按相应的课时费支付报酬。

---

① 袁振国.教育质量的国家观念[J].中国教育学刊,2016(9).

2.师资队伍来源呈现多样性

民办本科高校的发展因我国经济、社会、政治等多种历史原因,其师资队伍的来源呈现多样性,主要来源有四个方面,一是公办高校的退休教师。在师资队伍来源方面,民办高校在办学初期大部分主要依靠公办高校的退休教师。民办本科高校不同于民办中小学,无论是办专业、应付上级教育行政部门的各种评估还是面向社会扩大招生影响力,都需要有高职称、高学历的教师,民办本科高校因办学历史较短,自有的高职称教师数量极少,只有聘请公办高校的退休教师来撑"门面"。这批教师一般职称高,教学经验相当丰富,身体素质也比较好,到民办高校来任教,能拿"双工资"(自己的退休金和民办高校的工资),所以他们也比较乐意到民办高校来工作,成为民办本科高校办学初期的中坚力量。有些民办本科高校在办学初期,其中层干部有相当一批由这些退休教师担任。二是来自公办高校的在职教师。其编制和身份都在公办学校,但实际工作在民办高校,属于地方支持民办教育发展的性质,这在由中职学校起家的民办本科高校中比较多见,这批教师主要是在原先办中职学校时从公办中专或职校经地方教育局同意聘请到民办学校来工作的,因为这批教师的社保、养老金都由原单位缴纳,退休医疗有保障,民办高校的工资收入稍高些,因此,学校虽然升格了,这批教师仍然留在民办高校,只要教育局不"斩断"这种利益关系,这批教师是不会自愿回原单位的。这批教师经过公办学校的教学培训,具有较为丰富的教学经验和工作经验,教学水平相对较高。三是学校办学以来自己招聘的教师。民办高校因其非事业单位的性质,主要是社保与公办高校不一样,因此,很难招聘到从公办高校过来的在职教师,尤其是高学历、高职称的教师,也很难招聘到优秀的硕士研究生,至于博士研究生更是不改奢望。21世纪初,民办本科高校一般只能招聘到本科生,研究生大扩招后,逐渐转变为以招聘硕士研究生为主,近几年办得比较好的民办本科高校开始招聘博士,但代价也是相当之大,优秀博士仍很难招到。四是外聘兼职教师。民办高校因办学成本原因,对自有专任教师的招聘较为慎重。因此,通过大量外聘兼职教师来弥补自有专任教师数量的不足。这批外聘兼职教师主要来自同城兄弟高校,有的学校也从附近高校较多的城市聘请兼职教师,有些民办本科高校甚至开通专车接送从外地聘请过来的兼职教师。由于企业的工作性质与人力资源管理,从企业聘请的兼职教师数量不是很多,主要来自与学校有合作的企业。

3. 师资队伍结构的特殊性

民办本科高校的师资队伍结构性矛盾突出,明显呈现"四多四少"特征。

一是从数量来看,外聘教师数量偏多,专任教师数量偏少。我国目前的民办本科高校不像国外的部分私立大学拥有大量的校友捐赠基金,基本属于依靠学费滚动发展阶段,学费是其主要的办学经费来源。因此,办学特别注重成本与效益的关系。花很多的钱引进少量的"名师",犹如杯水车薪,效益不高。但又不愿意大量引进学历层次比较低的教师,使学校担负更大的人力成本。而外聘教师不存在人事关系,不用承担其养老、医疗等社保费用,只要按工作任务支付报酬就行。在教育部本科教学工作合格评估指标中,规定公办高校聘请外聘教师数量不超过自有专任教师数的四分之一,而对民办本科高校的规定是自有专任教师数量不低于教师总数的50%。因此,在专任教师不足的情况下,在教育部政策规定允许的范围内,聘请大量的外聘教师是最经济的选择。然而自有专任教师少、外聘教师多给教学管理和教学质量的提升造成了很大的困难。因为外聘兼职教师是抱着"打工赚钱"的意识来的,对教学的精力投入少,以完成课堂教学为任务,课堂上对学生很"放松",下课就走人,教学质量可想而知。另外,外聘兼职教师的时间首先要服从自己单位的工作安排,因此经常调课甚至停课,从而使教学秩序受到影响,学生们怨声载道,对外聘兼职教师的管理成为民办本科高校教学管理人员的一大难题。

二是从年龄来看,青年教师偏多,中年骨干教师偏少。民办本科高校教师年龄结构呈现"两头大,中间小"的"哑铃型"特征,俗称"老的老,小的小,中年少"。据教育部高等教育教学评估中心的统计数据,2016年度我国民办本科高校共有 79 382 名专任教师,其中 35 岁及以下教师有 41 146 人,占51.8%;36~45岁教师有 18 929 人,占23.8%;46~55岁教师有 8 857 人,占11.2%;56岁及以上教师有 10 450 人,占13.2%[①]。民办本科高校的教师准

---

① 教育部高等教育教学评估中心.中国民办本科教育质量报告(2016年度):中国民办本科教育质量的全景与深析[M].北京:教育科学出版社,2017:114.

入的学历标准普遍比公办本科高校低,引进了大批本科毕业生和硕士毕业生,使得民办本科高校 35 岁及以下的年轻教师比例偏高,达到了 51.8%,远高于公办新建本科高校 39.3% 的比例。同时,民办本科高校因高职称教师数量严重不足,主要通过聘用大量的离退休高职称教师来弥补,因此,民办本科高校中 56 岁及以上的专任教师比例达到 13.2%,是公办新建本科院校的 2.4 倍。而中间 36~55 岁的中年教师比例总共只有 35%,远低于公办新建本科院校 57% 的比例。中间断层的"哑铃型"结构的教师队伍必然会影响教师队伍的梯队建设,影响教师团队建设。年轻教师缺少教学经验,并且大部分来自非师范专业,没有经过教学技能方面的培训,其教学受其学习期间教师的教学影响,以传统的灌输式教学为主,教学质量必然受影响。而大部分离退休教师更是深受传统教学观念的影响,对于新出现的现代教育技术应用接受慢,有的甚至持排斥的态度,其教育思想观念逐渐落后,也很难胜任民办本科高校应用型人才培养对"双师双能"素质的教师队伍的建设要求,其教学重理论轻实践。民办本科高校的中年教师不但数量少,而且引进和留住都很难。长期以来,民办高校教师与公办高校教师相比,存在养老保险金低、医疗保障差、公积金缴纳标准低等问题,也没有事业编制,因此民办本科高校引进高水平的中年教师很难。另外,民办本科高校自有的年轻骨干教师在积累了一定的教学经验,提升了学历和职称后,都倾向于择机跳槽到公办高校重新就业。"孔雀公办飞"现象使得民办本科高校教师队伍后备力量不足,中坚力量"薄弱"。

三是从学历学位来看,无学位、低学位教师偏多,高学历、高学位教师偏少。据教育部高等教育教学评估中心的统计数据,2016 年民办本科高校专任教师中具有博士学位教师占 5.2%,具有硕士学位教师占 57.5%,具有学士学位教师占 28.7%,无学位教师占 8.7%[①]。具有硕士与博士学位的教师总共占 62.7%,比公办新建本科院校低 9%。尤其需要注意的是民办本科高校中还有 8.7% 无学位的教师。目前,公办本科高校一般已经把具有博士学位作为教师引进的门槛了,即使是新建的公办本科高校,除了紧缺专业

---

① 教育部高等教育教学评估中心.中国民办本科教育质量报告(2016 年度):中国民办本科教育质量的全景与深析[M].北京:教育科学出版社,2017:109.

外,也已经把是否具有博士学位作为教师准入门槛。但民办本科高校还是只能以引进硕士为主,个别紧缺专业还得招聘本科毕业生。尤其是在目前全国高校都在抢人才的形势下,民办高校引进博士难度极其大。这也充分说明,民办本科高校对高学历青年教师的吸引力不够,民办高校教师在社会地位、社会保障、实际待遇特别是职业发展前途、发展前景等方面远远不如公办本科高校。

四是从职称来看,低职称、无职称教师偏多,高职称教师偏少。据教育部高等教育教学评估中心的统计数据,2016 年全国民办本科院校中,具有正高职称教师只占 9%,具有副高职称教师只占 21.9%,两者加起来只达到 30.9%,明显低于公办的新建本科院校 36.6% 的水平。另外,民办本科高校中只有初级职称或无职称的教师占 29.1%,远高于公办新建本科院校①。再深入进行分析,民办本科院校有高级职称的教师的比例虽然已经达到合格评估 30% 的标准,但是其中有一大部分是公办高校的离退休教师,民办本科高校中自有的在职在编的高职称教师数量很少。公办本科院校的离退休教师对民办本科高校的学科专业建设发挥了重要作用,但因为离退休教师年龄已经较大,在校工作年限不长,一旦离开学校,可能会严重影响学校的教学。

4. 师资队伍生师比偏高

师资队伍总量不足,生师比偏高,是民办本科高校的共性。据教育部高等教育教学评估中心的统计数据,2016 年全国民办本科院校的生师比平均为 20∶1,根据教育部下发的《普通高等学校基本办学条件指标(试行)》的要求②,2016 年民办本科高校中生师比达到基本办学条件限制招生要求的有 35 所,占 26.1%;达到限制招生要求但未达到合格要求的院校有 60 所,占 44.8%;达到合格要求的民办本科院校仅有 39 所,占 29.1%③。可见,我国

① 教育部高等教育教学评估中心.中国民办本科教育质量报告(2016 年度):中国民办本科教育质量的全景与深析[M].北京:教育科学出版社,2017:112.

② 《教育部关于印发〈普通高等学校基本办学条件指标(试行)〉的通知》(教发〔2004〕2 号)规定综合、师范、民族院校与工科、农林院校的生师比限制招生要求为 22∶1,合格要求为 18∶1;医学院校生师比限制招生要求为 22∶1,合格要求为 16∶1;语文、财经、政法院校生师比限制招生要求为 23∶1,合格要求为 18∶1;艺术院校生师比限制招生要求为 17∶1,合格要求为 11∶1.

③ 教育部高等教育教学评估中心.中国民办本科教育质量报告(2016 年度):中国民办本科教育质量的全景与深析[M].北京:教育科学出版社,2017:108.

民办本科院校的生师比普遍较高，师资队伍总量不足。

5. 师资队伍流动性过大

宋晓洁对 129 所民办本科高校 2015 年度的本科教学质量报告进行了分析汇总，根据每所高校在质量报告中分析的"存在问题"，计算出了民办本科高校亟待解决的问题及所占比例，其中"师资队伍稳定性低，素质能力有待提高"排在问题的第一位，存在该问题的高校所占比例达到 82.8%（约107 所）①。师资队伍不稳定，给民办本科高校的教学管理工作带来较大的难题。笔者所在的民办本科高校教师队伍的稳定性在民办本科高校中属于较强的，但即便如此，也很难做到每年在放暑假前把下学期的课表给排出来。原因是每年暑假都会有老师调动，一直到开学前各学院才能确切知道本学院是否有教师离职，才能最终确定教学任务，然后聘请相应的兼职教师，再把课表排好。民办本科高校的系主任聘请外聘教师的任务很重，本来教师数量就少，如果再有老师中途离职或休长假等，就需要聘请外聘教师来承担有关课程的教学任务，否则教学就要"开天窗"了，可以说，开学阶段是系主任最焦虑的阶段，一旦有老师离职未报到，就需要千方百计去聘请外聘教师，等外聘教师聘到后，才能把课表排出来，顺利开课。

二、民办本科高校生源质量的主要问题

根据内外因辩证关系原理，一个事物的发展往往是内外因共同作用的结果，内因决定外因，外因必须通过内因起作用。对于教学质量而言，其最终是体现在学生身上的，因此学生是"内因"，其他的教学条件等都是"外因"。因此，要提升学校的教学质量，首先要抓好招生工作，努力提高生源质量。民办本科高校的生源质量相比公办本科高校主要存在以下问题。

1. 生源构成比较复杂，素质参差不齐

截至 2019 年底，民办本科高校的生源主要由通过统一高考、自主招生、单考单招、专升本等形式招收的普通高考生、中职毕业生（指中专、技工学校学生）、高职毕业生组成。

（1）通过"统一高考"招收的普通高考生。"高考"是"普通高等学校招

---

① 宋晓洁.民办本科高校教学质量保障体系研究[D].广西师范学院,2017.

生全国统一考试"的简称,是从 1952 年开始建立并实行的高校招生考试制度,1966 年被废除,1977 年重新恢复,至今一直是我国普通高校招生的最重要的考试形式,是高校招生录取的主渠道。"统一高考招生"就是指高校(含公办高校和民办高校)以高考成绩为依据的招生录取形式。2003 年起至今,全国统一高考时间为每年 6 月的 7、8、9 日三天。

从全国范围来看,目前正处于旧高考制度与新高考制度的过渡阶段,也就是新老两套方案并行的阶段。2014 年 9 月《国务院关于深化考试招生制度改革的实施意见》发布后,各省市陆续出台了新高考改革方案。2014 年上海、浙江两地率先启动试点,并已经于 2017 年正式实施。北京、天津、海南、山东 4 省(直辖市)从 2017 年开始启动,2020 年正式实施;湖北、湖南、重庆、辽宁、河北、江苏、广东、福建 8 省(直辖市)从 2018 年开始启动,2021 年正式实施;2019 年计划启动的有陕西、云南、广西、甘肃、宁夏、青海和新疆等地,但 2018 年原计划启动的安徽、四川、河南、黑龙江、山西、江西、吉林、贵州、内蒙古、西藏等地都推迟了改革。

现行高考实行"3+X"方案(原方案),即语文、数学、外语三门必考课程,再加文科综合(含政、史、地三科)或理科综合(含物、化、生三科)考试,文科生考文科综合,理科生考理科综合。录取时,按"3+X"分文科或理科分别计算出总分,然后按总分高低分批次录取。截至 2018 年,除提前批外,有的省份分一本(985、211 重点高校为主)、二本(公办本科高校)、三本(独立学院与民办本科高校)、高职(专科)四批录取;有的省份分三批录取,即把"二本"与"三本"合成一批一起录取。民办本科高校均放在本科的最后批次录取。

高考改革新方案实行"3+3"模式。2014 年 9 月上海、浙江两地率先进行试点,其他省份从 2017 年开始逐步实施。新方案中考生的高考总成绩由最后统一考试的语文、数学、外语三科成绩和高中学业水平考试的三科选考科目的成绩组成。统一高考的语、数、外三科保持不变,分值也不变,不分文理科,其中外语科目提供两次考试机会①。具体录取方式根据每个省份的改革方案略有不同。

---

① 国务院.国务院关于深化考试招生制度改革的实施意见[Z].国发〔2014〕35 号,2014.

　　浙江省的方案规定：高校根据自身办学定位和专业培养目标，分专业或专业类确定不超过3门的选考科目，并且要提前2年向社会公布；考生只要有1门选考科目在高校确定的选考科目范围之内，就可以报考该专业（类）；如果高校没有确定选考科目范围，考生在报考时就不受选考科目限制；考生的志愿一共可以填80个，每个志愿由"专业＋学校"组成；录取不分批次，志愿填报与投档按考生成绩分段进行①。

　　上海市的方案规定：从2016年起，本科第一和第二招生批次合并，按高考总分和院校志愿，按学校实行平行志愿投档和录取②。

　　（2）通过"自主招生"形式招收的学生③。高校实行自主招生是为了选拔具有学科特长和创新潜质的优秀学生，同时也是给这些"偏才""怪才"上大学和选择适合自己的专业学习的机会。根据国家统一安排，从2015年起自主招生统一安排到高考之后进行。目前我国对于自主招生总体持比较谨慎的态度，每个高校的自主招生计划比例都比较低，并且要经上级教育考试管理部门批准备案。进行自主招生时，招生高校一般都会组织笔试和面试，也可以只组织面试，然后根据学校自主考核的成绩，参考考生的高考成绩、普通高中学业水平考试成绩以及高中学生综合素质评价信息择优录取。上海市从2015年起，将本科院校的部分特色专业的自主招生工作放在春季进行④。浙江省本科院校的自主招生形式为"三位一体"综合评价招生，即高校按比例综合考生的统一高考成绩、高中学考成绩和学校自行组织的面试成绩，择优录取⑤。

---

① 浙江省人民政府.浙江省人民政府关于印发《浙江省深化高校考试招生制度综合改革试点方案》的通知[Z].浙政发〔2014〕37号，2014.

② 上海市人民政府.上海市人民政府关于印发《上海市深化高等学校考试招生综合改革实施方案》的通知[Z].沪府发〔2014〕57号，2014.

③ 2020年1月13日，《教育部关于在部分高校开展基础学科招生改革试点工作的意见》印发，决定自2020年起，在部分高校开展基础学科招生改革试点（也称强基计划），不再组织开展高校自主招生工作。本书中的相关调研在2020年1月前完成，故保留本书中"自主招生"相关表述，以供参考。——编者

④ 上海市人民政府.上海市人民政府关于印发《上海市深化高等学校考试招生综合改革实施方案》的通知[Z].沪府发〔2014〕57号，2014.

⑤ 浙江省人民政府.浙江省人民政府关于印发《浙江省深化高校考试招生制度综合改革试点方案》的通知[Z].浙政发〔2014〕37号，2014.

（3）通过"单考单招"形式招收的中职毕业生。为了给中职学生继续深造学习的机会，政府要求应用型本科高校适量招收中专、技工学校的应届毕业生，即面向中职学生进行单独考试、单独招生。"单考单招"一般实行文化素质课程考试和职业技能考试相结合的形式，根据考试成绩择优录取。

浙江省的招考方案规定：文化考试科目主要为语文和数学，单独命题、单独考试。部分外语类院校和专业，还可以选择全国英语等级考试一级考试；职业技能考试由全省统一组织，分点实施，分 17 个大类进行考试；招生录取不分批次，根据考生填报的"专业＋学校"志愿，按考试总成绩，分大类平行投档录取①。

（4）通过"专升本"形式招收的高职毕业生。深化普通高校教育教学改革，构建高等教育"立交桥"，政府要求部分本科高校（含民办本科高校）面向高职院校毕业生招收"专升本"学生。

上海市规定："专升本"招生计划根据学校申报情况，由市教委统筹下达，市教委统一规定报名条件、资格与统一考试时间，各招生院校拟定具体的招生章程，并报市教委核定备案，按照核定备案后的章程组织考试与录取工作，具体命题等均由各招生院校自定②。

浙江省"专升本"考试招生，由各招生高校根据省教育厅下达的专升本招生规模，编制分类分专业计划报省教育考试院统一公布。根据专业对口原则，高职高专和本科专业分为文史、教育、经管、法学、理工、农学、医学、艺术八个招考类别，文史、法学、教育、艺术四类别的考试科目为"大学语文"和"英语"，理工、经管、农学、医学四类别的考试科目为"高等数学"和"英语"。"专升本"考试由省教育考试院统一组织管理，各区市教育考试机构具体组织实施，考点设在各区市。命题、评卷工作由省教育考试院统一组织③。

因为生源构成门类较多，情况复杂，民办本科高校学生在学习态度、学习基础、学习能力、家庭经济状况等方面差距悬殊。有非常珍惜学习机会，

———————————

① 浙江省人民政府.浙江省人民政府关于印发《浙江省深化高校考试招生制度综合改革试点方案》的通知[Z].浙政发〔2014〕37 号，2014.

② 上海市教育委员会.上海市教育委员会关于做好 2018 年本市部分普通高校招收"专升本"新生工作的通知[Z].沪教委学〔2018〕13 号，2018.

③ 浙江省教育考试院.浙江省教育考试院关于做好 2018 年选拔高职高专毕业生进入本科学习工作的通知[Z].浙教试院〔2017〕81 号，2017.

下苦功扎实学习的学生，也有学不学都无所谓、混文凭的学生；有学习基础比较好，大一、大二就能通过大学英语四级、六级考试的学生，也有英语词汇量只有几百个或者对数学一窍不通的学生；有家庭经济条件比较优越的学生，也有靠自己打零工赚生活费的学生；有非常乐观阳光的学生，也有一些心理上有问题的学生。管理难度相当之大。

2. 招生规模基本稳定，招生形势比较严峻

分析全国民办普通高校招生数据，并分别以陕西省、浙江省为代表分析西部与东部民办高校招生数据，可以得知我国民办普通高校从 2011 年以来招生规模基本维持稳定，招生状况也比较稳定。

全国民办普通高校的数量从 2011 年的 698 所（含独立学院）增加到 2017 年的 747 所，招生人数从 153.73 万人增加到 175.37 万人，年平均每校招生人数从 2011 年的 2 200 人增加到了 2 300 人，可见从全国范围来看，民办普通高校的招生情况基本稳定，招生人数在 2017 年比 2011 年略有增加。具体数据见表 4 - 19。

表 4 - 19　2011—2017 年全国民办高校招生数据一览（单位：万人）

年　份	民办高校数	比上年增加数	招生数	比上年增加数	平均每校招生数	在校生数	比上年增加数
2011	698	22	153.73	6.99	0.22	505.07	28.38
2012	707	9	160.28	6.55	0.23	533.18	28.11
2013	718	11	160.19	−0.09	0.22	557.52	24.34
2014	728	10	172.96	12.77	0.24	587.15	29.63
2015	734	6	177.97	5.01	0.24	610.90	23.75
2016	742	8	173.86	−4.11	0.23	634.06	23.15
2017	747	5	175.37	1.51	0.23	628.46	−5.6

数据来源：教育部网站公布的 2011 至 2017 年历年的《全国教育事业发展统计公报》。

陕西省是西部民办高校最多的省份。陕西省 2011 至 2017 年民办高校数与独立学院数保持不变，而在校生人数自 2011 年至 2015 年逐年递增，2015 至 2017 年呈逐年递减态势，18 所民办普通高校在校生数从 2011 年的

172 573 人增加到了 2017 年的 200 860 人。增量主要在民办本科高校,其在校生数从 2011 年的 60 097 人增加到 2017 年的 86 000 人,净增 25 903 人。具体数据见表 4 - 20。

表 4 - 20　2011—2017 年陕西省民办高校本专科学生数据一览(单位:人)

年　份	民办高校数	在校生数	比上年增加数	本科生数	高职生数	独立学院数	在校生数	比上年增加数
2011	18	172 573	968	60 097	112 476	12	89 301	9 934
2012	18	182 794	10 221	78 609	104 185	12	96 023	6 722
2013	18	196 603	13 809	89 661	106 942	12	98 197	2 174
2014	18	207 999	11 396	93 866	114 133	12	95 535	−2 662
2015	18	210 977	2 978	92 071	118 906	12	87 061	−8 474
2016	18	205 231	−5 746	86 556	118 675	12	78 218	−8 843
2017	18	200 860	−4 371	86 000	114 860	12	74 958	−3 260

数据来源:陕西省教育厅发展规划处公布的 2011 至 2017 年历年的《陕西省教育事业发展统计公报》。

浙江省是东部民办高等教育发展得比较好的省份。浙江省 2011—2015 年共有民办本科高校 3 所,民办高职院校 10 所,独立学院 22 所,2016 年 1 所独立学院转设为民办普通高校。总体来看,浙江省 2011—2017 年民办高校招生人数基本稳定。具体数据见表 4 - 21。

表 4 - 21　2011—2017 年浙江省民办高校学生数据一览(单位:万人)

年　份	民办普通高校数	独立学院数	招生数	比上年增加数	其中独立学院招生数	比上年增加数	在校生数	比上年增加数
2011	13	22	8.36	0.33	4.42	0.16	29.58	0.63
2012	13	22	8.62	0.26	4.54	0.12	30.15	0.57
2013	13	22	8.49	−0.13	4.34	−0.2	30.7	0.55
2014	13	22	8.48	−0.01	4.35	0.01	31.14	0.44
2015	13	22	8.46	−0.02	4.32	−0.03	31.34	0.2

续　表

年　份	民办普通高校数	独立学院数	招生数	比上年增加数	其中独立学院招生数	比上年增加数	在校生数	比上年增加数
2016	14	21	8.51	0.05	4.03	−0.29	31.26	−0.08
2017	14	21	8.54	0.03	4.15	0.12	31.32	0.06

数据来源：浙江省教育厅公布的 2011 至 2017 年历年的《浙江教育事业发展统计公报》。

　　虽然民办本科高校招生规模基本稳定，但是实际招生形势比较严峻。2008 年我国高考报名人数达到 1 050 万人的历史最高峰，之后高考报名人数急剧下降，直至 2014 年开始止跌趋稳(见表 4‑22)。虽然全国民办高校招生规模基本维持稳定，但是我国民办高校招生受生源数量减少的影响非常大。2011 年好几个省市出现了招生计划完不成的情况，特别是民办高校报考的人数远远低于招生计划，创历年新低。例如，山东青岛的几所民办高校 1 300 多个征求志愿只有 80 多人填报；北京市二本多所高校招生计划完不成，一次补录后仍剩余 469 个计划，海淀区和东城区的部分名高中出现无人填报民办高校的情况；上海也是生源锐减，很好的民办高校的报到率也只达到 90％[①]。2010—2012 年上海市 19 所民办高校招生计划总数分别为 33 258 人、33 138 人、33 100 人，但实际录取后报到人数分别只有 28 104 人、26 889 人、25 574 人，计划完成率分别为 84.5％、81.14％、77.26％，远低于同市的公办高校报到率[②]。

表 4‑22　全国 2008—2017 年参加高考人数和录取情况

时间(年)	参加高考人数(万人)	录取人数(万人)	录取率(％)
2008	1 050	599	57％
2009	1 020	629	62％
2010	946	657	69％
2011	933	675	72％

① 洪坚.非平衡自组织理论视角下民办高校生源危机管理[J].教育发展研究.2012(11).
② 董圣足，潘奇，刘荣飞.民办高校招生现状及对策建议：上海实证[J].浙江树人大学学报，2013(9).

续　表

时间(年)	参加高考人数(万人)	录取人数(万人)	录取率(%)
2012	915	685	75%
2013	912	694	76%
2014	939	698	74.3%
2015	942	700	74.3%
2016	940	705	75%
2017	940	700	74.46%

数据来源:中国教育在线.全国 31 省市历年高考报名人数及录取率统计[EB/OL].http://gaokao.eol.cn/news/201805/t20180514_1600052. shtml,2018 - 05 - 14/2019 - 04 - 10.

3. 生源处于本科招生的最后批次

截至 2018 年,除了浙江省和上海市,其他省份还是按批次录取,民办本科高校的录取仍然是放在本科录取的最后批次,民办本科高校录取的学生高考分数比公办本科高校普遍要低。即使浙江省取消了录取批次,实行"专业＋学校"的志愿填报方式,按高考分数分段录取,民办本科高校的生源高考分也普遍低于公办本科高校。根据 2018 年浙江省高考录取情况来看,浙江省四所民办本科高校在第一段录取中人数为"0",全部是在第二段录取,并且大部分是以第二段中接近省控线的分数录取。这充分说明,单就学生的高考分数而言,民办本科高校录取的学生高考得分普遍低于公办本科高校。

表 4 - 23　2018 年浙江省四所民办本科高校省内招生录取情况

类别	学校	计划数	录取数	最高分	最低分	平均分(平均)	省控线	超省控线(平均)
统一高考招生	A 学校	1 980	1 980	539～566	515～531	527	490	37
	B 学校	2 463	2 463	513～560	504～513	511	490	21
	C 学校	1 407	1 407	534～563	502～512	510	490	20
	D 学校	2 160	2 160	517～563	507～541	521	490	31

4. 学生活动能力比较强，积极参与学校管理与活动

民办本科高校的学费较贵，有相当一部分学生的家庭经济条件比较好，从小也接受了一些才艺方面的培训。这部分学生多才多艺，社会活动能力和参与意识都比较强，对于学校的学生会、团委、学生社团组织的活动参与非常积极，对学校与学院的学生干部竞选等表现出较大的参与热情，也表现出优秀的才能。他们进入高校以后，在高校良好的锻炼环境下迅速得到了成长，得以在多个方面张扬个性。相对于公办高校的学生，民办本科高校的这些学生独立自主意识强，对学校工作的参与热情高。

5. 学生自尊心比较强，缺乏良好的学习习惯

民办本科高校的学生在踏进校门时，常常有一种不服气心理，认为自己是因为高考发挥失常才使得高考分数差一点，因此，一开始常常有一种要在大学里好好比试一番的心理，对学习抱有一种强烈的积极态度，渴望成功。然而自身存在的一些问题比如学习基础较差、学习习惯不好、学习方法不佳还有惰性比较强等，使得一部分同学往往不能坚持，原来的"雄心壮志"逐渐被磨灭，慢慢变得学不学无所谓，不自觉、不自律。因为自尊心强，常常不正视自己在学习方法和学习习惯方面的不足，希望得到老师、同学的表扬和肯定，但又不虚心，不愿接受他人的批评意见。高考落榜的阴影一直在他们的心中挥之不去，无形中增加了心理压力，其自卑心理也由此而生。进了民办高校，有部分学生觉得低人一等，缺乏自信心。在学习上一旦考试成绩不合格很容易自暴自弃，产生厌学情绪，进而出现旷课、迟到等现象。

6. 学生价值取向不稳定，功利性倾向比较突出

青岛滨海学院曾对民办本科高校学生做过一份问卷调查，在"人生追求的目标定位"上有12%的同学定位为金钱；在"对大多数中国人的思想追求的认识"上，有26%的同学认为是金钱崇拜，有12%的同学认为是功利主义，16%的同学认为是利己主义；在平时交往中，面对利益，有5%的同学选择了"会放弃诚信"；有14%的同学认为大学生在就业过程中违约很正常；有26%的同学完全赞同大学生谈恋爱；有33%的同学同意大学生在校外租房①。可

---

① 靳诺主编.民办高校学生德育专题研究——我国民办高校学生思想调研报告[M].合肥：合肥工业大学出版社,2006.

见,学生的价值取向处于极不稳定的变化之中,容易被外在的热点所吸引。另外,民办本科高校学生还具有明显的功利倾向。只要课程成绩能够合格,老师随便教都无所谓,评教时还可以打"优";但是如果老师很严格,布置了很多作业,学生就不太想做,就会给老师提意见,甚至会用"学生评教"打分威胁老师让步,对严格的老师在"学生评教"中打低分。这也是教师对"学生评教"较为不满的原因之一。

7. 学费偏高带来的心理压力较大

民办本科高校学费普遍偏高是不争的事实。尤其是《民办教育促进法》修订后,民办高校学费不再由政府管制,而是由市场进行调节,民办本科高校的学费普遍上涨。2018 年浙江省四所民办本科高校的学费均超过了 2万元/年,其中 A 学校"学费+住宿费"最高 27 000 元/年,最低 21 000 元/年;B 学校"学费+住宿费"最高 29 500 元/年,最低 21 500 元/年;C 学校"学费+住宿费"最高 42 800 元/年,最低 36 200 元/年;D 学校"学费+住宿费"最高 26 200 元/年,最低 21 200 元/年。民办本科高校就读的学生中许多是家庭经济条件较好的,但也有相当一部分学生来自中低收入家庭,为了供养学生读本科,全家省吃俭用,甚至举债支撑,使得这部分学生有经济和学习上的双重包袱,心理压力很大。他们一方面忙于勤工助学,想方设法减轻家庭负担,另一方面由于精力分散,导致学习成绩下降,两者往往难以很好兼顾。而民办本科高校提供给学生勤工助学的岗位较少,报酬也不高,一部分学生就会去校外打工,带来一定的安全隐患。这部分学生忙于生计,又没有精力和时间进行人际交往和参与校园文化生活,相当一部分学生表现为性格抑郁,不愿主动与同学交流,存在较强的自卑感和自卫情绪,一旦受到挫折,便会焦虑不安,容易产生心理障碍。

三、教学条件的重要性及其存在的主要问题

在教育部《普通高等学校基本办学条件指标(试行)》中,基本办学条件在合格指标中主要包括生师比、具有研究生学位教师占专任教师的比例、生均教学行政用房、生均教学科研仪器设备值、生均图书五个方面;在监测办学条件合格指标中包括具有高级职务教师占专任教师的比例、生均占地面积、生均宿舍面积、百名学生配教学用计算机台数、百名学生配多媒体教室和语音实验

室座位数、新增教学科研仪器设备所占比例、生均年进书量等七个方面①。本研究中的"教学条件"主要是指除"师资队伍"之外的校园环境（面积、绿化、校园建筑与布局等）、教室、实验室、实训基地及其相应的仪器设备、图书馆环境及其图书资料、网络及信息化、文娱体育场地及设施等。

（一）教学条件对于民办本科高校的重要性

教学条件是否优越与学校的经费投入紧密相关。如果学校的经费不足，学校的软硬件条件的完备与改善就会受到影响，经费与教学条件是民办本科高校教学质量保障的支撑要素。

1. 没有好的教学条件，难以吸引学生报考

随着经济社会的发展和生活条件的改善，学生对民办本科高校的教学条件的要求也越来越高。前几年网络上经常有高校学生要求学校给宿舍装空调的消息。最近几年国内高校都纷纷给学生宿舍安装了空调，注重学校各方面办学条件的改善。公办高校尚且如此，对于民办本科高校而言，学生缴纳了昂贵的学费，"消费者"的意识更为强烈，对学校的教学条件更为挑剔。很多民办本科高校为了吸引学生报考，在暑假专门组织来自生源高中的毕业生的"夏令营"，让这些学生先来学校看看，充分展示学校优美的校园环境与现代化的教学设施，以此来吸引考生报考。试想一下，如果校园很小，条件也很简陋，又没有优秀的师资，这样的民办高校能吸引考生报考吗？没有考生报考就没有经费，更不能改善教学条件，教学条件不改善就吸引不了考生，由此陷入恶性循环。

前西安外事学院校长黄藤在总结办学经验中谈道："外事学院一开始就采用负债经营的思想，实现学校迅速扩张，有了土地和校舍，学生就可以进校。虽然负债两亿多，但建起了有湖有山的现代大学校园，上万名学生就可以进校，几年下来便可以还清所有欠款。"②由此可见，民办本科高校要吸引学生报考，首先就要创设优质的教学条件。

---

① 教育部.教育部关于印发《普通高等学校基本办学条件指标(试行)》的通知[Z].教发〔2004〕2号,2004.

② 黄藤.今日且将汗作雨　明朝喜看鱼化龙——西安外事学院办学启示录[J].教育发展研究,2000(12).

2. 教学条件的优劣直接影响师生的满意度

笔者曾去考察过宁波诺丁汉大学、西交利物浦大学,虽然这两所学校的学费十分昂贵(2018 年宁波诺丁汉大学的学费是 9 万元/学年,西交利物浦大学的学费是 7.7 万元/学年),但是学校的校园环境非常优美,校园的建筑设计十分有特色,教学楼内有许多现代化的教学设施,网络与信息化程度很高,实行小班化教学。笔者在与学生的交谈中发现,学生对学校的满意度非常高,尤其对学校的校园环境与教学条件非常满意,学生觉得支付那么高的学费是值得的。学生到大学里学习生活,实际上是一种体验。在一个"贵族"学校里体验生活四年,身上自然会带有一种"贵族"气质。相反,如果是在一个环境较差的学校里体验生活四年,身上也会带有该环境留下的一些不良特质。师生都喜欢工作、学习和生活在一个环境优美、条件优越的学校里,因此,教学条件的优劣会影响师生的幸福感和满意度,进而影响教师的加盟和学生的报考。

3. 教学条件的优劣必然影响教学质量的提升

当前经济社会发展日新月异,科学技术发展更是一日千里。高校作为学习研究高深学问的地方,更是应该适应和引领经济社会的发展,教学条件也同样是需要不断更新和完善的。比如当前现代教育教学技术越来越发达,教学多媒体代替了原来的黑板加粉笔,慕课的兴起更是对课堂的教学环境提出了更高的要求。四川大学从 2010 年开始"探究式—小班化"教学改革,在改革的过程中,学校发现传统的教学环境、固定联排的桌椅严重束缚课堂上师生主动性和积极性的发挥,要实现教学理念从"以教为中心"向"以学为中心"的转变,必须要建设智慧教学环境。因此,从 2012 年开始,四川大学就启动了"智慧教学环境建设工程",全面开始推进"教室革命",一共建设了 400 多间智慧教室,超过学校教室总数的 80%[1]。2018 年,四川大学"以课堂教学改革为突破口的一流本科教育川大实践"获得了国家级教学成果特等奖。可见,教学条件会影响学校教学质量的提升。

---

① 资料来源:四川大学 2018 年国家级教学成果奖申报网站。四川大学.以课堂教学改革为突破口的一流本科教育川大实践[EB/OL]. http://jxcg.scu.edu.cn/cgbg/cgzynr.htm, 2019-04-12.

（二）民办本科高校经费与教学条件建设的主要问题

截至 2019 年 6 月 15 日，我国民办本科高校（不含独立学院）总共有 177 所，这 177 所民办本科高校就其教学条件来说有比较好的，也有相对较差的。但从总体上来说，我国当前民办本科高校的教学条件还是远远落后于公办本科高校。宋晓洁对 129 所民办本科高校 2015 年度的教学质量报告进行了分析与统计，得出有 69% 的民办本科高校存在教学经费投入有限，教学条件有待改善的问题[①]。

1. 教学条件总体有较大改善，但具体评价指标数据仍然偏低

从浙江省四所民办本科高校的官网公布的有关数据来看，浙江省民办本科高校各具特色，除 C 学校外其余三所学校均建有两个校区，占地面积均超过 1 000 亩，全日制本专科在校生均超过 10 000 人。浙江省民办本科高校均已经具备相当的办学规模，校园环境与教学条件总体也都不错。

A 学校于 1984 年创办，2003 年升格为本科高校。学校占地 1 232 亩，拥有杭州拱宸桥与绍兴杨汛桥两个校区，教学仪器设备总值 1.9 亿余元，图书馆藏书 175 万余册，电子图书 88 万余种。学校有全日制在校学生近 1.7 万人，下设 12 个二级学院，开设 44 个本科专业，5 个专科专业，拥有 5 个省一流学科、教育部白俄罗斯国别与区域研究中心和省现代服务业研究中心等 2 个学科基地，2 个省行业平台，1 个省创新团队，25 个校级研究机构及平台。学校建有院士领衔的"树兰国际护理学院"及"山屿海商学院""绍兴黄酒学院"等 9 个行业学院，建有校外实习实训基地 195 个，其中，国家级大学生校外实践教育基地 1 个、省级大学生校外实践教育基地 2 个。

B 学校于 2001 年创办，2008 年升格为本科高校。学校拥有本部和杭州湾两个校区，总占地面积约 1 700 亩；教学仪器设备总值 1.26 亿余元，图书馆藏书 172.4 万余册，电子图书 54 万余种。全日制在校生近 1.9 万人。下设 12 个二级学院，4 个省级一流学科，35 个本科专业，其中省优势特色专业建设项目共 11 个。

C 学院是 2016 年由独立学院转设而来的，校舍总面积达 274 389 平方米，下设 9 个二级学校、23 个本科专业，全日制在校生 8 000 余人。学校建

---

① 宋晓洁.民办本科高校教学质量保障体系研究[D].广西师范学院,2017.

有经济管理、信息工程、艺术设计、英语、基础5个实验教学中心,共49个专业实验室、11个基础实验室。其中经济管理实验教学中心被列为市高校实践教学示范中心,建有72个校企合作实践教育基地,开设期货订单班、浦发银行班、阿里巴巴特色班等校企合作定向实践班。建有国家金融与发展实验室温州研究基地、温州乡学院、温州"两个健康"研究院、"一带一路"温商研究中心、浙江省汽摩配技术创新服务中心、温州新金融研究院等15个科研机构,与30多所海内外知名院校建立了合作关系,学生可以通过4+1、3+1+1、2+2本硕连读国际班,无缝对接,进入世界名校继续深造。

D学校始创于1981年,1999年升格为高职学校,2008年升格为本科高校,现有全日制本专科在校生16 900人。学校现有稽山、镜湖两个校区,占地面积近1 300亩,校园建筑面积42万余平方米;教学科研仪器设备总值9 436.37万元,纸质图书182万余册,电子图书114余万册。学校下设11个二级学院,34个本科专业,涵盖文、工、经、管、艺术学等5个学科门类,开设了英、日、韩、法、德、俄、泰、西班牙、意大利、葡萄牙、阿拉伯、印度尼西亚、捷克语等13个外语语种。该校的外国语言文学是浙江省一流学科,外国语言学及应用语言学、法语语言文学为绍兴市重点学科;拥有1个省级优势专业,7个省级特色专业,1个省级外语实验教学中心,4个市级实验教学示范中心,95个实验实训室,"东北亚研究中心"是教育部"国别和区域研究中心"基地。"网络舆情研究中心""大禹与中国传统文化研究中心"是绍兴市哲学社会科学重点研究基地,"大禹与传统文化研究创新团队"是绍兴市重点创新团队。校内两个校区均建有大学生创业园,大力拓展校外教学实习实训基地,为实践教学创造了完备的条件。

从全国范围来看,民办本科高校的办学条件不断得到改善,生均办学指标明显得到提升。据教育部高等教育教学评估中心的统计数据,2015年民办本科高校的生均教学行政用房面积从2010年的14.4平方米提高到了15.3平方米,生均教学科研仪器设备值从2010年的4 863.3元提高到了5 760.3元,生均藏书量从2010年的77.0册提高到了82.9册①。

---

① 教育部高等教育教学评估中心编.中国民办本科教育质量报告(2016年度):中国民办本科教育质量的全景与深析[M].北京:教育科学出版社,2017:3.

但是从横向来看，民办本科高校的教学条件与公办本科高校还是有较大的差距。笔者对浙江省民办本科高校的教学硬件条件也做了调查（见本书第三章），发现地处沿海经济发达省份的四所民办本科高校的生均教学科研仪器设备值分别为 10 607 元、6 611 元、4 120 元、5 455.81 元，生均电子图书量分别为 76.13 万种、54 万种、49 万种、102.25 万种，生均教学行政用房面积分别为 14.13 平方米、16.3 平方米、15.52 平方米、10.87 平方米，生均实验室面积分别为 2.66 平方米、13.2 平方米、0.86 平方米、1.03 平方米，而同期全省本科高校的以上四个指标的平均值分别为 17 756 元、93.09 万种、16.11 平方米、4.9 平方米，民办本科高校的这四项教学条件指标值都远远小于全省本科高校的平均值，尤其是生均教学科研仪器设备值、生均实验室面积相比公办高校差距相当大（详见表 3 - 5）。另外，四所民办本科高校生均本科教学日常运行支出、生均本科实验经费支出、生均本科实习经费支出三项教学经费支出的总和分别为 2 860 元、2 183.27 元、3 537 元、2 456.99 元，也远低于全省本科高校平均值 4 051.14 元（详见表 3 - 6）。

2. 教学经费支出初步满足教学需求，但经费总量仍显不足，学费占比过大

我国目前的民办本科高校主要有三种类型：一是创建时即开展本科教育的民办本科高校（仅有仰恩大学一所）；二是由独立学院转制的民办本科高校；三是由"升本"而来的民办本科高校。可见，我国的民办本科高校都已经经历了艰苦的办学创业期，学校已经形成规模，校园及基础设施建设已经得到极大改善，接下来的重点任务是从规模发展转变为内涵发展。而内涵发展的首要表现就是将教学作为经费投入的重点。据教育部高等教育教学评估中心 2016 年的统计数据，我国民办本科院校教学日常运行支出占经常性预算内教育事业费拨款与学费收入之和的比例为 15.8%，其中 86% 的民办本科高校（117 所）达到或超过了合格要求（13%）；同时，民办本科高校生均教学日常运行支出为 2 218.5 元，达到合格要求（1 200 元）的院校有 124 所，占 91.2%[①]。另外，民办本科高校十分

[①] 教育部高等教育教学评估中心编.中国民办本科教育质量报告（2016 年度）：中国民办本科教育质量的全景与深析[M].北京：教育科学出版社，2017：4.

重视对实践教学的投入,2016 年民办本科高校校均实践教学支出为 427.4 万元,高于公办新建本科高校校均 409.9 万元的水平,具体数据详见表 4 - 24。总体而言,超过九成的民办本科院校的教学日常运行支出初步满足了内涵发展所需经费的要求。

表 4 - 24 民办本科高校教学日常运行支出与实践教学支出校均情况(单位:万元)

院 校 类 型	教学经费支出	教学日常运行支出	教学日常运行支出占教学经费支出的比例(%)	实践教学支出	实践教学支出占教学经费支出的比例(%)
公办新建本科院校	4 121.5	2 473.8	60.0	409.9	9.9
民办本科院校	4 896.9	3 026.9	61.8	427.4	8.7

数据来源:教育部高等教育教学评估中心编.《中国民办本科教育质量报告(2016 年度):中国民办本科教育质量的全景与深析》.北京:教育科学出版社,2017.

《民办教育促进法》第三十六条对民办学校的资产构成作了分类,主要有举办者投入的资产、国家直接或间接支持形成的资产、受赠的财产以及办学积累四大类。这实际上也给民办本科高校的经费来源作了分类,我国民办本科高校的经费来源中,举办者的投入主要是在学校创办之初的投入,国家的投入主要体现在学校教育用地的划拨和内涵建设项目的经费资助上,接受捐赠的收入在我国目前的民办本科高校中数量非常有限,学校的经费来源主要是学生的学费收入。邬大光教授在 2001 年曾对 37 所民办高校的经费来源进行调查,结果显示,有 30 所学校的学费收入占到学校总收入的 80%以上,占被调查学校总数的 81%,其中浙江树人大学、黄河科技学院、西安翻译学院、西安外事学院、西安欧亚学院、吉林华侨外语职业学院(现更名为"吉林外国语大学")、上海杉达学院等知名民办高校学费占学校总收入的比例分别为 80%、95%、100%、100%、100%、70%、100%①。

从全国范围来看,2016 年民办本科高校生均教育事业收入为 10 908.9 元,远低于公办新建本科院校 14 517.0 元的水平,学费收入占总收入的比例

---

① 邬大光.中国民办高等教育发展状况分析(上)——兼论民办高等教育政策[J].教育发展研究,2001(07):23 - 28.

达到 97.88%（见表 4-25）。

表 4-25　民办本科院校生均教育事业收入情况（单位：元）

院 校 类 型	生均拨款	学费收入	教改专项拨款	社会捐赠金额	合　计
公办新建本科院校	9 713.7	4 584.4	129.4	89.5	14 517.0
民办本科院校	118.6	10 677.7	87.2	25.4	10 908.9

数据来源：教育部高等教育教学评估中心编.中国民办本科教育质量报告（2016 年度）：中国民办本科教育质量的全景与深析[M].北京：教育科学出版社,2017.

　　表 4-26 是 D 学校 2017 年的全部收入情况，其中学费收入占学校全部收入的 82.55%，来自财政的各类经费资助只占总收入的 7.23%，学校的其他收入包括开展各类培训、学生住宿费等，总共只占 10.22%。可见，我国的民办本科高校主要是依靠学费收入滚动发展的，来自捐赠、政府财政拨款的数额都非常少。

表 4-26　2017 年 D 学校经费收入情况（单位：万元）

序　号	收 入 类 别	金　　额	占总收入的比例
1	学　费	29 093.87	82.55%
2	财政拨款	2 546.42	7.23%
3	各种培训	856.10	2.43%
4	其他（含住宿费）	2 746.80	7.79%
合　计		35 243.19	100%

数据来源：D 学校 2017 年财务决算报告。

四、课程建设存在的主要问题

　　教育教学改革越是进入到深处，越是指向课程改革。课程是开展教育教学活动的载体，是实现人才培养目标的重要手段。课程质量是教学质量的核心。张楚廷教授说："更好的大学，也可以说就是能够提供更多更好课程的大学；更好的教授，也就是说能够提供更高质量课程的教授。"①

"课程"一词是一个具有多重含义的术语，其定义也十分复杂。查阅《中国教育大百科全书》，也没有对"课程"的明确定义，只是对"课程"概念的由来做了梳理，对代表性的课程定义做了介绍，认为课程理解的复杂性由课程事实的状态决定，也受不同学者价值观的影响，学者们对课程的定义主要可以分为五类，第一，视课程为学科、教材或活动。如中国古代的"六艺"（礼、乐、射、御、书、数）和孔子创办的以培养"士"为目标而设置的"六经"（诗、书、礼、乐、易、春秋）；西方的"七艺"（文法、修辞学、辩证法、算术、几何、天文和音乐）等。第二，视课程为目标。第三，视课程为计划。第四，视课程为经验。第五，视课程为文化的再生产、社会的再生产或社会重建。同时指出，在选择主导性的课程概念时，还需要综合考虑课程概念的历史性和发展性特征，对于课程概念的其他理解保持开放态度，尤其是对于可能反映社会需求变化发展趋势的课程理念保持敏感性。②

潘懋元先生和王伟廉教授曾对课程下过一个定义，即："课程是指学校按照一定的教育目的所建构的各学科和各种教育、教学活动的系统。"③本研究采用潘懋元先生和王伟廉教授对"课程"的定义，同时，结合教学管理的实践，我们对"课程"可以从微观、中观、宏观三个层面进行理解和把握。微观课程是指列入培养方案的一门门的教学科目；中观课程是指围绕某个专业方向或某项专业技能而由若干门微观课程构成的课程模块；宏观课程是指课程总体，在高等学校可以指某一专业的课程体系（常与"培养方案""教学计划"概念混用），也可以指整个学校中或某科类中某类共同课程的体系（比如学校的通识教育课程体系、工程教育的基础课体系等）。但无论是宏观、中观还是微观课程，均是一个旨在促进学生发展的包含课程目标、课程内容、课程实施、课程评价在内的有机动态系统。

我国的民办本科高校的课程体系主要是参考公办本科院校的模式建立起来的，带有深刻的传统本科院校课程体系的烙印，课程建设的问题还比较突出，概括起来主要有以下方面：

① 张楚廷.高等教育哲学[M].长沙：湖南教育出版社，2004：298.
② 顾明远主编.中国教育大百科全书[M].上海：上海教育出版社，2012.
③ 潘懋元，王伟廉.高等教育学[M].福州：福建教育出版社，1995：127.

1. 课程设置随意、课程目标不够具体

课程目标是课程开发的起点，也是选择和组织课程内容、课程实施与评价的价值导向。从宏观、中观、微观课程的角度理解，课程目标实际上是一个可以逐级分解成更低层次目标的"目标体系"。从宏观层面来说，课程目标与培养目标一致；从中观层面来说，课程目标与专业方向目标一致；从微观层面来说，课程目标即每门课、每堂课、每个教学活动的目标。课程目标是"根据一定的教育目的和约束条件，对教育活动的预期结果，即学生的预期发展状态所做的规定"①，是教育教学活动的出发点和归宿。

民办本科高校课程目标的问题首先表现在专业人才培养目标的表述上。目前民办本科高校的专业人才培养目标存在着千篇一律、笼统和含糊不清等问题，导致培养目标很难指导具体的课程设置，也很难对目标是否达成进行评价。王伟廉教授认为目标的表述是目标清晰化的过程，培养目标包含三方面的具体内容：一是培养方向，即培养工程师、教师、医生、翻译人员等；二是使用规格，即同类人才在未来使用上的差别，如工程师可分为工程管理人才、工程技术人才等，也可以分为理论型或应用型人才；三是规范与要求，即该培养方案与使用规格对人才在德、智、体、美、劳等方面的具体要求②。一般认为，培养目标的表述要尽可能具体，要具体到可依据它来选择课程（内容）和教育教学活动，使人们能够据此对是否达到了目标进行评价。

其次表现在具体微观课程的目标与专业人才培养的总目标还没有形成支撑关系。民办本科高校由于受市场规律的影响明显，对市场的反应比较灵敏，表现在专业设置上，常常是什么专业热门就设置什么专业，什么专业成本低就设置什么专业，专业设置比较随意。由于专业人才培养的周期比较长，当前的热门专业在四年后就不一定热门，一哄而上设置热门专业、低成本专业，导致人才培养过剩。另外，专业培养方案的制定过多参考公办本科高校的方案，导致专业人才培养目标雷同，人才培养同质化，缺少特色。在课程设置的过程中，因人设课的现象比较普遍，具体表现在学生学习难度大的课程、缺少授课教师的课程少设或不设置。比如高等数学对经管类的

---

① 杨志坚.中国本科教育培养目标研究（之二）——本科教育培养目标的基本理论问题[J].辽宁教育研究,2004(6).

② 王伟廉.高等学校课程研究导论[M].广州：广东高等教育出版社,2008.

学生是比较重要的,但由于民办本科高校的学生数学基础相对比较差,有些民办本科高校在设置课程时存在高等数学课程的学分严重不足的现象,甚至不开设高等数学课。对于有些应该开设的专业性、技术性较强的课程,由于缺少相应的授课教师,就不开设这些课程。在具体设置课程时,对所设置的课程目标不明确,没有经过详细的市场需求调查和论证,具体课程对培养目标的支撑关系不明确。

2. 课程内容陈旧、重复,缺少应用型课程

民办本科高校定位于培养本科应用型人才,但是应用型人才培养的课程体系在我国还处于起始阶段,尤其是教材体系还很不完善。传统本科高校的教材重理论轻实践,内容陈旧、落后,跟不上科学技术和社会的发展。课程中反映现代高新科技知识和本专业新动态的内容太少,许多新的科技成果、现代科学研究方法、新的仪器设备的使用等都没有被吸收到课程中来。民办本科高校的教师开发应用型教材的能力还十分薄弱,基本上是拿来主义,导致教材与教材中重复的内容较多。随着经济社会和科学技术的发展,企业生产、运作、管理过程中的科技含量越来高,人工智能、机器人等技术得到了广泛应用,但是高校的教材建设跟不上经济社会的发展与变革,民办本科高校紧缺应用型人才培养的应用型的课程教材。

3. 课程结构不合理

潘懋元教授说:"根据培养目标选择出来的课程内容,不是一个零散的、互无联系的聚合体,而是一个有机整体。因此须根据一定的原理来进行合理的、科学的组织,最终形成一个完整的结构,即课程结构。"[①]课程结构是课程内容选择和组织的结果和表现形式,一般分为宏观、中观、微观三个层次,宏观课程结构即学校课程的类别结构,其基本构成是各种类型的课程;中观课程结构即课程的科类结构,是各类课程的配比关系;微观课程结构即各教学科目(或活动项目)的内部结构。我国目前的民办本科高校课程结构主要存在以下问题。

(1)照抄公办本科高校的课程体系,缺乏民办本科高校自身的特色。有相当一部分民办本科高校在制定专业人才培养方案时存在照抄公办本科

---

① 潘懋元.高等学校教学原理与方法[M].北京:人民教育出版社,2003:160.

高校的课程体系的现象，没有民办本科高校的特色。比如课程模式仍是传统的学科基础课、专业基础课、专业课的模式，仍然按学科逻辑构建课程，忽视了课程与实际工作要求之间的联系等，没有创新性。

（2）必修课比例偏大，限制性选修课和任选课比例偏小。以浙江省在全国民办本科高校排名中最靠前的 A 学校某工科专业的培养方案来看，总学分为 170 学分，其中必修的理论课学分达到 115 学分，包括公共必修课 54学分、学科基础课 25.5 学分、专业基础课 21 学分、专业课 14.5 学分，必修的实践课（含课程实验、课程设计、实习实训、毕业论文等）有 31 学分，两者相加总共有 146 学分，占总学分的 85.9%；选修课（含全校任选课、专业选修课）总共只有 20 个学分，只占总学分的 11.8%。另有 4 个课外创新学分。学生自由选择的空间非常之小。这与美国等国家选修课占 30%～50% 的比例相比，差距十分之大。选修课比例小必将影响人才的个性化发展，与大众化和普及化阶段的高等教育目标不相吻合。

（3）重理论轻实践，不注重应用能力的培养。民办本科高校普遍存在重理论轻实践的现象。从 A 学校的上述工科专业培养方案来看，实践教学活动的学分只有 31 学分，占总学分的比例为 18.2%，比例明显偏低，与应用型人才培养的目标有较大差距。另外，从师生对实践教学的满意度调查来看，认为"比较满意"的占 46%，"非常满意"的占 13%，满意度只有 59%。从全省 34 所本科高校的毕业生调查结果来看，四所民办本科高校实践教学效果的满意度在全省本科高校中排名分别为第 30、28、25、33 名。可见，民办本科高校的实践教学亟待加强。

（4）重专业轻基础，通识教育重视不够。民办本科高校受原来高职办学的影响，比较注重专业课和实用性课程的建设，对于基础课程和通识教育课程却不够重视。学生在校学习期间只学习了本专业的知识、技能，知识面比较狭窄，基础比较薄弱。从民办本科高校的课程设置来看，基础课的分量偏弱，通识教育的课程明显偏少，学分很少。如浙江省 A 学校的全校性任选课的学分只有 10 学分，B 学校也只有 8 学分，D 学校只有 6 学分。另外，毕业生国内外升学率很低，平均升学率不到 5%，说明毕业生的基础理论知识不够扎实。随着经济社会的发展，目前对于本科人才的要求倾向于知识面广、应变能力较强的复合型人才，民办本科院校重专业轻基础的课程结构需要进行调整。

4.课程教学大纲没有发挥应有的功能

课程教学大纲(也称课程标准)规定了该门课程的教学目标、教学的内容与范围、教学的重难点、教学内容的顺序安排、教学法的基本要求、课程考核的基本要求、主要学习参考书等内容,是"教"与"学"的指导性文件。因此课程教学大纲对于课程教学质量保障是非常重要的。笔者曾对民办本科高校的教师与有关教学管理人员进行过访谈调查,发现在民办本科高校,教学大纲还没有很好地发挥作用,教学大纲只是作为一种文件的形式而存在,教师没有严格按照教学大纲授课,甚至存在教师上课所用教材与教学大纲完全不一致的现象,课程考核也没有按照教学大纲要求,有些课程教学大纲规定是闭卷考试,但实际却变成了简单的考核,教学管理部门对教学大纲执行情况也缺乏督查,实际上教学大纲只是为了应付上级部门的评估而存在,印在纸上,挂在墙上,却没有发挥应有的作用。

5.课程学业评价不够严格

课程学业评价既是测验课程目标是否实现的主要依据,也是教师反思与改进教学、激励学生努力学习的重要工具。教育部前部长陈宝生指出:"高校还存在一些内容陈旧、轻松易过的'水课',有些学校'水课'过多。"在民办本科高校的课程中,这些"水课"也是占相当比例的,闭卷考试少、开卷考试多,一次考试没过、补考必过等现象大量存在,课程学业考试难度低,学生轻轻松松就能毕业。另外,课程评价中过于注重期末一次性考核,教师凭出勤率打平时成绩,考核不够科学和严格。课程学业考核不严格直接影响学生学习的努力程度,间接影响课程的教学质量。

第三节 民办本科高校教学质量问题的形成原因分析

找出问题后,分析清楚原因方能对症下药。本节主要就民办本科高校在师资、生源、经费与教学条件、课程等方面存在的问题,深入分析其形成的原因，以期有的放矢地构建民办本科高校的教学质量保障体系。

一、民办本科高校师资队伍建设的制约因素分析

造成民办本科高校师资队伍建设中存在的诸多问题的原因，既有思想观念的因素，也有政策制度的因素，还有学校管理等现实的因素。

（一）观念性因素

新中国成立后，国家把私立高校收归国有，进行了公有制改造，为此，我国的民办高校整整消失了30多年。直到20世纪80年代初，伴随着国家的改革开放，我国的民办高校又慢慢地发展起来了。但是在人们的思想观念中，民办高校跟民营企业一样，都带有"私有"的性质，是"体制外"的组织，而对其"公益性"忽略不计。在人们的观念中，民办高校教师水平低、待遇低，政府没有责任保障其权益。长期以来，民办教育只是公办教育的补充，民办教育似乎是可有可无的，更不用说民办学校的教师了。在这样的观念影响下，又加上国家财政本来就紧缺，政府部门、学校举办者、教师自身对推动民办高校师资队伍建设均无积极性。政府部门认为民办学校教师是民办学校的内部问题，在政府财力有限的情况下无力顾及；学校举办者认为同样是为国家培养人才，提高民办高校教师的地位和待遇，不能让学校自己买单，政府理应承担责任；民办高校的教师则完全是"弱势群体"。目前，虽然国家对民办教育越来越重视，也充分看到其"公益性"一面，并出台了《民办教育促进法》及其实施细则，2016年又对《民办教育促进法》进行了修订完善，对民办教育实行分类管理，但部分政府官员的思想观念还未转过来，政府出台的一些政策中对民办教育的"歧视"性政策至今还未修正过来。社会对民办教育的观念虽然已有改观，但旧有的观念仍然占据主导地位，认为民办高校要赚钱，教育质量比不上公办高校，只有进不了公办本科高校，才进民办本科高校，人为地把民办本科高校看低一等。

（二）制度性因素

1. 民办学校法人性质不明

2001年政府出台的《教育类民办非企业单位登记办法（试行）》中，将民

办学校定性为民办非企业单位法人①。这一居于机关事业单位与企业之间的中间定性，使得民办学校成为"两不靠""两不管"单位，民办学校的教师完全享受不到与公办教师的同等待遇。直到2017年《民办教育促进法》修订，对民办学校明确了分类管理的政策，规定民办学校要么选择非营利性，要么选择营利性。选择非营利性，举办者就不得获得收益，学校的资产需要全部过户到学校名下，符合事业单位法人登记条件的可以登记为民办事业单位法人，教师的权益就能得到有效保障；选择营利性，则举办者须对有关资产补缴相应的税费，学校登记为企业法人，按企业形式经营与纳税，斩断了有些民办学校举办者"暗地里营利"的机会。然而新修订的《民办教育促进法实施细则》至今还未出台，《民办教育促进法》把已有民办学校作出选择的"过渡期"交由地方政策确定，很多民办学校还处在观望状态，不到政府确定的最后选择时间就不做选择。

2. 民办高校教师的社会保障体系不健全

同样是高校教师，公办高校教师退休后的养老金远远高于民办高校教师退休后的养老金；公办高校教师的医疗保障远远优于民办高校教师的医疗保障。这是影响民办高校师资队伍建设的最重要、最直接的原因。长期以来，社保缴费分为事业单位养老保险和企业职工基本养老保险两条线。事业单位的养老保险的缴费基数为"基本工资（岗位工资和薪级工资）＋绩效工资（基础性绩效工资和奖励性绩效工资）＋地方补贴＋生活补贴"，缴费比例为单位20％、个人4％；企业职工的社会保险缴费基数为"职工上年度月平均工资额"，企业缴纳20％，个人缴纳8％。可见，民办高校教师对养老保险的负担是公办学校教师的2倍左右。然而到了退休以后，拿到手的养老金不及公办高校退休教师的一半。2014年10月1日后国家改革了机关事业单位养老保障制度，逐步实现机关事业单位人员社保与企业职工社保并轨，虽然事业单位教师的养老金个人也要缴纳8％了，但为了保障事业编制人员退休后能拿到与改革前相当的养老金，又设立了职业年金制度。而企业人员却不能和事业单位人员一样缴纳职业年金。虽然国家允许企业单

---

① 民政部.教育类民办非企业单位登记办法(试行)[Z].民发〔2001〕306号，2001年10月19日发布施行.

位设立企业年金，但没有强制要求，很多民办高校从人力资源成本出发，就没有给普通教师缴纳企业年金。正是民办高校教师社会保障差，才使得高学历高职称的中青年教师不愿意选择到民办高校工作。笔者所在的民办本科高校，得益于市政府的支持，拥有 600 个自收自支的事业编制，能够为引进人才办理事业单位社会保险、医疗保险和缴纳职业年金，近几年才顺利引进了较多的博士等高层次人才。如果没有事业编制，无法为引进人才按公办高校教师一样缴纳社会保险和职业年金，民办本科高校是很难引进高水平的高层次人才的，即使凭高待遇暂时引进来了，也很难长久地留住这些人才。

（三）高校内部管理因素

民办本科高校的内部管理体制机制不完善，也是影响民办本科高校师资队伍建设的重要因素。

1. 师资队伍管理制度不健全，建设目标不明确

办学定位不同的高校，对师资队伍建设的要求是不一样的。民办本科高校应该根据自身的办学定位，对师资队伍进行规划和建设。民办本科高校因为办学历史不长，师资队伍建设照搬公办本科高校的痕迹十分明显，尤其是在一些管理制度方面，更是照抄公办学校的文件，没有对实现自身办学目标与定位要求的师资队伍建设进行规划，建设的目标不明确。主要表现在：招聘教师时过于注重学历职称，忽视专业的实际需求，尤其是对教师的实践能力缺少考查，不注重师资队伍的结构，忽视对引进教师品德、能力、素质的全面考察；在人才激励政策的制定中，脱离学校发展战略需求，脱离学校师资队伍实际，激励标准不全面、不公正，评奖评优程序不规范、不透明，打击人才发展的积极性；在教师队伍管理中，把教师当企业员工管理，忽视高校教师教书育人的职业特点，教师发展缺少一个良好的内部环境。

同时，这些学校在对师资队伍的管理机制方面也不健全。比如，薪酬结构中对教师基本保障部分的比例明显偏少，用绩效考核发放的比例明显偏高，绩效考核又不科学公正；为了达成上级对教师出国（境）访学的考核指标，简单把要求写进职称的评聘要求，而没有从教师出国（境）访学的目的、意义、效果等方面出发的考量，没有薪酬、奖励制度方面的激励与保障；一方

面鼓励教师进修、访学，提高水平，另一方面在分配制度上进修访学教师的收入待遇却是大打折扣；学校制定的一些规章制度缺少人文关怀，过于强调竞争，无法真正调动广大教师的积极性，导致教师队伍归属感不强。这样的内部管理制度如何能调动教师的积极性呢？又如何能建设好师资队伍呢？

2. 办学经费的制约

我国民办本科高校的经费来源主要是单一的学费收入，要维持整个学校的建设与发展，经费十分紧张。民办本科高校无法给教师提供有竞争力的福利待遇，导致民办本科高校师资队伍不稳定，难以留住优秀青年教师。目前国家加强"双一流"建设，政府加大了对公办本科高校的经费投入，公办高校对高层次人才的引进待遇都比较高，全国掀起了一场"抢人才"的热潮。民办本科高校由于经费问题，其教师的收入待遇在很多地区都已经不再具有竞争优势了，再加上民办本科高校的住房公积金、医疗保险、养老保险等都比不上公办本科高校，因此，根本不具备与公办本科高校"争抢"人才的实力。

3. 对教师重使用、轻培养

民办本科高校普遍存在教师数量不足的问题，人均教学任务比较重，一般均在每周 12 课时以上，多的会达到 20 课时，再加上批改作业，指导学生，还要做班主任，工作量很重，属于自己的闲暇时间很少。曾有教师说，现在都不敢生病，因为一旦身体不舒服，请假几天的话，后面补课就会很累。因此，客观上民办本科高校教师参加业务培训、继续教育的时间就比较少。主观上，也有一些民办高校的举办者，在办学指导思想上以获取更多的利益为目的，不愿意花更多的钱用于师资队伍的培养培训。一方面是因为办学经费有限，另一方面则认为教师培养存在"高风险"，在教师培养上的投入会成为给其他高校做嫁衣。因此，民办本科高校的师资队伍普遍存在重使用、轻培养的现象。

二、影响民办本科高校生源质量的原因分析

1. 民办本科高校的办学综合实力还不高

民办本科高校的生源质量最终还是取决于学校的教学质量与总体办学实力。由于经济的、社会的、历史的原因，我国民办本科高校与公办高校相比存在办学经费紧张、师资队伍水平不高、办学条件较差等现实差距，教学

质量的社会认可度还不高，因此造成报考学生数量不多、生源质量较差等客观情况。高等教育从精英教育发展到大众化和普及化教育，人民群众对高等教育的需求不再是"有学上"，而是转变为"上好学"，民办本科高校只有提升办学综合实力、不断改善办学条件、不断提高教学质量，才能够获得社会的认可，才会有更多的学生报考，生源质量才会越来越高。

2. 录取批次排名靠后，导致生源质量不高

现行的高校招生录取制度都是分批次录取的。除军事、国防、艺术等特殊专业和院校的招生列提前批之外，一般还分为四批：985、211 等重点大学和重点专业的招生列第一批；一般公办本科高校及专业的招生列第二批；民办本科院校和独立学院的招生列第三批；高职院校的招生列第四批。民办本科院校招生在本科录取中排最后，民办高职院校招生在高职录取中排最后。

录取批次排名靠后，使民办高校与公办高校站在了不平等的起跑线上。在很大程度上，生源的质量决定了一所学校的发展。在分批次录取的过程中，分出民办本科批次和民办专科批次，并把民办高校录取放公办高校之后，使民办高校的生源始终落后于公办高校，人为地把高校分成三六九等，给考生造成"民办高校就是最差的高校"的印象，掩盖了有些民办高校的真正办学实力。事实上，目前有的民办高校办学实力已经超过了部分公办高校。例如，某省 2014 年有 13 所民办本科高校的投档线超过了部分公办本科高校的投档线，该省当年有 29 所公办高校降分录取，其中有 18 所降分后仍未完成招生计划①。可见，也有一批民办本科高校办得很有特色，办学条件也很好，完全不比公办高校差。

3. 招生考试与专业人才培养脱节

我国现行的以"统一高考招生"为主渠道的高考招生制度，其优点主要体现在公平客观、经济高效、维系社会稳定、促进社会流动等方面；其不足主要表现在重才轻德、压抑考生个性和求异思维、缺乏特色和灵活性等方面②。而其不足实际上就是"招生考试与人才培养的脱节"。人才培养强调

---

① 马彪，刘明岩，颜端武.论高校招生取消分批次录取[J].教育探索，2015(1).

② 刘海峰.高校考试招生制度改革研究[M].北京：经济科学出版社，2009.

"因材施教",根据"多元智能"理论,人的智能是多元的,不同特质的人的发展特长应该是不一样的,这也符合社会各行各业对人才的不同需求。因此,大学根据社会发展需要,开设了不同的专业,每个专业的人才培养目标是不同的,因而对考生的选择标准应该是不同的。但是现行的"统一高考招生"用同一份考卷,同一个标准衡量录用考生,显然是与专业人才培养的需求脱节的。

目前,国家还没有放开民办本科高校的自主招生,浙江省民办本科高校参加"三位一体"招生也只投入了少量的招生计划,民办本科高校的招生还是以统一高考招生为主。民办高校因经费问题以及办学成本等问题,常常为了满足招生规模而牺牲生源质量,自主招生变成了一种招生形式,其真正的选拔具有学科特长和学习潜能的优秀人才的功能则发挥较少。民办高校的招生与其专业人才培养目标结合仍然不紧密,因而也就产生了录取后报到率偏低、中途申请转专业和退学的学生人数较多等问题。

4. 招生困难与部分高校招生行为失范

民办高校招生的主要问题是招生困难和招生行为失范。招生困难目前来看主要体现在部分民办高职学院,因为本科学历比高职学历层次要高,学生总期望自己的学历层次更高一点。进不了重点大学才进普通大学,进不了公办本科高校才进民办本科高校,上不了本科学校才选择高职院校,上不了公办高职院校才上民办高职院校,这是许多学生的想法。因此,排在最后的民办高职院校最先受到生源减少的冲击,招生最为困难。民办本科院校在招生方面除了受到公办高校的影响外,还受到独立学院的挤压。一方面,公办高校不断扩招,减少了生源;另一方面,很多公办高校的独立学院又来抢生源,大大挤压了民办本科高校的生存空间。

招生行为失范在一定程度上是因为招生困难"逼"出来的,因为民办高校要存活,就要有学生交学费。民办高校进入国家计划招生的"正规军"后,招生行为已经得到了明显规范。造成民办高校招生失范的不良印象,主要是因为早期一些办学条件较差的民办高校和培训机构,用"五年一贯制本科""实验班""中外合作班"等噱头招揽学生,还有利用成人教育、远程教育等政策空隙大量违规招生。虽然不规范招生的学校不多,但造成了极坏的影响,危害了民办高校的形象和声誉。

三、制约民办本科高校经费与教学条件的原因分析

1. 经费渠道来源单一

我国民办本科高校的教学经费投入虽然较前几年有了较大的改善，基本达到了"合格"的办学要求，但离更好地满足师生需求还有相当大的距离。教学经费来源单一，主要依靠学生上缴的学费，经费总量明显不足。随着生源数量的下降，民办本科高校如果招生遇到困难的话，经费就无法保障，给民办本科高校的办学带来一定的风险。

邬大光教授曾说，"'好'大学就是有钱"[1]。在世界一流大学中很多是私立大学，尤其是排名前 20 的世界一流大学中公立大学更是屈指可数，我们以 2009 年美国 6 所世界一流大学的经费收入为例，可以看出，这些世界顶尖的私立大学都有巨额的财政收入，办学经费都是相当充足的。具体数据如表 4 - 27 所示。

表 4 - 27　2009 年美国 6 所世界一流大学的经费收入情况[2]

大学名称	在校生数（人）	学费收入（百万美元）	总收入（百万美元）	学费收入占总收入的比例（%）
哈佛大学	21 006	688.96	3 827.56	18
耶鲁大学	11 593	230.38	2 559.78	9
加州理工学院	2 130	29.16	2 252.42	1.3
麻省理工学院	10 384	216.81	2 644	8.2
斯坦福大学	19 535	109.99	647	17
芝加哥大学	15 626	317.68	2 918.26	10.9

资料来源：根据上述各大学网站公布的资料编制而成。

国内一流大学的经费也都是非常充足的，我们以清华大学为例，2018 年

---

① 邬大光.什么是"好"大学[J].北京大学教育评论.2018,16(04)：169 - 182.

② 陈武元.中国民办高校如何走出办学水平不高的困境——经费来源结构的视角[J].教育研究.2011(7)：43 - 46.

清华大学经费预算总额为 269.45 亿元,收入预算为 196.74 亿元,支出预算为 216.31 亿元,其中中央财政拨款收入 50.83 亿元,占预算总额的18.86%;事业收入 103.7 亿元,占预算总额的 38.49%;其他收入 41.39 亿元,占预算总额的 15.36%;政府性基金预算拨款收入 0.81 亿元,占预算总额的 3%;上年结转 72.71 亿元,占预算总额的 26.98%[①]。具体数据详见表 4 - 28。

这里的"事业收入"指开展教学、科研及其辅助活动取得的收入,包括教育事业收入和科研事业收入。教育事业收入包括通过学历和非学历教育向学生个人或者单位收取的学费、住宿费、委托培养费、考试考务费、培训费和其他教育事业收入。科研事业收入包括通过承接科研项目、开展科研协作、转化科技成果、进行科技咨询等取得的收入。"其他收入"指学校取得的除上述收入以外的各项收入,主要包括投资收益、捐赠收入、租金收入、银行存款利息收入、现金盘盈收入和存货盘盈收入等。

可见,我国民办本科高校欲办成高水平民办大学,必须改变经费总量不足、经费来源渠道单一的局面。

表 4 - 28　清华大学 2018 年部门财务预算收入情况(单位:亿元)

项　　目	金　　额	占预算总额的比例
预算总额	269.45	/
收入预算	196.74	/
支出预算	216.31	/
中央财政拨款收入	50.83	18.86%
政府性基金预算拨款收入	0.81	3%
事业收入	103.7	38.49%
其他收入	41.39	15.36%
上年结转	72.71	26.98%

数据来源:清华大学官网公布的 2018 年度部门预算。

---

① 数据来源:清华大学官网.清华大学 2018 年度部门预算[EB/OL].http://www.tsinghua.edu.cn/publish/newthu/openness/cwzcjsfxx/cwysxx_all.htm,2018 - 04 - 01/2019 - 04 - 14.

2. 教学条件建设投入不足

我国民办本科高校的各项教学条件的指标虽然较几年前有大幅度的改善，已经基本达到"合格"评估要求，但距满足师生需求还有较大差距。从全国范围来看，在生均教学行政用房面积方面，达到合格要求的民办本科院校比例仅为 75.0%；在生均教学科研仪器设备值方面，达到合格要求的民办本科院校比例仅为 88.8%，另有 10.5% 的民办本科院校仅达到限制招生要求；在生均藏书量方面，民办本科院校生均藏书量全部达到限制招生要求，但达到合格要求的院校比例仅为 45.1%[①]。从对浙江省四所民办本科高校的教学条件指标数据来看，生均教学科研仪器设备值、生均教学行政用房面积、生均藏书量、生均实验用房面积等指标也均低于全省新建本科高校的平均值。可见，民办本科高校的教学条件还亟须增加投入。

3. 民办本科高校办学体制的制约

我国民办本科高校目前更多以"投资办学"为主，在《民办教育促进法》修订之前，国家还没有明确民办高校"分类管理"，所有的民办高校都注册为"非营利性"，但实际上很多高校都在一定程度上获取"合理回报"，真正"捐资办学"，完全不获取"合理回报"的民办高校十分少见。虽然民办高校为社会培养人才，具有"公益性"，但是民办高校不公开的这种"营利性"，使得我国民办高校难以像国外的著名非营利性私立大学一样获得大量的"捐赠"收入。同样，由于国家政策对民办高校办学的"非营利性"规定，也限制了民办高校举办者追加投入的积极性。另外，一方面，政府办学经费原本就紧张，公办高校的经费投入尚显不足，没有更多经费投入民办高校；另一方面，在民办高校这种"允许获得合理回报"的办学性质下，一定程度上限制了政府对民办高校的投入。因此，我国民办高校办学只有依靠学费收入滚动发展。新修订的《民办教育促进法》对民办学校实行"营利性"和"非营利性"分类管理，相信民办本科高校在完成"营利性"与"非营利性"的选择与重新登记后，非营利性的民办本科高校将会获得更多的捐赠收入和政府更多的投入。

[①] 教育部高等教育教学评估中心编.中国民办本科教育质量报告(2016 年度)：中国民办本科教育质量的全景与深析[M].北京：教育科学出版社,2017.

四、课程建设存在问题的原因分析

民办本科高校课程建设存在的上述问题，除办学历史不长、师资水平不高、教学条件较差等客观原因外，究其主观原因主要有以下几个方面．

1. 没有做好专业市场需求调研，对专业人才培养目标的定位不清

对人才培养目标进行科学定位是民办本科高校可持续发展要解决的首要问题。2018 年我国高等教育的毛入学率已经达到了 48.1%①，将很快迈入高等教育普及化阶段，接受高等教育几乎成为每一个人的基本权利。与此同时，是否接受过高等教育将成为各行各业的入职门槛，而各行各业对人才的要求是不一样的，因而多样化、个性化和选择性将成为高等教育的基本特征，包括高等教育类型的多样化、人才培养的多样化等。我国民办本科教育虽然在 2000 年后才兴起，但在高等教育越来越普及化的背景下，发展前景将会十分光明。但是民办本科高校面临的竞争也将十分激烈，因为高等教育已经从"卖方市场"转变为"买方市场"了，学生完全是自主选择学校和专业的，专业特色与教学质量将决定民办本科高校的生存与发展。因此，民办本科高校的人才培养目标定位应该像企业做市场细分一样，有明确的市场定位。

2. 民办本科高校教师课程内容选择和组织的能力不足

民办高校课程内容陈旧重复的问题，虽然与课程目标体系是否明确有关，若专业培养目标明确具体，然后把总目标分解到每门具体课程，形成一个完整的课程目标体系，这样每门课程内容的选择就具体明确了，就能减少重复与陈旧的课程内容。但是最重要的还是民办本科高校"双师型"教师缺乏，教师开发教材的能力薄弱。因为在具体的教学过程中，选择什么样的教学内容、如何进行教学最终取决于教师。然而，民办本科高校中年轻教师偏多，并且大部分是毕业后即入职的，没有企业实际工作经验，对于企业的发展与需求缺少认知，对于企业的生产、运作和管理缺少认知，因此只能选择别人编写好的现成教材进行教学，很难对教学内容进行筛选和重新组织。

---

① 教育部门户网站.数读 2018 年全国教育事业发展基本情况［EB/OL］.http://www.moe.gov.cn/fbh/live/2019/50340/mtbd/201902/t20190227_371426.html,2019-02-27/2019-04-17.

3. 课程模式与教学方式方法的创新性不足

民办本科高校课程结构不合理的主要原因是对课程模式和教学方式方法的创新性不足。民办本科高校参照了传统公办本科高校的课程体系，其课程模式仍然按照公共基础课、学科基础课、专业基础课、专业课的结构，按照学科逻辑构建课程体系，重理论轻实践。教师对于课程的教学方式方法也比较传统，"满堂灌""填鸭式"的教学方式仍然普遍存在于民办本科高校的课堂。然而随着高等教育的大众化与普及化，教师需要树立个性化的教学理念，随着互联网与信息技术在教学领域的应用，教师也需要更新教学方式方法，传统的课程模式与教学方式方法已经无法适应新时代的教学，必须进行改革与创新。

4. 课程教学大纲的科学性与权威性不够

课程教学大纲是课程实施与评价的标准。高校的课程只有少部分"国家课程"，比如思政理论课、大学英语课等，国家对此类课程统一制定了教学大纲，并且统一编写了教材，这些课程的教学大纲的科学性与权威性就很高。除了这些课程外，其余课程的教学大纲几乎都是由高校自己制定的。相比专业人才培养方案，各民办本科高校对课程教学大纲的重视程度明显不足，执行起来难度也大。由于民办本科高校的课程教学大纲常常是由任课教师制定的，虽然经过由院系审核并报教务处备案的程序，但是院系审核常常侧重形式，而对其具体内容则审核不严，很少有民办本科高校像讨论专业人才培养方案一样来讨论课程教学大纲。因为任课教师的层次水平良莠不齐，写出来的课程教学大纲质量也不一样，更多是拿来一本教材，直接按教材内容编写教学大纲，很少有从人才培养的全局性去把握课程目标及其内容体系的。今年这个老师用了这本教材，下一年另外一位老师负责这门课程，提出须用另一种教材，于是就出现了教师教学与课程教学大纲完全不一样的情况，因为不是根据课程教学大纲去选的教材，而是根据教材编写的课程教学大纲，教材变了而课程教学大纲没有及时修改。出现这种"怪"现象，主要是因为课程教学大纲的制定不够规范和严谨，科学性与权威性不高，因其科学性与权威性不高，就又导致执行不严格。因此，要真正发挥课程教学大纲的作用，必须提高课程教学大纲的科学性与权威性。

5. 教师对课程教学质量的信心不足

课程学业评价不够严格的原因主要在于教师对课程教学质量的信心不足。对于学生来讲，课程学业评价成绩涉及学生毕业问题，因此学生都很重视课程学业成绩。学生一方面希望课程学业评价成绩好，另一方面又希望课程学习轻松愉快。对于教师来讲，课程教学质量直接涉及教学业绩的评价，不及格率高反映了课程教学效果不佳，另外教师的教学还要接受学生的满意度评价。于是学生与教师就处于一种博弈当中。教师给学生好成绩，学生就给教师"好评"，反之就给"差评"。因此在学校目前的教师教学质量评价机制下，这种博弈的结果往往就是教师的让步，也就是教师在课程学业评价中"放水"，让更多的学生及格，"你好我好大家好"。要提升课程教学效果，教师需要付出大量的精力，民办高校教师教学任务重，同时又有科研压力，在教学上投入精力就比较少，教师对自己的课程教学质量信心不足，于是只有降低课程学业考核要求。

第五章
民办本科高校教学质量保障体系建设的理论基础

民办本科高校虽然与公办本科高校的办学体制不同,但也是我国高等教育的重要组成部分,其办学都必须遵循高等教育规律。目前,民办本科高校的教学质量管理主要还处于教学质量监控阶段,要从质量监控走向质量保障,还需要理论联系实际,结合各类理论研究的成果不断探索,从而在理论指导下形成解决方案并开展实践,在实践中总结和发展理论。本章主要对民办本科高校的教学质量保障体系建设的相关理论进行分析和阐述,为后续民办本科高校的教学质量保障体系构建和实施提供理论支撑。

目前,在质量保障体系建设的理论研究方面,有系统论、控制论、信息论等理论与方法,而与高等教育教学质量保障体系建设最为相关的理论主要有"高等教育分类理论""全面质量管理理论""产出导向教育理论"等,本书重点以这三个理论为基础,把其主要思想贯彻在民办本科高校的教学质量保障体系的建设之中。

第一节　高等教育分类理论

20世纪下半叶,世界高等教育不但在数量与规模上迅速增长,在结构和形式方面也越来越多样化。高等教育的发展需要进行科学分类,从而引导高校合理定位,促进高校的多样化发展,这是高等教育大众化和普及化进程中保障本科高校教学质量必须首先面对的问题。高等教育分类理论正是在这样的背景下应运而生的,其关系到高等学校的人才培养目标和类型,与高等教育质量密切相关。对高等教育进行科学分类,有助于高等学校的合理定位,保障高校的教育质量,发挥高等教育在社会经济发展中的主力军作用。

一、高等教育分类的含义

任何高校办学都要符合高等教育规律。潘懋元先生早在20世纪80年代就提出了教育发展的内外部关系规律,即教育必须与社会发展相适应的规律(外部关系规律)和教育必须全面地协调德育、智育、体育、美育,使学生全面发展的规律(内部关系规律)①。因此,高校既要实现自主发展,又要与外部进行物质和信息交换,高校的发展始终脱离不了内外部关系规律。熊志翔认为,“高等教育分类是指参与高等教育系统运行的多方利益主体,根据高等教育系统内外部环境的变化和高等教育系统自身发展的需要,将高等教育系统分化成性质不同且相互联系的类型和层次,从而实现高等教育系统整体优化和多样化发展的过程”②。总体来说,高等教育分类具有以下三个特征。

(1)高等教育分类包括纵向和横向两个维度,纵向是高等教育的层次划分,横向是高等教育的类型划分,不同的高校均可以归属到层次和类型构成的矩阵式结构中。

(2)高等教育分类是在高校、政府、社会等多方价值主体的反复博弈中自然形成的。政府分类是政府按国家的建设目标与经济社会发展需要作出的,涉及国家的资源配置,是管理高等教育的一种方式;高校分类是高校的自我认知和定位,是高校确立发展目标的一种规划,也是一种目标追求;社会分类是关心高等教育的一种参与,是对相关高校的一种心理定位。

(3)具体高校在高等教育分类中的位置会随着高校发展而动态变化。比如原本是民办高职学院,后来“升本”了,其在高等教育分类中的位置就会

---

① 潘懋元.教育的基本规律及其相互关系[J].高等教育研究,1988(03):6-12.

② 熊志翔.本科院校质量保障体系研究[M].广州:广东高等教育出版社,2008:76.

发生改变;又比如原来注重研究,后来更加注重教学,随着高校办学的"转型",高校在高等教育分类中的位置也会发生改变。

二、美国和联合国教科文组织的高等教育分类

世界上各个不同的国家形成了各具特色的高等教育分类体系,较有影响力的是美国卡耐基教学促进基金会和联合国教科文组织的高等教育分类体系。

1. 美国卡耐基教学促进基金会的高等教育分类

美国卡耐基教学促进基金会(Carnegie Foundation for the Advancement of Teaching,CFAT)2000 年颁布的高等教育机构分类标准,把美国的高等学校划分为 6 大类 10 小类,分别为:博士学位授予机构[博士级/研究型大学(Ex)、博士级/研究型大学(In)];硕士级学院及大学(硕士级学院及大学Ⅰ、硕士级学院及大学Ⅱ);学士级学院(学士级学院Ⅰ、学士级学院Ⅱ);副学士级学院;专门机构;族群学院及大学。具体如表 5-1 所示,美国高等教育机构中占比最高的是副学士级学院(43.8%),其次是专门机构(19.5%),第三是硕士级学院及大学(15.5%),第四是学士级学院(13.9%),而博士学位授予机构只占 6.6%。

美国卡耐基高等教育分类标准促进了美国高等教育的发展和高等院校的多样化发展,是美国普遍采纳的高等教育分类方法。

表 5-1　2000 年美国高等教育机构类别及其分布

机 构 类 别	总　　数	占机构总数的比例(%)
总数	3 942	100
博士学位授予机构	261	6.6
博士级/研究型大学(Ex)	151	3.8
博士级/研究型大学(In)	110	2.8
硕士级学院及大学	610	15.5
硕士级学院及大学Ⅰ	496	12.6

续　表

机 构 类 别	总　　　数	占机构总数的比例(%)
硕士级学院及大学Ⅱ	114	2.9
学士级学院	550	13.9
学士级学院Ⅰ	226	5.7
学士级学院Ⅱ	324	8.2
副学士级学院	1 726	43.8
专门机构	767	19.5
族群学院及大学	28	0.7

注：1. 专门机构：颁授的学位涵盖学士到博士，包括宗教学院、工程及技术学院、医学院、工商管理学院、艺术学院、音乐学院、法学院、师范学院及其他(如军事学院)。

2. 族群学院及大学：是指专为美国原住民提供高等教育及社区服务的机构。

资料来源：The Chronicle Carnegie Foundation's Classification，2000. 转引自：潘懋元，吴玫.高等学校分类与定位问题[J].复旦教育论坛，2003(03)：5－9.

2. 联合国教科文组织的高等教育分类

联合国教科文组织(United Nations Educational，Scientific and Cultural Organization，UNESCO)于 1997 年 8 月 8 日在法国巴黎召开的第 29 届会员国大会上批准并发布了《国际教育标准分类法》(ISCED)，在该分类标准中高等教育包括第五级和第六级教育，其中，第五级教育是大专、本科、研究生层次教育，第六级教育是博士研究生层次教育。第五级教育又可以分为 5A 和 5B 两大类。5A 是理论型高等教育，又可以分为 $5A_1$(按学科分设专业，为研究做准备)与 $5A_2$(按行业分设专业，培养高科技专门人才)两类。$5A_1$ 与 $5A_2$ 没有高低层次之分，只是培养的侧重点不同，$5A_1$ 相当于中国的学术研究型大学，侧重于基础理论研究，为进入博士研究生阶段做准备；$5A_2$ 相当于中国的工、农、医、师等本科以及培养硕士研究生的高校，培养各行各业的专门人才；5B 是实用型、职业型、技能型高等教育，相当于中国的高职院校，也可以"专升本"，升本后一般也定位于培养职业技能型人才[①]。第六级

[①] 潘懋元，董立平.关于高等学校分类、定位、特色发展的探讨[J].教育研究，2009，30(02)：33－38.

博士研究生的教育,其主体部分为 5A$_1$ 型教育向上的延续,是"旨在进行高级研究和有创新意义研究"①的教育。可见,在国际教育标准分类中,按照不同的人才培养目标,高等教育被明确划分为研究型、应用型、实用型三种类型。

联合国教科文组织制定的《国际教育标准分类法》充分考虑了世界各国教育发展的状况,基本涵盖了世界各国所有教育的类型和层次,因而具有广泛的普适性。其分类标准不是以科研等为主要依据,而是以人才培养职能作为划分教育类型的主要依据,其所依据的主要标准是专门人才的类型,因而符合高等教育最根本的特征。

三、我国高等教育的分类

高等教育分类从根本上决定着本科院校的职能定位和办学类型,是本科院校教育质量保障的必要前提和基础。随着我国高等教育体制改革的深入和高等教育大众化的推进,我国高等教育分类主体日趋多样,分类方法更具理性。

1. 我国高等教育分类的历史回顾

1986 年 12 月国务院颁布了《普通高等学校设置暂行条例》,其中第二条,把我国普通高等学校分为大学、独立设置的学院和高等专科学校、高等职业学校四类。1993 年《中国教育改革和发展纲要》指出:"高等教育的发展,要坚持走内涵发展为主的道路,努力提高办学效益。要区别不同地区、科类和学校,确定发展目标和重点。要制定高校分类标准和相应的政策措施,使各种类型的学校合理分工,在各自的层次上办出特色。"在 2004 年教育部下发的《普通高等学校基本办学条件指标(试行)》中,对全国高校按 6 种类型设定基本办学指标,这 6 种类型分别是:综合、师范、民族院校;工科、农、林院校;医学院校;语文、财经、政法院校;体育院校;艺术院校。

广东管理科学研究院武书连等学者参照我国的学科门类划分,结合各学科门类的比例和科研规模的大小,把我国高校分为综合类、文理类、工学

---

① 教育部教育管理信息中心.国际教育标准分类法(1997 年修订稿)[J].教育参考资料,1998(358).

类、农学类等 13 个"类"和教学型、教学研究型、研究教学型、研究型 4 种"型",每所高校均可以归属到由 13 个"类"和 4 种"型"构成的坐标中。①

武汉大学中国科学评价研究中心邱均平等学者以教育部《普通高等学校基本办学条件指标(试行)》文件为依据,把全国高校分为综合大学、理工院校、农林院校、医药院校、师范院校、文法院校(语文、财经、政法院校)、艺体院校(体育、艺术院校)、民族院校 8 种类型。②

浙江省 2016 年从人才培养、学科建设、科学研究、师资队伍等因素和学科门类、专业大类及专业数量两个维度将本科高校分为 6 种类型,即综合性研究为主型、综合性教学研究型、综合性教学为主型、多科性研究为主型、多科性教学研究型、多科性教学为主型③,并按照该分类,对相应的高校进行业绩考核,将考核结果与教育经费划拨挂钩。

2. 我国高等教育的不同分类方法

高等教育类别的形成与国家的政治、经济、教育体制等因素有着密切的关系。到目前为止我国虽然还没有一个权威的分类方法,但是在实践中形成了从不同的角度出发的分类方法。

(1) 按学科设置特点分类。按学科设置特点分类有两种方法:一种是根据高校设置的学科数量的多少,把高校分为综合性、多科性或单科性;另一种是根据高校设置专业的主干学科进行分类,把高校分为综合类、文科类、理工类、农林类、医药类等。

(2) 按建设目标和发展水平分类。按建设目标和发展水平进行分类,可以将我国高校分为"世界一流大学""国内一流大学""区域一流大学""985 工程大学""211 工程大学"等。

(3) 按建校时间分类。按建校时间分类,可以把我国高校分为"老校""新建院校"。当前,把 2000 年以后设立的本科院校统称为"新建本科院校"。

(4) 按隶属关系分类。我国常常按隶属关系对高校进行分类,把我国

---

① 武书连. 再探大学分类[J]. 科学学与科学技术管理, 2002(10).

② 邱均平. 中国大学评价的意义、理念和做法[J]. 评价与管理, 2005(2).

③ 浙江省教育厅. 浙江省普通本科高校分类评价管理改革办法(试行)[Z]. 浙教高教〔2016〕107 号.

高校分为部(委)属高校、省属高校、市属高校等。

（5）按办学经费主要来源分类。按办学经费主要来源进行分类，可以把我国高校分为公办高校、民办高校。目前我国还出现了混合所有制高校。

（6）按学位授予资格分类。按高校的学位授予资格进行分类，可以把我国高校分为博士学位授予资格高校、硕士学位授予资格高校、学士学位授予资格高校、无学位授予资格的高职院校。

（7）按颁发文凭的系列进行分类。根据颁发文凭的系列不同，我国高校可分为普通高等院校和成人教育院校。

（8）按科研规模分类。按科研规模可以把我国高校分为教学型、教学研究型、研究型、研究教学型等高校。

四、我国民办本科高校的定位

经济社会发展对人才的需求是多方面多层次的，有对研究型人才的需求，有对应用型人才的需求，也有对技能型人才的需求，即使同是对应用型人才的需求，也有对高端应用型人才、中等应用型人才与一般应用型人才的需求之分。一所大学不大可能同时培养不同类型、不同层次的人才，因此，不同类型和层次的人才往往就需要由不同的高校进行培养。

关于民办本科高校的发展定位问题，2015 年教育部、国家发展改革委、财政部联合发布了《关于引导部分地方普通本科高校向应用型转变的指导意见》，针对我国高校办学同质化倾向严重、毕业生就业结构性矛盾突出等问题，作出了引导部分地方本科高校向应用型转变的决策部署①。而民办本科高校既属于地方本科高校，又大都是新建本科高校，适应经济社会发展需求是其生存之本，因此，"应用型"也应当成为民办本科高校的基本定位。

应用型本科高校一般具有以下共性。① 培养目标：以培养技术应用型、复合型人才为主。② 培养层次：主要以培养本科生为主，在条件具备时也可以培养专业硕士、专业博士。③ 服务面向：以面向地方为主，主要为地方服务。④ 培养模式：大力推进产教融合与实践教学，突出产学研合作的

---

① 教育部、国家发展改革委、财政部.教育部 国家发展改革委 财政部关于引导部分地方普通本科高校向应用型转变的指导意见[Z].教发〔2015〕7 号，2015－10－21.

办学模式。⑤ 教学与科研：以教学为主，同时也要开展研究，但主要是开展应用性、开发性的研究①。

民办本科高校是应社会发展需求而生的，又因其"体制外"的特征，使得其"市场性"更为突出，民办本科高校要在激烈的市场竞争中生存和发展，必须走特色发展之路。"教学为主型"和"培养应用型人才"是当下民办本科高校的总体定位，这个定位决定了民办本科高校本科教学的定位，其本科教学质量的目标必然不同于其他类型的本科高校，当然，即使是同样定位在培养应用型人才的教学为主型高校，其本科教学质量目标也不尽相同，每一所教学为主型的应用型民办本科高校除了具有应用型本科院校的共性外，还应根据所在地方的经济社会发展需求，根据其本身的历史积淀和办学状况，确定各具特色的本科教学质量目标，彰显其个性特色。

第二节　全面质量管理理论

全面质量管理（Total Quality Management，TQM）是 20 世纪 60 年代出现的现代质量管理理论和方法，是继质量检验阶段（第二次世界大战之前）、统计质量控制阶段（二战开始到 20 世纪 50 年代）后的第三代质量管理理论。

一、全面质量管理的概念

20 世纪 60 年代，美国通用电气公司总裁费根堡姆（A. V. Feigenbaum）②就认识到综合的质量举措的重要性，他发现产品和服务的质量受到他所谓的 9M 因素的影响，即市场、资金、人员、动机、管理、材料、机器和机械化、现代信息方法以及不断提升的产品要求，在此基础上，他提出了"全面质量控制"（Total Quality Control，TQC）这一术语，构建了一种全新的质量管理体

---

① 潘懋元，车如山.略论应用型本科院校的定位[J].高等教育研究，2009，30（05）：35-38.
② 阿曼德·费根堡姆（Armand Vallin Feigenbaum），《全面质量控制》的作者，1961 年提出"全面质量管理"的概念。

系,即全面质量管理。1961 年他在《全面质量管理》一书中首先提出了"全面质量管理"的概念:"全面质量管理是为了能够在最经济的水平上,并考虑充分满足用户要求的条件下进行市场研究、设计、生产和服务,把企业内部各部门研制质量、维持质量和提高质量的活动构成一体的一种有效体系"①。他认为:首先要考虑成本和用户需求,离开成本谈需求是没有意义的,质量应当是"最经济的水平"和"充分满足用户要求"的完美统一。其次,质量管理涉及市场研究、设计、生产、服务全过程,不仅仅是产品的制造过程。再次,质量管理要运用多种方法和手段,单一的统计方法是不行的。最后,质量管理要调动企业内部各部门人员的积极性,需要全员全过程参与。

　　费根堡姆的全面质量管理思想提出来以后,以戴明为代表的一批援日专家首先把全面质量管理思想从美国引入日本,并在日本企业中宣传和推广,使日本企业取得了巨大的成功,赢得了"日本制造"的世界美誉。20 世纪 80 年代,全面质量管理(TQM)迅速风靡美国和全世界,得到了全世界的广泛认可。全面质量管理理论经戴明②、朱兰③等一大批管理学家的发展,逐渐形成了一个丰富的理论体系,也形成了一套以质量为中心的、综合的、全面的管理模式。

二、全面质量管理的基本方法和工作程序

　　在费根堡姆思想的基础上,美国质量管理学家戴明提出了全面质量管理的基本方法和工作程序,即"PDCA 循环",也称"戴明环"。他认为质量管理工作流程就是计划(Plan)、实施(Do)、检查(Check)、处理(Action)四个阶段周而复始地进行。PDCA 四个阶段又可以分为八个步骤④,如图 5-1 所示。

---

① [美]费根堡姆.全面质量管理[M].杨文士,译.北京:机械工业出版社,1994:24.
② 爱德华兹·戴明(W. Edwards. Deming),戴明学说简洁易明,其主要观点十四要点(Deming's 14 Points)成为 21 世纪全面质量管理(TQM)的重要理论基础。
③ 约瑟夫·莫西·朱兰(Joseph M. Juran),质量管理专家,因朱兰"质量管理三部曲",即质量策划、质量控制和质量改进而闻名。1951 年出版《质量控制手册》。
④ 百度文库.PDCA 循环的四个阶段八个步骤[OB/01]. https://wenku. baidu. com/view/8ce8c71552d380eb62946d8c.html,2019-03-20.

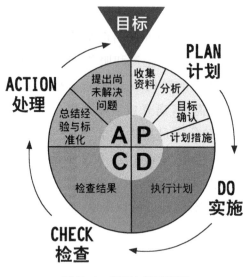

图 5-1　PDCA 管理循环

第一阶段是计划阶段（Plan），就是围绕目标的实现，制订相应的工作计划。而要制订一个好的计划，一般要经过四个步骤：第一步，全面收集整理与实现"目标"有关的各种资料和信息，获得的信息越充分、越全面，制订的计划可行性就越强；第二步，对收集的资料、信息和数据进行整理和分析，找出存在的质量问题，分析产生问题的原因；第三步，针对质量现状、问题和原因，确定计划与行动的目标；第四步，制定行动计划，明确相应的措施。在进行第四步时，一般要理清"5W1H"问题，即制定这些措施的原因（Why）、采取这些措施要达到的目标（What）、在什么时间执行（When）、到哪儿去执行（Where）、由谁去执行（Who）、用什么方法执行（How）等六个问题。第二阶段是实施阶段（Do），对应第五步，即执行计划。第三阶段是检查阶段（Check），对应第六步，即检查评估计划的执行效果。通过各种检查与评估，将实施的结果与计划中预定目标进行对比，如果发现偏差，就要认真分析产生偏差的原因。第四阶段是处理阶段（Action），这一阶段主要包括两个步骤，即第七步和第八步。第七步是总结经验与标准化。通过第六步的检查与评估，对行之有效的措施和方法及时进行总结，并通过制定相应标准和制度等形式加以固化，为今后的工作提供借鉴。第八步是针对尚未解决的问题和产生的偏差，制定相应的整改措施，在下一个循环中进行改进。第四个阶段是整个 PDCA 循环的关键，因为这一阶段是总结经验、修订制度、制订标准的阶段，也是吸取教训、找出差距、制订整改措施的阶段，是下一个更高循环的基础。

三、ISO9000 质量管理体系

费根堡姆的全面质量管理思想的不足是缺乏统一的标准和对企业质量

进行具体评价的能力,无助于国际间的贸易和经济技术合作。全面质量管理从一种管理哲学发展到具体操作层面,再到进行规范化、程序化运作的阶段,是从 1987 年国际标准化组织(ISO)把全面质量管理基本内容和要求加以标准化,并颁布了 ISO9000 系列标准开始的。

ISO9000 质量标准体系全面吸收了全面质量管理的理念,提出了以顾客为关注焦点(强调顾客的需求,高质量就是顾客的高满意度)、领导作用(强调领导在推进质量管理中的作用)、全员参与(强调质量管理人人有责)、过程方法(关注输入、生产、输出全过程)、管理的系统方法(质量管理要运用多种方法)、持续改进(质量管理的目的)、基于事实的决策方法、与供方互利的关系等八项质量管理基本原则[①]。将应用于企业的 ISO9000 族质量标准体系引入教育领域,在世界范围内已有尝试,如美国在 20 世纪 90 年代就有几百所高校采用该标准建立了质量保障体系。我国有一些学校或教育机构也相继通过了该质量认证,如大连海事大学、上海海运学院、集美大学航海学院、河北大学等。然而,ISO9000 族质量标准体系毕竟主要是针对企业的,而企业的认证体系与指标很多是不能直接适用于培养人的教育领域的,必须要进行改造,建立起适用于学校的一套质量标准体系。但其八项质量管理原则和质量保证体系的框架是值得高校在建立教学质量保障体系时加以借鉴的。

四、全面质量管理的基本原则

2000 版 ISO9000 标准在总结各国质量管理活动和质量管理专家智慧的基础上,提出了全面质量管理的八原则;美国卓越绩效准则中提出了追求卓越绩效应遵循的十一条核心价值观。但无论用何种语言,全面质量管理都离不开以下三大基本原则:

1. 聚焦于顾客和利益相关者

顾客和利益相关者是质量好坏的首要判断者。质量管理的目标就是最大限度地满足顾客和利益相关者的需要。顾客在选择、购买、使用和接受服务的过程中会涉及很多方面的因素,这些因素均会影响到顾客的价值判断

---

① 吴霓.学校教育管理实施 ISO9000 族标准的研究与实践[M].北京:教育科学出版社,2006.

和满意度。因此,作为企业,不仅要根据产品本身规格描述生产出达标的产品,减少次品或废品,而且还要接待顾客,向顾客介绍产品,或处理顾客投诉。更重要的是,企业需要深入了解顾客的需求,设计和生产出能够让顾客欣喜或满意的产品,并且能够根据顾客需求的变化,及时动态地调整产品或服务特性,以最小的成本满足或超越顾客的期望。另外,员工和社会代表着重要的利益相关者。注重全面质量管理的组织必须展示出对雇员的承诺,提供发展和成长的机会,提供正常的薪酬系统之外的认可,分享知识并鼓励冒险。将社会视为利益相关者是世界级组织的特征,企业伦理、公众健康安全、环境以及社区和专业支持都是企业社会责任中必须包括的内容。

2. 强调组织中每个成员的参与和团队合作

在一个组织中,对于产品质量的好坏,尤其是生产产品的各个环节的状况和应该如何加以改进等方面,最清楚的就是处于该生产链和生产过程中实际从事这项工作的人。基于这样的认识,要抓好质量管理,应当允许组织中的每个成员参与到质量建设过程及其决策过程中,参与的形式可以是个人直接参与、团队参与或推选代表参与,总之,要鼓励全员参与质量管理和决策。另外,还要强调组织成员的团队合作,相互配合十分重要。团队合作还需要关注顾客—供应商关系,鼓励全体员工来发现系统性的问题,尤其是那些跨部门的问题,这些都有助于持续改进产品质量。

3. 坚持过程导向和持续改进

旨在实现某种结果的一系列活动便称为一个过程。全面质量管理强调过程导向,不但注重过程管理,还注重组织活动中涉及跨越传统组织边界的过程,这些过程将所有必需的活动连接起来,提高组织成员对整个系统的全面认识,改变只看到某个局部的现象。坚持过程导向就是质量管理必须要关注全过程,而不是只关注局部。持续改进是全面质量管理的重要思想。持续改进不仅包括细小的逐步的改进,也包括突破性的巨大而快速的改进。持续改进的基本方法和程序就是 PDCA 循环。麻省理工学院的教授彼得·圣吉(Peter Senge)强调:"长期来看,卓越的绩效取决于卓越的学习。"[①]建立

---

① Peter M. Senge, The Fifth Discipline: The Art and Practice of the Learning Organization (New York: Doubleday Currency, 1990), 14.

学习型组织，以"学无止境"的态度对待质量管理，不断总结和反思，并不断修正工作计划和方案，从而实现持续改进。

五、全面质量管理的基本要求

根据我国企业全面质量管理的实践，我国的质量管理专家总结了"三全一多"的基本要求。

1. 全过程的质量管理

产品质量从市场研究到设计，再到生产、销售和服务，是由多个相互联系、相互作用的环节构成的，每一个环节都会对产品质量产生影响，因此，质量管理不光是生产制造过程，还要抓好其他各个环节。要着眼于质量形成的全过程，实时监控质量生成的各个环节和各个要素，构建一个贯穿全过程的综合的质量管理体系，有预防、有检验、有改进。

2. 全员的质量管理

产品或服务质量是企业各部门、各环节工作质量的综合反映，组织中任何一个人的工作都会不同程度地直接或间接影响产品或服务的质量。因此质量管理需要激发全体员工参与的积极性，让每个员工都为质量负责。首先，要加强对员工的教育和培训，提升员工的质量意识，让每个员工都明白，自己在产品或服务质量形成中的作用，切实负起责任。其次，要对员工授权赋能，发挥员工的聪明才智，使员工能主动去发现问题，改进问题。再次，要照顾好自己的员工，进而才能照顾好顾客。最后，要鼓励团队合作，各部门与各环节之间加强沟通协调，确保整体质量。

3. 全组织的质量管理

全组织的质量管理其实就是上下层级之间与同级部门之间的质量管理。从纵向上说，全组织的质量管理就是要求组织各管理层级都有明确的质量管理活动内容，各层级的质量管理职责要明确，比如上层管理重决策，中层管理重执行，基层管理重落实。从横向上说，全组织的质量管理就是要求各职能部门与各环节之间既要充分做好本职工作，各司其职，又要加强沟通与协调，使组织的研制、维持和改进质量的活动构成一个有效的整体。

4. 多方法的质量管理

影响产品或服务质量的因素多种多样，各环节产品或服务质量的表现也各不相同,随着科技的发展,对产品质量和服务质量提出了更多更高的要求,要更好地检测、控制这些影响因素,必须灵活、广泛地运用多种多样的现代化管理方法和手段。当前,全面质量管理中常常使用的工具和方法主要有七种:统计分析表法和措施计划表法,排列图法,因果分析图法,分层法,直方图法,控制图法,散布图法。此外还有六西格玛法、业务流程再造等新方法。

20世纪80年代以来,高等教育质量成为世界高等教育改革的中心议题。从20世纪80年代末开始,许多高校开始尝试把企业的全面质量管理的理念和方法应用到学校的质量管理中来,逐步掀起了一场世界范围的高等教育质量保障运动。全面质量管理的思想和理念,给高等教育质量保障体系的建设奠定了理论基础。

第三节 产出导向教育理论

产出导向教育(Outcome-Based Education,OBE),又被称为成果导向教育,是一种先进的教学理念。20世纪80年代美国等西方国家受经济危机的影响,公共财政缩紧,社会公众开始关注高等教育经费支出及其效益,更加关注教育投入的回报与实际产出的现实需要,成果导向教育就是在这样的背景下产生的。1981年美国学者 William G. Spady 在其著作 *Outcome-based Instructional Management: A Sociological Perspective* 中最早提出了这个概念,后来其又多次撰文对OBE理论进行阐述。1985年美国医学院协会发表了一份以职业需求为导向的医生职业发展报告,里面蕴含的产出导向教育理念迅速获得了广泛重视和应用。经过几十年的发展,OBE的内涵越来越丰富和完整。美国工程教育认证协会全面接受了OBE的理念,并且从2000年开始,把OBE理念贯穿在工程教育认证的始终。2013年6月,我国成为《华盛顿协议》签约成员,我国的工程教育质量认证也全面吸纳了OBE的理念。

一、产出导向教育的概念

产出导向教育(OBE)理论的核心思想有三个:产出导向、以学生为中心和持续改进。这也是工程教育认证的三个基本理念。美国学者 William G. Spady 在其著作中对 OBE 概念进行了界定，他认为，"产出导向教育（OBE）系指在一个教育系统中精准聚焦使所有学生在其学习经历结束时能够把事情做成功的基本要素，并围绕这些基本要素组织所有教学活动。"[①] 他认为，教育者首先要清楚地知道学生能够做什么，然后再去组织课程、教学和评估，以确保最终学习成果的实现。产出导向教育的关键是开发设计一系列的学习产出（Learning Outcomes），在教育系统中创造条件和机会，鼓励所有学生去实现这些基本产出（成果）。

二、产出导向教育理论的主要内涵

为了使大家更好地理解和实施产出导向教育，OBE 的提出者 Spady 在其 1994 年的著作中提出了 OBE 金字塔结构，形象地把产出导向教育分为五个方面：一个操作范式、两个关键目的、三个关键前提、四个操作原则和五个实践步骤[②]。

1. 一个操作范式（Paradigm of Operating）

"一个操作范式"意为在实施 OBE 伊始就要有一个愿景和框架。OBE 秉承这样一种观点，即学生学习什么和是否成功比何时以及如何学习更重要。从更广泛的角度来看，学校教育的定位需要一个根本性的转变，即学校如何运作，使"取得产出"比简单地"提供服务"更重要。在 OBE 范式中，隐含的目标是使所有学生都能成为真正成功的学习者。

2. 两个关键目的（Two Key Purposes）

"两个关键目的"反映了其"使所有学生和员工取得成功"的基本理念，一是确保所有学生在完成学业后都具备成功所需的知识、能力和素质；二是组织和运营学校，使所有学生都能最大化获得这些产出。

3. 三个关键前提（Three Key Premises）

两个关键目的的实现取决于"三个关键前提"，即：① 所有的学生都可

① Spady，W. G. *Outcome-Based Education: Critical Issues and Answers* [M]. American Association of School Administrators. Arlington，Va.1994：1.

② Spady，W. G. *Outcome-Based Education: Critical Issues and Answers* [M]. American Association of School Administrators. Arlington，Va.1994：1 - 24.

以学习和成功,但不是在同一天内、以同样的方式;② 成功的学习会促进更成功的学习;③ 学生学习是否成功受到学校的工作与条件的直接影响。

4. 四个操作原则(Four Operating Principles)

四个操作原则是 OBE 的核心,几方面共同作用,构成了学生和教师取得成功的条件。

(1) 精准聚焦原则(Clarity of Focus)。即要把重点放在所有学生在其学习经历结束时能够把事情做成功的基本要素上(即知识、能力、素质的基本要求等)。这一原则是四个原则中最重要和最基本的,是整个产出导向教育实施的基础。第一,这些基本要素明确后有助于教师构建一个学生学习发展的蓝图。第二,这些事先明确的基本要素是教学计划和学生是否成功的评估标准。第三,对这些基本要素的清晰描述是课程、教学、评估计划和实施的起点,所有这些都必须与目标结果完全匹配(或一致)。第四,课堂教学过程从第一天开始,学生和老师作为合作伙伴共同努力,一天一天逐步实现一个可见和明确的目标,也充分体现了 OBE 的"产出导向教育"理念。

(2) 扩大机会原则(Expanded Opportunity)。即扩大学习成功的机会并提供支持。OBE 理念中的机会可以从时间、方式方法、操作原则、考核标准、课程设置与结构五个维度来理解。学校和教师要为学生的个性化发展提供条件和帮助,不要求所有的学生都在同一时间和以同一种方式完成学习,学得快的同学可以加快进度,学得慢的同学也可稍慢一点,在允许的范围内为学生留出足够的学习时间和提供支持的教学时间,对学生的考核标准也可以不一样,要用弹性的方式和时间安排(如自己选择课程、授课教师、上课地点、上课时间等)支持学生的个性化发展。

(3) 高期望原则(High Expectations)。即对所有人成功的高期望。高期望意味着提升学生面临的挑战的水平,提高他们必须达到的称之为"完成"或"成功"的可接受的表现标准。首先,提高学生已完成或已通过工作的标准,使学生的最低标准逐步提高。其次,采用基于标准的系统,给每个学生都能够或应该成功的期望。最后,淘汰低水平的课程,增加高水平的课程,鼓励学生在更具挑战性的学习水平上取得更高的成绩。

(4) 反向设计原则(Design Down)。即从学生的最大可能实现的最终产出出发,反向设计课程和教学计划。反向设计原则将产出分成三类:最终产出(希望所有学生在正式学习经历完成后能够做什么,如培养目标与毕业要求)、使能产出(是实现最终产出的基石,如阶段性产出、课程产出)、离散产出(对最终产出的实现并不重要的产出)。反向设计有两条"黄金法则":第一,从重要的最终产出开始设计,以确定它们所依赖的使能产出;第二,替换或删除对最终产出不重要的使能组件的离散产出。第一条规则要求从终点出发来确定需要建立哪些关键组成部分和学习的构建模块(课程模块),以便学生能够成功到达终点。第二条规则要求教育者必须愿意替换或消除其现有计划中并非真正有利于实现产出的部分。因此,设计过程中的挑战既有技术上的——确定真正构成最终产出的基本要素;也有情感上的——让员工愿意消除熟悉、喜爱但不必要的课程细节。

5. 五个实施步骤(Five generic Domains of Practice)

五个实施步骤分别是定义产出、设计课程、实施教学、记录产出、确定进步。

第一步,定义产出(Define Outcomes)。最终学习产出既是 OBE 的终点,也是其起点。OBE 首先要确定学习产出,学习产出表述要清晰可检测,最终学习产出的确定要充分考虑学生、家长、教师、学校、政府、用人单位等利益相关者的要求与期望。

第二步,设计课程(Design Curriculum)。学习产出就是知识、能力和素质的习得,而这些产出的获得都依赖于课程学习。因此,课程体系构建对学生最终达成学习目标、实现产出至关重要。在设计课程体系时,每一种知识、能力和素质都应该有相应的课程支撑,每一门课程具体介绍哪些知识、培养哪些能力、提升哪些方面的素质都要明确,使学生学完课程后就能达到预期的目标。

第三步,实施教学(Deliver Instruction)。OBE 更重视学生的"学",而不是教师的"教",强调个性化学习,每个学生的学习内容可以不一样,学习进度可以不一样,学习时间可以不一样,学习产出的获取方式可以不一样,强调因材施教。教师的作用是为学生的学习创造条件和机会,为学生的个性化学习提供咨询和服务。教师要准确把握每名学生的学习基础、学习目标和学习进程,制定不同的学习支持方案,为学生提供不同的学习机会和条件。

第四步,记录产出(Document Results)/自我评价。OBE 的教学评价聚焦在学习产出上,学生和教师要及时记录学习产出,并进行自我评价。OBE 不强调学生之间的比较,而更强调对自我的挑战。教师对学生的评价采用多元和多梯次的评价标准,不拘泥于学生取得产出的时间和方式,更强调达成学习产出的内涵和个人的学习进步,根据学习目标的达成度,做出相应的等级评定。教师要对每个学生进行针对性评价,及时掌握学生的学习进度和状态,适时改进教师的教学和学校的管理。

第五步,确定进步(Determine Advancement)/持续改进。学生为达成最终的学习产出,确定了不同阶段的学习目标,这些从低到高、从初级到高级的目标形成了学习发展的蓝图,学生结合不同阶段所取得的产出,对照"蓝图"进行自我评价,清楚掌握自己的进步状况,对自己的学习方式、方法、进度等进行适时调整,持续改进,从而一步一步实现最终的目标。

三、产出导向教育理论的应用

产出导向教育理论(OBE)经提出后,在美国、德国、英国、加拿大等多个国家进行了多年的实践,已经成为国际上的一种先进的教育理念,国际工程联盟(IEA)的三大协议(《华盛顿协议》《都柏林协议》《悉尼协议》)和欧洲工程教育专业认证体系(EUR - ACE)的质量评估实践全面采纳了这种理念,质量评估的重点从关注教育投入转移到对关注教育产出(成果)的评价上。国际高等教育质量保障联盟、欧洲高等教育质量联盟也把"学习产出"或"毕业生能力"作为高等教育质量评价指标体系的重要指标之一,并把学生和用户的"两个满意度"作为评价的重要支撑依据。我国于 2013 年成为《华盛顿协议》的正式签约国,至今已有上百所高校数百个工科专业自愿要求接受工程专业认证。我国制定的国际实质等效的,基于产出导向的质量认证标准,极大地调动了高教战线对工程教育改革的热情,极大地促进了工程教育质量的全面提升。

联合国教科文组织 1998 年 10 月召开的首届世界高等教育大会《宣言》中明确指出"高等教育需要转向'以学生为中心'的新视角和新模式,国际高等教育决策者应把学生及其需求作为关注的重点,把学生视为教育改革的主要参加者",并预言"'以学生为中心'的新理念必将对 21 世纪的整个世界高等教育产生深远的影响"①。2009 年 7 月,联合国教科文组织召开的第二届世界高等教育大会又向国际社会发出倡议,希望建立完善的质量保障体系和培育大学质量文化。

我国近 20 多年来一直重视高等教育质量,1994 年开展了合格评估,1996 年对其开展了优秀评估,1999 年开展了随机水平评估,2003 至 2008年,开展了首轮高校教学工作水平评估,共有 589 所普通高校接受了水平评估。这些评估在促进政府和高校加强教学投入、改善教学条件、规范教学管理、深化教学改革和全面提高人才培养质量方面起到了不可替代的作用。经过这么多年的努力,高校"教"的方面与条件已经有了极大的改善,教学资源也大为丰富,但不足的是"学"的方面还非常不够,继续深化高等教育质量建设,需要以"学"为中心,更多地关注学生、关注学生的学习,以提高教学质量。2011 年教育部印发的《关于普通高等学校本科教学评估工作的意见》,全面阐述了新时期我国高等学校本科教学评估的目的、意义、原则、内容和基本要求,形成了"高校自我评估、院校评估(合格评估与审核评估)、专业认证与评估、教学基本状态数据常态监测、国际评估"的"五位一体"评估制度。在专业认证、合格评估与审核评估中,明确把 OBE 理念(核心是"学生中心、产出导向、持续改进")作为质量评估的基本理念。外部质量保障体系的建立和完善必然对高校内部质量保障体系的建立和完善起到十分重大的指导和促进作用。

---

① UNESCO. Higher Education in the Twenty-first Century [EB/OL]. (1998 - 10 - 09) [2015 - 05 - 30]. http://www.unesco.org/education/educprog/wche/eng.htm.

第六章
民办本科高校教学质量保障体系的构建

　　高校内部质量保障体系的核心是教学质量保障体系,正如人才培养职能是高校最主要的职能。就教学质量而言,高校并没有公办与民办之分,更没有民办高校的教学质量就一定不如公办高校之说,民办高校的教学质量完全可能超越公办高校的教学质量。然而,不同层次、不同类型的高校因为办学定位与办学目标的不同,对于人才培养的质量标准便会不同,其质量保障体系也必然会有所不同。即使是同一层次和同一类型的高校,因为其办学基础、办学条件、办学体制、办学特色等不同,其教学质量保障体系也会有所不同。但个性之中蕴含着共性,本章针对民办本科高校这一特定类型的高校,探究其教学质量保障体系的共性,并试着构建起能够在理论上立得住脚,在实践中可以尝试并产生实际效用的教学质量保障体系。

第一节　民办本科高校教学质量保障体系的构建原则

　　根据高等学校教学质量保障体系建设的有关理论,结合民办本科高校办学的实际,确定民办本科高校教学质量保障体系构建的四个基本原则,具体如下:

一、以学生为中心原则

以学生为中心的教育思想古已有之,然而"由于班级教学制的提出、工业革命的影响、中国的特殊国情等原因,近代以来的教育逐渐偏离了'以学生为中心'"[①]。随着互联网和信息技术的发展,学生学习的途径和方式越来越多样化,使学习可以不受时间、地点和条件等制约,学生的学习自由度和选择权得到了最大化的体现。建构主义理论认为,学习是一个意义建构的过程,是学习者通过新、旧知识经验的相互作用来形成、丰富和调整自己的认知结构,从而实现"不断生长"的过程。学习成果不是教师"教"出来的,而是学生自主建构的结果。在教学过程中,如果学生不想学,教师教得再好也没有效果,不是"有所教必有所学",更不是"老师教多少学生就学多少",因此,教学过程只是教师帮助学生学习的过程[②]。翻阅众多的关于教学质量保障体系的研究文献,大多还停留在制度、规范、评估与测量的层面,只是把传统的教学管理工作按一定的逻辑"串联"起来,缺少新的教育理念与思想的灵魂,更多的还是强调教师怎么"教"以及"教"的条件建设,很少有从学生"学"的方面去思考应如何保障的。因此,当下教学质量保障体系的建设要坚持"以学生为中心"的理念,实现以"教"为中心向以"学"为中心转变,从保障教师的"教"及其条件建设转向保障学生的"学"及其学的条件建设上来。

二、产出导向原则

产出或成果,对应的英文为"outcomes",指的是"student learning outcomes",也就是学生学习产出。美国教育评价标准联合委员会(JCSEE)认为,"学生学习产出是对学生特定学习的期望,即学生在特定的学习、发展及表现等方面将会获得的各种结果。也就是说,学生学习产出描述了我们对学生学习的期待——学生在完成课程、专业等学习或取得学位之后,应该知道什么、理解什么,以及运用所学知识能够做些什么,通常包括:知识与

---

① 刘献君.论"以学生为中心"[J].高等教育研究,2012,33(08):1-6.
② 刘小强、蒋喜锋.学生学习视野中的高校教学质量建设研究[J].教育研究,2012,33(07):77-81.

理解力（认知）、实际技能（技能）、态度与价值观（情感）及个体行为"①。产出导向是目前专业认证中的重要理念，它着眼于每个学生的成功，因材施教，根据社会需求确定学生的毕业要求，并依此反向设计课程和教学计划，使学生由低到高，不断改进和提升，逐步实现最终目标。坚持产出导向原则，就是教学质量保障体系建设要以产出导向教育理论为指导，以学生为中心，关注学生的学习产出（成果），给学生的学习创造良好的条件。

三、全员参与原则

高校教学质量涉及学生、教师、学校管理者、家长、用人单位、政府等众多利益相关者。民办本科高校教学质量保障体系的建设要坚持全员参与原则，一方面是指要充分发挥这些利益相关者的作用，使这些利益相关者都成为教学质量保障体系的责任主体。而另一方面，对于一所民办本科高校的教学质量保障体系建设而言，全员参与原则更是要求学校各个职能部门及其管理干部和管理人员、各个教学单位的管理者、教师和学生，要全员、全方位、全过程参与教学质量保障体系的建设。教学质量保障体系是一个大系统，而系统的运行是要由"人"来推动的，因此，学校要树立"教学质量人人有责"的观念，激励每个教职员工参与并按照教学质量保障体系的要求去实现教学质量。

四、持续改进原则

构建教学质量保障体系的目的就是实现教学质量的持续改进。ISO 质量标准中"持续改进"的定义是"增强满足要求的能力的循环活动"②。要达到满足顾客（学生、用人单位等）要求、增强顾客满意度的目的，就需要学校做出努力，持续提高自身组织及全体教职员工的能力，以不断增强竞争优势。同时我们还要认识到顾客与其他利益相关者的需求和期望是在日益增长的，要持续达到满足顾客要求、增强顾客满意度的目的，并持续增加利益

---

① 黄海涛.学生学习成果评估：美国高等教育质量保障研究［M］.北京：教育科学出版社，2014：35－36.

② 吴霓.学校教育管理实施 ISO9000 族标准的研究与实践［M］.北京：教育科学出版社，2006.

相关者满意的机会,民办本科高校要持续改进自身及全体教职员工的工作,提高教育教学服务的质量,并把它作为质量保障体系的追求。持续改进是永无止境的。教学质量保障体系就是要利用质量目标、质量标准、内外部评估、数据分析、纠正和预防措施以及各类管理评审活动等评价的结果及其决定采取的措施,促进学校教学质量保障体系的持续改进,从而不断提升教学质量。持续改进的可能和机会是无处不在的,在建立、实施、保持和持续改进教学质量保障体系的过程中要坚持不懈,持续不断地开展下去,把它作为学校永恒的追求。

第二节　民办本科高校教学质量保障体系的组织设计

教学质量保障活动的有效开展,必然需要有一个稳定的组织架构来支撑。教学质量保障体系的构建必然离不开教学质量保障体系的组织设计。组织是由两个或两个以上的个体为了实现共同的目标而结合起来的一个社会体。组织成员、组织目标、组织结构是组织的三个基本特征,组织成员要实现共同的组织目标,必须要有相应的组织结构保证。组织结构是为了实现组织目标,在统一指挥和分工协作的基础上建立起来的责权关系。而不同的高校有不同的办学愿景和使命与不同的战略目标,因此,其实现战略目标的组织结构必然也会不一样。教学质量保障体系要有效运作必须建立相应的教学质量管理组织。本节主要介绍民办本科高校教学质量保障体系组织设计的一套完整方案。

一、按质量生成过程设置必要的职能部门

每个高校从成立开始一般就已经设置了相应的职能部门,比如教务处、学生处等。但从质量保障体系建设的角度来说,有的学校是自觉运用组织结构的理论进行组织结构设计,而有的学校则是不自觉地运用。尤其是民办本科高校,常常是凭校长的经验设置职能部门,更多从民办本科高校成本

与效益的角度深入考量,较少从教学质量保障体系建设的角度去考量。这里,我们主要是提供一个从教学质量保障体系建设的角度去进行学校的职能部门设置的思路。这个思路便是模仿工业产品的质量生成过程,按人才"产品"质量的产生、形成和实现过程的质量管理来设置必要的职能部门。每所民办本科高校都已存在一定的组织结构,在建立和实施教学质量保障体系的过程中,要根据教学质量管理体系所必需的过程和要求,进行一次职责、权限和相互关系的再确定工作。

工业产品的质量生成过程可分为以下几个过程:一是营销部门根据市场需求提出新产品,明确新产品的原设计及各种可靠性参数(即功能与特性);二是设计部门根据营销部门提出的产品及其功能需求设计新产品,设计加工制造工序及初始成本,制定质量标准(新设计控制);三是采购部门根据新产品设计所需采购材料与零部件(进厂材料控制);四是生产部门按照设计好的加工制造工序进行生产(产品控制);五是销售部门销售合格产品并进行售后服务(售后控制)。

我们模仿工业产品的质量生成过程,把人才培养看作生产人才"产品",第一个过程就是新产品原设计(规划)过程。主要任务是开展市场需求调研,做好专业设置规划与人才培养目标定位,可设置发展规划处。第二个过程是新产品设计过程。主要任务是制定专业标准与课程标准,可设置教务处(教学科)。第三个过程是采购生产材料。主要任务是招生,用最经济的成本招收到尽可能优秀的学生,可设置招生办公室。第四个过程是生产过程。主要任务是培养人才。这个过程里要请最有经验的"师傅"、利用较好的"机器设备"、创造最好的"生产环境"进行生产。可设置二级学院和教务处、学生处、人事处、设备处、后勤处等职能部门。第五个过程是销售,可设置就业指导处。

二、明确各职能部门的质量职责

人才培养是高校首要和核心的职能,高校里设置的每一个组织都要为人才培养服务。按照全面质量管理的理论,教学质量保障体系是一个全员、全方位、全过程参与的体系。质量组织的任务就是使教学质量保障体系运转起来,并把学校的全体人员纳入教学质量保障体系的框架之中,即"质量管理，人人有责"。

首先要明确教学质量第一责任人意识。对于整个学校来讲，校长是教学质量的第一责任人；对于一个二级学院来讲，院长是教学质量的第一责任人；对于一个职能部门来讲，部门的负责人是教学质量的第一责任人。实际上这遵循一个逻辑：就是学校领导班子承担基本的质量职责，是教学质量保障体系的核心，然后把质量职责的一部分下放给一些职能组织，比如教务处、学生处、人事处、后勤处、财务处以及质量控制等部门，另一部分下放给各个二级学院。当然，随着经济社会和科技的发展，所有这些部门之中的每一个工作人员对人才培养所要承担的主要职责也在不断增加。

其次要明确设计与规定各职能部门和学院所要承担的教学质量职责。比如，教务处要承担教学管理和运行的职责；学生处要承担学生思想教育、生活指导等职责；人事处要承担教师引进与培养职责；后勤处要承担教学条件建设和完善的职责；财务处要承担各项教学经费支持职责等。

三、设置一个综合的质量管理机构

"质量管理，人人有责"往往最终会变成"质量管理，无人负责"。在企业的质量控制体系中还有一个"专题研究"的过程，这个过程是为了确定产生废品或不合格品的原因，查明改进质量特性的可能性，以及确保持久而全面地执行改进措施和纠正措施而进行的调查研究和试验，在企业里一般设置质量控制部门来负责这项工作。对于高校也一样，有必要专门设置一个综合性的质量管理机构来帮助和衡量各职能部门和学院的教学质量职责。

目前民办本科高校的规模均比较大，学校领导虽然作为教学质量保障体系的核心，但不可能把自己作为一个综合性机构来独立行动，所以要设置一个组织机构，作为全面质量管理的枢纽点，用来提供合乎要求的综合控制。设置一个诸如教学质量监控与评价中心的质量管理机构，并不是解除学校其他部门和人员所应承担的质量职责，因为他们最有资格履行这些职责。设置综合的质量管理机构的目的是协调分散在各部门各学院的有关质量建设的工作，通过这种组织机构的综合和控制作用，使教学质量保障体系有了一个组织机构的核心,使得学校整个质量管理的效果实现"1+1＞2"的效应。

综合的质量管理机构一般有三个职责:一是对学校的人才培养工作、成本控制、质量计划等方面作出重大的和直接的贡献,而不仅仅是质量问题出现后才反映问题的质量管理;二是加强对于专业设置与质量标准制定、招生、人才培养过程、就业指导等全过程的教学质量保障体系建设的领导;三是依靠一定的技术(如问卷、统计分析、管理软件等)来开展主要的质量评价和控制活动。

四、理清各部门质量职责的相互关系

全校有那么多具有质量管理职责的职能部门,如何协调各部门以形成高度的合作便成为教学质量保障的重要问题,我们可以建立一张质量管理关系表来分清个人的或部门的主要活动领域及其相互关系。如表6-1所示(仅为举例),表格第一列是各种教学质量保障活动,表格横向列出了各个职能部门和学院,表格中的数据主要表明各职能部门在相应教学质量保障活动中的参与度要求,其中"R"代表的是"责任者",即这项活动应该由该部门负责,由该部门牵头落实;"C"代表的是"必须参加",即这项活动该部门是必须参与的,并且要承担相应的质量职责与工作任务;"M"代表的是"可以参加",即这项活动该部门根据需要可以参与,但不承担主要质量职责;"L"代表的是"了解情况",即对这项活动,该部门是需要了解情况的,以便掌握相应的信息,避免信息不对称而造成有关工作的失误。

表6-1 各部门质量管理关系表

职 责 范 围	校领导	发规处	教务处	学生处	人事处	设备处	财务处	招生处	就业处	质量管理部门	各学院
社会需求调研		R	C	M			M	C	C	C	C
规划专业布局	R	R	C		C		M	C	C	C	C
制定专业与课程标准	R	M	R	M	M			M	L	C	C

续　表

职责范围	校领导	发规处	教务处	学生处	人事处	设备处	财务处	招生处	就业处	质量管理部门	各学院
教学条件建设	R		C			R	C			C	C
师资队伍	R		C		R		C			C	
设计质量体系	R	C	C	C	C	C	C	C	C	R	C
收集质量信息										R	
质量信息反馈		L	C	C	C	M	L	C	R	C

其中：R——责任者　C——必须参加　M——可以参加　L——了解情况。

五、完善教学质量保障的组织结构

教学质量保障组织功能的发挥取决于组织结构，按照组织结构理论，一般有直线职能制、事业部制、矩阵制等组织结构。目前高校一般都有成熟的直线职能制组织结构，教学质量保障体系的组织不可能脱离这样的组织结构而另起炉灶。事实上，如上文所述，各个职能部门既是学校的行政管理组织，同时也是教学质量管理组织，都担负起相应的质量保障职责。但要建设教学质量保障体系，有必要设置专门的质量管理部门来对全校的教学质量保障工作进行协调、综合和控制。这个质量管理部门应当与其他职能部门处于平级的位置，与其他职能部门一样向学校领导汇报工作，通过上层管理组织（学校领导）并借助于"各部门质量管理关系表"（见表6-1）来统筹协调和落实相应的工作职责。其作为一个质量管理的职能部门，相应地与其他职能部门一样，既是学校高层的参谋咨询部门，同时也是贯彻落实上层布置的任务的执行部门，也需要建立起自己的工作体系与网络。在设置二级学院的民办本科高校中，二级学院也应该设立相应的质量管理部门。在目前的实践中，二级学院一般也设有督导组，可以把部分质量职责集中到二级督导组，由此与学校质量管理部门建立起条线的直线职能关系，正如二级学院教务办对应学校教务处、二级学院学工办对应学校学生处一样。具体如图6-1所示。

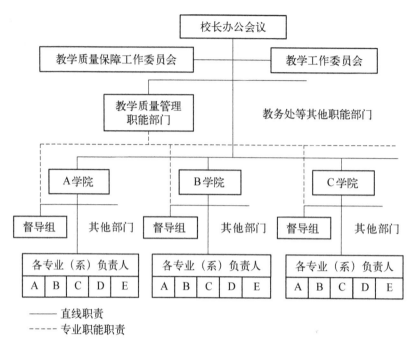

图 6-1　教学质量保障体系组织结构图

校长办公会议是民办本科高校教学质量管理的决策机构,主要依据学校的办学定位与人才培养目标进行决策。教学质量保障工作委员会与教学工作委员会是校长办公会议的决策辅助组织。教学质量保障工作委员会主要是负责对教学质量保障方面的事务进行领导与决策,比如开展教学质量评估、教学质量信息反馈、审核教学质量报告等;教学工作委员会主要是对教学建设与改革、教学的行政事务进行领导与决策。

教学质量管理部门(如教学质量监控与评价中心)是学校教学质量保障体系建设的核心机构,执行校长办公会议决定,负责拟定和协调全校各部门的质量职责,并进行监控和评价;组建校级督导工作委员会,建立校院两级督导工作机制,收集全校的教学质量信息,并及时向各部门反馈质量信息,及时指导各部门采取措施加以整改;组建教学评估专家组,开展对专业建设、课程教学、实践实训等教学质量的定期和不定期评估,对外向社会公布教学质量信息,提供质量保证,对内向教学管理部门决策提供改进意见和建议。

学校教务处是学校教学管理的核心机构,执行校长办公会议决定,负责领导和协调全校的教学管理工作。学校各职能部门在教务处的协调下各自承担自己职责内的本科教学相关管理职责(比如实验教学中心、设备处、后勤处、人事处、学生处等)。教务处直接领导各学院的本科教学管理工作。

各学院是教学(质量)管理的最基层责任部门,全面负责本学院的本科教学(质量)管理的计划、组织、领导和控制工作。

第三节　民办本科高校教学质量保障体系的基本模型

教学质量保障体系建设是一个系统工程,教学质量的生成是由方方面面的因素共同相互作用而形成的,是一个复杂的系统。就像 ISO9000 质量标准体系一样,教学质量保障体系虽然是一个庞大的复杂系统,但也必须化繁为简,建立一个易于操作的理论体系。本节以高等教育分类理论、全面质量管理理论、产出导向教育理论等理论为指导,从民办本科高校的办学定位与本科教学质量目标出发,试着建构民办本科高校的教学质量保障体系的理论模型。

一、SOAC 教学质量保障体系模型概要

教学质量保障体系是为确保并有效提高教学质量而建立的一整套系统。而"系统是由相互作用相互依赖的若干组成部分结合而成的,具有特定功能的有机整体"①。因此,教学质量保障体系要运用系统论、控制论、信息论等技术与方法,将教学质量"看作具有结构化的系统,着重分析形成教学质量的全部因素,并将这些因素按照不同的性质、功能、作用方式等加以结构化、序列化,人为构造成一种可观测、可分析、可统计、可量化、可操作和可控制的管理系统"②。

---

① 钱学森.论宏观建筑与微观建筑[M].杭州:杭州出版社,2001.
② 刘振天.系统·刚性·常态:高等教育内部质量保障体系建设三个关键词[J].中国高教研究,2016(09):12-16.

本书遵循"学生中心、产出导向、全员参与、持续改进"的四个基本原则，嵌入"戴明环"螺旋上升的改进机制，构建了民办本科高校的教学质量保障体系模型。"学生中心、产出导向、全员参与、持续改进"的英文翻译为"Student Center，Outcome-based Education，All Staff Participation，Continuous Improvement"，缩写为"SOAC"，因此，我们把该教学质量保障体系称为"SOAC教学质量保障体系"。具体模型如图 6-2 所示。

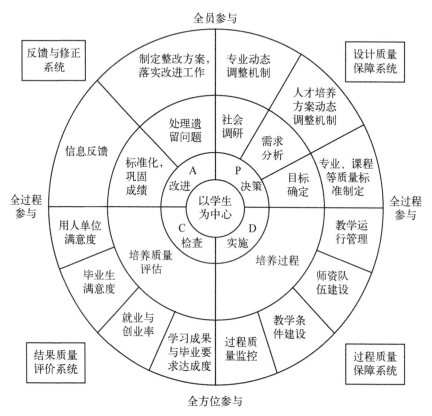

图 6-2 民办本科高校的 SOAC 教学质量保障体系模型

该体系突出"以学生为中心"的质量管理理念，强调以学生的学习产出（成果）为导向，贯彻全面质量管理理念，充分调动和发挥学校领导、管理人员、教师、学生、家长、企业等主体的积极性，全员、全过程、全方位参与教学质量建设过程，运用 PDCA 循环理论与方法，把质量生成的设计质量保障系统、过程质量保障系统、结果质量评价系统、反馈与修正系统四个子系统串成一个闭环,从而实现"持续改进"的教学质量保障体系功能。

二、SOAC 教学质量保障体系的四大子系统

SOAC 教学质量保障体系把教学质量的生成过程分为设计质量保障系统、过程质量保障系统、结果质量评价系统、反馈与修正系统四大子系统。

1. 设计质量保障系统

在经济学中有三个基本问题,即生产什么、怎么生产和为谁生产。市场需求决定生产什么,技术资源等限制条件决定怎样生产,价格则决定了为谁生产。生产什么是一个战略的问题,怎么生产是战术的问题,为谁生产则是产品分配的问题。战术出现偏差,可以进行修正,风险相对较小,但如果战略出现问题,对企业的发展可以说是致命的。因此生产什么比怎么生产更重要。对于民办本科高校建设来说也同样存在三个问题,即培养什么样的人、怎么培养和为谁培养的问题,其中培养什么样的人比怎么培养更为重要。而培养什么样的人,实际上就涉及学校的学科专业设置、人才培养目标定位等问题,是学校人才培养的顶层设计。设计质量保障系统就是为了保障顶层设计的质量,是教学质量保障的决策系统,其决策的正确与否直接决定了保障体系其他子系统和要素运行的效率。设计质量保障系统的功能主要是明确专业定位与人才培养目标,制定学科专业质量标准、课程质量标准以及各个教学环节的质量标准。

2. 过程质量保障系统

过程质量保障系统就是保障过程质量的一个系统。教学质量是在每一个教学活动的过程中形成的。"过程"在 ISO9000 族标准中的定义是"一组将输入转化为输出的相互关联或相互作用的活动"[1]。ISO9000 族标准中有一个重要原则,即"过程方法"原则,所谓"过程方法"就是"对组织内诸过程的系统的应用,连同这些过程的识别和相互作用及其管理"[1]。过程方法就是把每做一件事都看作是一个过程。我们所有的工作都是通过一个个"过程"来完成的,每一个过程一般都包括输入、活动、使用的资源、输出四个要素。

---

① 吴霓.学校教育管理实施 ISO9000 族标准的研究与实践[M].北京:教育科学出版社,2006.

教学质量是在一个个的"教学过程"中形成的,而每一个"教学过程"一般都离不开教师、教学条件、教学运行管理、过程质量监控等要素。借鉴 ISO9000 质量管理过程方法模式,建立民办本科高校的教学过程质量保障模式,如图 6-3 所示。学生的质量标准来自社会(学生、用人单位等)需求,最终的毕业生质量需要由社会(学生、用人单位等)进行满意度评价,在教学质量实现过程(即教学过程)中,需要经过"教学运行管理、师资队伍与教学条件建设、过程质量监控"等几个大的过程,而在大的过程中还会有很多中过程、小过程,这些过程相互平行或交叉运行,一个过程的输入可以是上一个或几个过程的输出,而一个过程的输出又可以是下一个或几个过程的输入,从而构成了一个教学过程网络,也就是包含了与教学质量有关的所有工作。将教学活动和相关的资源建设作为过程,实施 PDCA 模式的管理,最终得到期望的结果。

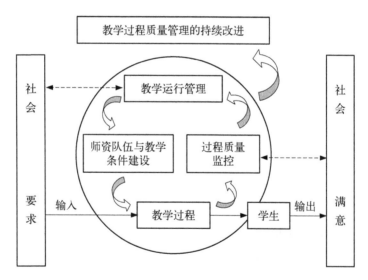

图 6-3 民办本科高校教学过程质量保障模式

3. 结果质量评价系统

结果质量评价系统是通过对本科教学产出(结果)的测量,评价教学质量、分析诊断教学质量问题,从而用于指导本科教学改革,实现教学工作的持续改进的系统。从人才培养的角度来看,高校的教学质量高不高,最终还是体现在其服务的对象——学生身上。"以学生为中心"的质量保障体系建设理念也强调以学生的学习产出(成果)作为衡量教学质量的主要尺度。学习产出或学习成果通俗地理解就是接受教学过程之后比接受教学过程之前增值的部分。增值的部分越多,说明教学质量越高,反之说明教学质量越低。如果增值的部分没有达到预定的质量标准(即底线要求),则说明教学质量没有达标,教学过程就是失败的,教学质量自然也就较差了。学习产出或学习成果的概念,其英文为"student learning outcomes",从 20 世纪 80 年代开始,随着美国"评估运动"的开展,关于对学生学习成果定义的讨论也随之兴起,到 20 世纪 90 年代,学生学习成果评估在美国高等教育质量保障体系中的地位越来越重要,对学生学习成果概念的讨论也越来越多,形成了一些极具参考价值的界定。本书中对"学生学习成果"概念的界定,主要是指学生经过某种学习(教学过程)后,知识、能力、素质等方面得以增长和提升,这种增长和提升是具体的、可测量的。结果质量评价系统中用来测量或反映教学质量的维度主要有学生学习产出与毕业要求的达成度、毕业生对教学工作的满意度、毕业生的就业与创业率、用人单位对毕业生的满意度四个方面。

4.反馈与修正系统

反馈与修正系统是实现持续改进的重要环节。这个系统的目的在于将过程质量保障系统与结果质量评价系统中的教学过程监控信息、教学目标达成度、毕业生满意度、用人单位满意度等情况,以及通过各种途径获得的质量改进建议等信息及时反馈到本科教学的各个环节和相关职能部门与院(系),督促各有关部门根据反馈信息制定整改方案,落实整改措施,责任到人,实现教学工作的持续改进。

三、SOAC 教学质量保障体系的责任主体

根据全面质量管理理论,民办本科高校教学质量保障体系的利益相关者全都是责任主体,包括学校理事会或董事会、学校领导、各职能部门及院系管理人员、教师、学生、家长、用人单位、校友等。这些责任主体都应该全过程、全方位参与教学质量的生成过程,在教学质量保障中尽到自己的责任。

民办本科高校一般都设有理事会或董事会(以下统称"理事会"),是学

校的最高决策层。理事会的理事长往往是由举办者或其代表担任的,理事长的办学理念与办学目标对学校的办学目标与定位具有直接影响,直接决定了教学质量的目标。

以校长为首的学校领导班子是学校的最高管理层,校长的办学理念、办学思路、对教学的重视程度等对教学质量的影响是全面而深入的。

学校各职能部门及院系管理人员承担着教育教学的各项管理工作,其管理的水平与能力,也必然反映到教学质量上来。

教师是教学质量生成中的主导因素,所谓"名师出高徒",教师队伍的数量、结构和质量在教学质量中起着关键性的作用。

学生是教学质量生成中的主体因素,教学质量归根到底是反映在学生身上的。因此,学生的基础和对学习的投入程度等方面在教学质量生成中起着决定性作用。

家长是教育消费的实际购买者,最为关心学校的教学质量,是学校教学质量的有力监控者。

用人单位代表社会需求,是学校教学质量的最终检验者。民办本科高校的人才培养强调以就业为导向,培养社会需要的应用型人才。因此,用人单位不应当是学校人才培养质量的"看客",而应该广泛参与到专业标准的制定、人才培养方案的制定或修订、课程设置及课程建设、实验室和实习实训基地建设、毕业生质量调查等质量保障的关键环节中。

广大校友(主要是毕业生)是学校的教学质量高低的"标签",在学校的教学质量保障体系建设中最具有发言权。校友既承载着学校的教学结果,又接受着社会实践的检验,是学校联结社会的最佳纽带,在学校教学质量保障体系建设中应当充分发挥校友的作用。

各利益相关者围绕教学质量的提升形成了质量利益共同体,一荣俱荣,一损俱损,相互之间共享权利、共担责任和结果,都是教学质量生成的责任主体,相互之间是合作而不是问责的关系。在学校的内部教学质量保障体系中,各责任主体的角色存在多元转换的现象。比如教师,既是质量的生产者,又是质量的监控者;既是评课、评教中的评价者,也是被评价者;既是质量标准的参与制定者,也是标准运用的实践者;等等。因此,教学质量保障体系建设要把各责任主体都吸纳进来,实现全员、全过程、全方位参与教学质量保障体系建设的局面。

四、SOAC教学质量保障体系的改进模式

产品质量是设计和加工制造出来的，而不是由检验或规劝就能达到的。因此，本科教学质量最终是在设计与教学过程中产生的。所有组织机构都要围绕"设计与教学过程"相互合作并发挥相应的作用。要树立"以学生为中心、产出导向、全员参与、持续改进"的理念，形成一个围绕人才培养目标，关注相应质量标准的设计与修正，保证必要的人力、物力、财力的投入，重视教学过程中的信息收集、诊断与反馈，并及时加以改进的工作模式。从整个人才培养流程来说，设计质量保障系统、过程质量保障系统、结果质量评价系统、反馈与修正系统构成了一个PDCA的循环，蕴含着改进机制。但对于微观的每一个教学过程，包括课堂教学、实验实习实训、毕业实习、毕业论文（设计）等各个环节，都是要按照这样一个改进模式实现教学质量的持续改进。而相应的组织机构和责任主体也都在其中发挥相应的作用。SOAC教学质量保障体系的改进模式具体如图6-4所示。

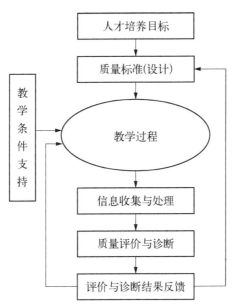

图6-4　SOAC教学质量保障体系改进模式

**第四节 民办本科高校教学质量
保障体系的基本要素**

教学质量保障体系是一个大系统，由若干子系统构成，而每个子系统又由众多的子系统或要素构成。根据图 6 - 2 所示的模型，该教学质量保障体系把教学质量的生成过程分为设计质量保障系统、过程质量保障系统、结果质量评价系统、反馈与修正系统四大子系统。这四大子系统构成了包含策划（Plan）、实施（Do）、检查（Check）、改进（Action）的一个完整的 PDCA 闭环。根据系统论的观点，系统是有很多要素按照特定的结构组合而成的一个整体，它不是要素的简单相加，其中要素与要素之间是有特定联系的，系统是一个不可分割的有机整体。系统的功能可以大于每个要素功能之和，但也有可能小于每个要素功能之和，系统功能的发挥取决于要素的功能和系统的结构。因此，教学质量保障体系中的每个子系统及其要素都是非常重要的，缺一不可，否则就会影响系统整体功能的发挥。

一、设计质量保障系统

设计质量保障系统的基本要素涉及从宏观到微观的不同层级，主要有学校的办学定位与人才培养目标定位、学科专业设置、人才培养方案（专业质量标准）制定、教学大纲（课程标准）的制定以及各主要教学环节的质量标准制定等方面。

1. 学校的办学定位与人才培养目标定位

学校的办学定位与人才培养目标定位是教学质量保障体系建立的基点。民办本科高校的办学定位主要受教育行政部门的政策导向与社会需求（外部因素）和自身的办学基础（内部因素）的影响，外部因素是决定性的，内部因素受制于外部因素。比如前文所述政府对高校分类管理的政策、政府关于引导部分地方普通本科高校向应用型转变的政策等实际上已经明确了绝大部分民办本科高校"教学型高校"与"培养应用型人才"的定位。在此大方向指导下,就要根据高校自身的办学基础,充分研究社会的需求,来确定高校具体的人才培养目标定位,包括人才培养的服务面向(如面向哪些地区、哪些行业或产业等)、人才培养的层次(高端、中端、低端等)、人才培养的特色等。

2. 学校的学科专业设置

在明确民办本科高校的办学定位和人才培养目标定位后,就需要对学校的学科专业设置进行规划,如进行综合性与多科性的选择。《浙江省普通本科高校分类评价管理改革办法(试行)》中从"专业数量、前五个主干专业学生占比、专业类数量、学科门类数量"四个指标来区分综合性和多科性①,如表6-2所示。综合性高校往往学科门类与专业数量多,专业设置比较分散,前五个主干专业学生占比较小。而多科性高校学科门类少,专业设置比较集中,前五个主干专业学生占比较大,容易形成专业特色。

表6-2　浙江省普通本科高校多科性与综合性高校的分类维度

序　号	指　　标	多　科　性	综　合　性
1	专业数量	专业数量＜50	专业数量≥50
2	前五个主干专业学生占比	前五个主干专业学生占比＞20%	前五个主干专业学生占比≤20%
3	专业类数量	专业类数量≤30	专业类数量＞30
4	学科门类数量	学科门类数量＜9	学科门类数量≥9

注:满足3个及以上观察点,可被认定为该类型,若同时符合两个类型,优先满足"专业数量"观察点。

民办本科高校是应国家社会需求而生的,其培养的人才必须与社会需求高度契合,也就是民办本科高校要对地方经济社会发展与产业结构调整有高度的敏感性,并能迅速做出反应。2012年教育部出台《普通高等学校本科专业设置管理规定》,对专业设置和调整实行备案或审批制度,对专业目录内的非控制专业实行备案制,对目录外或控制专业实行审批制,高校有

① 浙江省教育厅.浙江省普通本科高校分类评价管理改革办法(试行)〔Z〕.浙教高教〔2016〕107号.

了较大的专业设置自主权。在此背景下,民办本科高校要建立专业的动态调整机制,可以及时根据地方产业结构的调整以及对人才需求的变化,进一步优化学校的学科专业布局与结构,不断提升学校的学科专业建设与地方经济社会发展的契合度。

3. 人才培养方案的制定

人才培养方案明确了专业人才培养的目标与规格,明确了实现人才培养目标与规格的课程体系以及主要的培养环节,是学校实施教育教学工作的基本依据,也是学校专业建设的质量标准。2018 年教育部下发了《普通高等学校本科专业类教学质量国家标准》(以下简称《国标》),从培养目标、培养规格、课程体系、专业师资、教学条件、质量管理与保障体系等方面规定了本科专业教学质量的底线。民办本科高校在制定人才培养方案时,要把《国标》作为基本依据,在此基础上坚持"以学生为中心",推动本科教学从"教得好"向"学得好"转变,突出产出导向,主动对接地方经济社会发展需求,科学设定专业人才培养目标和规格,完善专业人才培养方案。

专业人才培养质量的具体要求和标准,在不同的时代、不同的环境下有着不同的内涵,尤其是科学技术日新月异地发展,必然带动经济和社会的发展和变化,从而也对高校的人才培养质量提出新的要求,因此,高校的人才培养方案制定也同样要建立动态调整的机制,能够根据社会对人才质量的新要求,及时调整人才培养目标与规格以及相应的课程体系。人才培养方案的制定要充分发挥系部与专业教师的作用,广泛进行社会需求调研,要加强对同类专业的市场调研与分析,并且要积极寻找"标杆"进行对标,要突出本校人才培养的特色与优势,制定有本校特色的人才培养方案。制定特色人才培养方案,实际上就是设计与众不同的专业人才培养模式。

4. 课程质量标准(教学大纲)的制定

"课程"概念比较复杂,这里的"课程"取其狭义的理解,即指列入专业人才培养方案中的一门门具体的教学科目。众所周知,学校教学活动的载体就是课程,学生付学费"消费"的主要是学校提供的"课程"。因此,课程教学质量是教学质量的核心,要提升课程教学质量,首先就要有一个课程教学质量的标准。

在我国的教育学概念体系中,关于课程的教学指导性文件就是教学大纲。课程教学大纲是课程教学活动的指南，它规定了课程的性质、学分、教学目标、具体教学内容、考核办法等要求，也是高校在教学管理中考核和评价教师课程教学质量的基本依据。基础教育课程的教学大纲是由国家统一制定的，其科学性、权威性很高。但是在高等教育阶段，除了思想政治、大学英语等教育行政部门规定必须开设的公共基础课程外，目前，高校的课程没有国家统一的课程教学大纲或标准，其教学大纲都是由高校自行编制的，不同高校即使是同一专业的同一门课程，其教学大纲的内容也是五花八门，各不相同。教学大纲一般由任课教师或教研室进行编写，质量良莠不齐。民办本科高校因其办学历史较短，教学管理规范化程度还不高，对于教学大纲的编写及审定缺乏严格的管理，大多是由系部或教研室选取某一本教材作为教科书（较多是由任课教师推荐，系部或学院审核确定），然后按照教科书的内容体系摘写而成，教学大纲的质量实际上取决于任课教师的水平和质量，而高校的普通任课教师对整个专业人才培养目标及课程体系的把握往往不可能做到全面和系统，因而就必然缺乏对课程目标实现的具体考量，其教学内容的选择必然也是无法完全支撑课程目标的，同一专业的一些课程内容重复的现象也司空见惯，导致教学大纲的质量不高。由于教学大纲的科学性不高，其权威性也不强，教学大纲成为印在纸上的摆设，大大失去了其原本应有的效用。

课程质量直指教学质量的核心，因此必须制定科学合理的、能够完全支撑人才培养目标实现的课程标准。我国高等教育受苏联的影响比较深，比较重视"专业"，与英美国家更重视"课程"不同，我国高等教育是"专业规定课程"的模式，课程依附于专业，因此，在制定专业人才培养方案时，在明确专业的人才培养目标与规格的同时，也决定了课程体系中每门课程应该实现的课程教学目标。每门课程目标的实现，支撑了最终的专业人才培养目标的实现，课程目标是服务于专业目标的。长期以来，我们都是用"教学大纲"来规范高校的课程教学活动的，但是随着专业《国标》的出台，笔者认为用"课程标准"来替代"教学大纲"更符合当下的高等教育改革及其趋势。首先，课程标准已经具有实践基础。我国基础教育从 21 世纪初就已经在新课程改革中用课程标准替代了原来一直沿用的教学大纲。除了基础教育已有课程教学质量的国家标准外，教育部于 2006 年也已经明确要求高等职业院校要"建立突出职业能力培养的课程标准,规范课程教学的基本要求,提高课程教学质量"①,可见,我国高职院校也已经全面用课程标准替代了原有的课程教学大纲。对于本科院校,虽然教育部还没有明确要求制定课程标准,但作为以培养应用型人才为目标的民办本科高校,在国家已经出台专业《国标》的基础上,制定课程标准来替代课程教学大纲,既无可厚非,也是必然趋势。其次,课程标准比教学大纲更突出"以学生为中心"的理念。传统的教学大纲明确了教学目标,同时比较详细地罗列了课程教学的具体内容、教学的重点和难点等,但这主要都是从"教"的方面进行撰写的,侧重于解决"教什么"的问题。而课程标准要求更加注重"学"的方面。在《教育部高等教育司关于实施〈普通高等学校本科专业类教学质量国家标准〉的通知》中明确指出要"坚持以学生为中心,把激发学生的学习兴趣和潜能作为标准研制的出发点和着力点,创新形式、改革教法、强化实践,推动本科教学从'教得好'向'学得好'转变"②,因此,课程标准必然要与专业《国标》一以贯之,坚持学生中心导向。

那么,民办本科高校的课程标准应该如何制定呢? 首先要明确课程标准的基本要素,即课程的性质、教学目标、内容框架、实施与评价建议等。课程性质要阐述课程的地位和作用、课程设计的基本理念和思路;教学目标要告诉学生学习后要达到的目标(结果),也就是预期的学习成果;课程内容框架要阐明学生的主要学习领域及主要学习内容,这部分内容可分为基础模块和前沿模块,其中基础模块是学生必须学习和掌握的内容,而前沿模块则主要是由教师自由选择与发挥的,一般是与本课程相关的最新的研究成果或最新的实践与探索;课程实施与评价建议,主要是为学生学习和教师教学提供指导,为教学管理部门对课程管理提供意见和建议,一般可以细化为课程的学习要求、主要学习内容及作业的要求与安排、课程成绩评定方法、推荐的阅读资料等。其次要充分体现"以学生为中心"的理念。澳大利亚维多利亚州制定的《课程标准框架》指出,"课程标准描述的是学生学习所包括的

① 教育部.教育部关于全面提高高等职业教育教学质量的若干意见[Z].教高司〔2006〕16 号.

② 教育部高等教育司.教育部高等教育司关于实施《普通高等学校本科专业类教学质量国家标准》的通知[Z].教高司〔2017〕62 号.

主要领域及大多数学生在每一学习领域能达到的学习结果"①。制定课程标准首先要贯彻"以学生为中心"的理念,在课程目标描述中一般以学生为主语,描述学生学习后应达到的知识、能力和情感等要求;在课程实施中要引导学生开展自主学习;在课程评价中要以学生的学习产出(成果)为导向,按学习目标的达成度进行评价。

5. 主要教学环节的质量标准制定

在专业《国标》中,对专业人才培养除课程教学外的主要教学环节,包括实验实训、认知实习、专业实习、毕业论文(设计)等均提出了相应的教学要求,因此,在设计质量保障系统时还应制定好除课程教学外的主要教学环节的质量标准。

二、过程质量保障系统

教学质量是在教学活动过程中生成的,因此,要实现预先设计的质量标准,必须要抓好教学活动的过程管理,提高过程质量。过程质量保障系统的基本要素包括教学运行管理、师资队伍建设、教学条件建设和过程质量监控等方面。

(一)教学运行管理

教学运行管理是学校教学管理部门和教师按照人才培养方案和有关制度对教学活动进行的管理,主要包括两部分:一是对教学过程的组织管理,这部分是以师生相互配合为主的过程,其中教师发挥主导作用,学生发挥主体作用;二是对教学事务的行政管理,这部分主要是以校、院(系)教学管理部门为主体,上下协同,执行教学规范,遵守各方面教学管理制度,保障教学工作的平稳有序进行。教学运行管理主要由以下教学环节组成。

1. 日常教学管理

日常教学管理主要是指教务处组织各院(系)按照人才培养方案实施的开课计划制定、教学任务制定、组织学生选课、课表编排、教材征订、调停课处理、教学场地使用调度等课务管理;试卷命题、监考安排、组织阅卷、成绩

---

① 丛立新.澳大利亚课程标准[C].章燕译.北京:人民教育出版社,2005(2).

登记、试卷装订与入库等考务管理；入学与注册、重修补修、转学转专业、休学复学退学、毕业结业肄业等学籍管理；教师教学工作量计算与考核、教学档案管理等其他相关事务的管理。

2. 课堂教学环节的组织管理

课堂教学是教学的基本形式，课堂是教学活动的主阵地、主渠道。课堂教学环节的组织管理主要是由教师实施的，因此要做好课堂教学环节的组织管理首先要选聘教学业务能力强的教师，对于没有经过师范院校教学技能训练的教师，应该对其开展教学技能培训，让教师熟练掌握课堂教学的基本技能。要建立新上岗教师的岗前培训制度，考试合格的才能上讲台。另外，要加强对教师的培养培训，组织教师认真学习课程教学大纲，编写本学期的授课计划，按计划进行课堂教学。要建立听课评课制度，鼓励教师相互听课，取长补短，不断改进教学方式方法，提高课堂教学质量。

3. 实践性教学环节的组织管理

民办本科高校主要培养应用型人才，而应用型人才的培养，对实践教学提出了更高的要求。首先要制定科学合理的实践教学大纲和实施计划，其次要选配具有实践经验、操作技能强的教师担任实践教学指导教师。除了在课堂内开展的实验、实训之外，课余的认知实习、毕业实习也是十分重要的实践教学环节，也要有计划地安排并进行考核。毕业论文（设计）是最后的一个十分重要的实践教学环节，要抓好选题、开题、论文撰写、修改、答辩等各个环节的质量。

4. 课外创新创业活动和学科竞赛的组织与管理

课外创新创业活动是教学活动的重要方面，要出台相关政策鼓励学生参与创新创业活动，鼓励教师指导学生开展创新创业活动。将课外创新创业活动纳入教学管理部门的工作计划，通过设立科研项目立项等形式，组织学生参与科技创新。学科竞赛是学生充分展示专业学习技能的好机会，要鼓励学生参与各级各类的学科竞赛，以学科竞赛为抓手，培养学生的实践操作技能，提高学生的综合素质水平。

（二）师资队伍建设

梅贻琦说过："所谓大学者，非谓有大楼之谓也，有大师之谓也。"对于高校教学质量建设来说，师资队伍的质量起着举足轻重的作用。尤其是对于民办本科高校的学生来说，其学习自主性与学习能力相对较弱，更需要教师的指引。师资队伍是民办本科高校教学质量最重要的支撑条件，是影响民办本科高校教学质量的第一要素。

（三）教学条件（资源）建设

教学条件主要是指影响教学质量的硬件和软件，也可称之为教学资源，是教学质量的支撑系统。硬件条件主要是指人力、财力、物力等资源。人力资源即教学管理者以及教师的数量与结构、教师及管理队伍的培养培训和发展、学生的状况等。财力资源主要是指投入和获得的经费。物力资源具体是指教室、实验室等教学场所的条件和相应的教学仪器设备。软件条件主要是指知识、信息和技术等资源，也就是影响教学质量的思想、观念、规范和技术等。确保和提升教学质量，除了要有硬件支撑外，还需要有知识、信息和相应的技术等软件支撑。硬件是基础，没有良好的硬件环境支撑，办学质量的提升就是一句空话。同样，只有硬件，没有软件，教学质量必然大打折扣。尤其是在信息技术快速发展的今天，学校的互联网、信息化数字校园平台、精品在线开放课程平台等软件资源都能够极大地提升教学质量。

（四）过程质量监控

培养过程是教学质量的生成环节。为了确保预期质量目标的达成，必须对整个教学过程进行质量监控。

1. 实施全过程质量管理

要从做好招生宣传、招生录取、入学新生全面复审等招生过程管理，把好新生质量关开始，到教学计划实施及各个教学环节的质量管理，再到考试过程管理等整个教学过程进行质量监控与管理，同时对图书资料、仪器设备、多功能教室、体育场馆、实验室、实习实训基地、计算机房、教辅人员的服务水平等教学辅助过程进行质量管理，确保教学过程质量。

2. 建立教学质量定期检查制度

建立期初、期中、期末教学检查制度，学校教务处、质量管理办公室、学生处等部门联合，定期开展对教风学风的检查和整治，通过听课、观课、抽查作业、召开座谈会、做问卷调查、考试成绩分析等方式，掌握各环节的教学情况，发现问题及时整改。

3. 建立校院两级督导制度

学校质量管理办公室和各二级学院负责聘请一批教学经验丰富、教育思想先进、热爱教育事业、工作认真负责的老教师组成校院两级督导组织。校级督导组重点在"督"，重点是监督二级学院的教学管理工作情况和各项教学改革的执行情况，以及开展一些专项的检查和评估。二级学院督导组重点在"导"，通过听课、评课等工作，及时对教师的教学进行指导，及时掌握各种教学质量信息，并对学院的教学工作提供改进意见和建议。

4. 建立听课制度

建立领导干部听课和教师同行相互听课制度。领导干部听课主要是指学校领导和教务处以及二级学院和系部领导深入课堂听课，主要目的是了解整个学校的教师教学情况，了解学校总体的教学水平，为决策提供参考。教师同行相互听课主要目的是同行之间相互学习，取长补短，共同进步。

5. 建立教学状态数据信息采集、统计和分析制度

教育部和省教育厅每年均要求学校填报教学状态数据信息。学校可以结合每年的教学状态数据采集工作，及时采集各类教学状态数据，包括教师与学生的基本信息、教学资源与条件的利用情况、教师教学和学生学习情况、教学管理与服务情况、毕业生质量与社会评价情况等教学信息，然后分学院或专业进行统计分析，撰写教学质量年度报告，为学校教学工作决策提供服务。

6. 建立学生教学信息员制度

通过团委、学生会等学生组织或学生自愿组建一支学生教学信息员队伍，通过信息员定期报告、召开学生信息员座谈会等途径，定期和不定期地搜集教师的"教"和学生的"学"的情况，了解学生对教师和教学管理工作的意见和建议，为改进教学工作提供服务。

7. 建立教学工作评价与激励制度

学校教学工作评价不仅包括专业评估、课程质量评估、实践教学评估等专项评价和对校、院（系）的整体教学管理工作的评价，而且包括对教师教学质量的评价和对学生学习质量的评价等。尤其是对教师教学质量的评价，一直是教学管理工作的一个难题。应该充分考虑学生的评价、同行的评价和督导的评价，把三者结合起来，定性与定量相结合，才能对每个教师的教学工作质量有一个客观的评价。在此基础上，应当建立教学激励制度，比如优课优酬制度、教学名师和教坛新秀的评选与奖励制度等。

三、结果质量评价系统

结果质量评价系统主要就是对教学的"输出"进行评价，在学生完成了一定的学习任务之后，来检测学生获得的知识、能力、素质等与既定目标的差距。在实践中主要通过以下四个维度来反映。

1. 学生学习产出与毕业要求的达成度

在学生进校前，学校就已经制定了专业人才培养方案，明确了人才培养的目标与规格。学生学习产出与毕业要求的达成度测量，实际上就是测量学生的学习产出与人才培养目标及规格之间的差距。因为在教学过程实施中，人才培养目标与规格细分到了每门具体的课程及各教学环节上，因此，测量与评价学生学习产出与毕业要求的达到度，需要测量学生学习每门课程的质量和参与各教学环节后的成果。课程教学质量的检测主要通过课程考试(实践课程质量检测主要通过技能测试)进行，其他教学环节，如毕业论文(设计)则通过测量学生完成的论文(或作品)的质量来进行。学生完成了每门课程与各教学环节的学习，并经任课教师考核成绩合格，获得了相应的学分，按要求完成了培养方案规定的学习任务，就准予毕业，达到学位授予要求，授予相应学位。因此，在开展教学评估时，往往通过查阅课程考试试卷(命题质量、学生考试成绩)来判断课程教学质量，通过查阅学生毕业论文(或作品)来判断学生的总体质量。对于学生的综合素质，一般需要建立学生综合素质测评体系，通过综合素质测评来评价学生的综合素质。

2. 毕业生对教学工作的满意度

毕业生是学校的直接服务对象，毕业生接受了学校四年的培养，对学校的教学工作非常熟悉，毕业生在离开母校前对学校的教学工作的满意度评价能够比较客观地反映学校的教学工作质量。学校要高度重视毕业生对母校教学工作的满意度评价，在教师课堂教学水平与态度、实践教学与创新能力培养、专业与课程设置、管理工作及学风教风、教学条件与后勤保障、就业指导及服务等方面充分听取毕业生的意见和建议，积极加以改进，必然能对学校的教学质量提升起到重要作用。

3. 毕业生的就业率与创业率

毕业生的就业率反映了毕业生受社会欢迎的程度，实际上反映出学校的专业设置和专业人才培养满足社会需要的程度。而毕业生的创业率能够反映学生的创新创业能力，也侧面反映出专业人才的培养质量。就业率与创业率是毕业生社会竞争力的体现，就业竞争力强说明人才培养质量高，反之质量就低。确保毕业生的就业质量既是毕业生生存发展的需要，也是政府促进经济社会发展、维护社会安全稳定的需要，是用人单位事业发展的需要，是毕业生、政府和用人单位满意度的统一。如果毕业生的就业率低，说明学校培养的人才与社会需求脱节，间接说明学校的教学质量不高。毕业生的就业率评价一般采用一次性毕业生就业率、专业对口率、就业结构三个指标，这也是专业建设要努力的三个方面。

4. 用人单位对毕业生的满意度

用人单位对毕业生的满意度高，既说明学校确定的专业人才培养目标与社会需求的契合度高，也能反映出学校的教学质量比较高。用人单位对毕业生的满意度通过毕业生的岗位胜任能力反映出来，而岗位胜任能力首先反映学校的专业设置、培养目标、课程体系是否紧密结合用人单位实际。用人单位对毕业生的满意度重点考察学生的专业技能、通用技能和思想道德三个方面。首先是专业技能，从学生的动手能力、岗位适应性、专业理论知识等方面可以综合反映出学生专业技能的强弱。其次是通用技能，从学生的沟通交流、团队协作、心理承受能力、学习能力、创新能力等方面可以综合反映出学生通用技能的强弱。最后是思想品德（人品），可以从敬业精神、吃苦耐劳、责任感、乐观自信、诚实守信等方面反映出学生的人品。

四、反馈与修正系统

反馈与修正系统中的基本要素包括反馈与修正两个方面。

1. 反馈系统

教学质量信息来自不同层面、不同渠道，其信息反馈也是多元与开放的。学生的学习成果评价结果主要向学生反馈，可以通过学生成绩管理系统供学生查阅,也可以通过师生间的沟通直接反馈,通过社交媒体(如 QQ、微信等)、电子邮件反馈等,让学生明白自己的学习状况,及时改进学习态度和方式等;对于教师教学评价结果的反馈,可以采用面对面谈话形式直接反馈,也可以通过邮件等方式反馈,还可以通过登录教学质量监控数据平台由教师自己查看反馈意见;对于面向社会、家长等的教学质量信息反馈,则可以通过本科教学质量年度报告、毕业生就业质量年度报告等在学校官网上进行反馈。对于学校来说,最好能够开发完整的教学质量监控与评价数据平台软件,把教学信息的采集、统计、分析、反馈、运用等功能集成到数据平台,学校领导、管理人员、教师、学生、用人单位等均可以通过数据平台查看所需要的教学质量信息。反馈系统既反馈取得的成绩与好的做法等肯定的方面,也反馈存在问题的否定的方面。对于肯定的方面,通过梳理,力求使之标准化,能够坚持下去;对于否定的方面,就要归入修正系统,进行修正。

2. 修正系统

修正系统从 PDCA 循环的角度来说,既是前一个循环的结束,同时又是下一个循环的起点,是持续改进机制的关键环节。学校各职能部门和各院系要善于总结经验,及时把好的做法通过制定标准、建立制度等形式固化下来,同时要把反馈系统反馈的各种质量问题进行深入分析,制定整改方案,落实整改措施并加以改进。为了能够不断改进不足,实现质量的不断提升,学校应该建立教学质量改进的问责机制,对于每一项改进问题,都要做到人员落实、责任落实、举措落实、经费落实,并提供资源保障。要建立质量改进的督察机制,对整改不到位、责任不落实的有关人员进行问责。只有这样,持续改进的机制才能建立起来,教学质量才能得到不断提升。

第五节　民办本科高校教学质量保障体系的运行机制

"机制"在《现代汉语词典》中的释义为:一个工作系统的组织或部分之间相互作用的过程和方式。本研究中民办本科高校的教学质量保障体系由设计质量保障系统、过程质量保障系统、结果质量评价系统、反馈与修正系统四大子系统构成，每个子系统是根据全面质量管理的科学程序（即 PDCA 循环）组织起来的。设计质量保障系统是教学质量保障体系的计划与决策阶段，过程质量保障系统是教学质量保障体系的实施阶段，结果质量评价系统是教学质量保障体系的检查与评估阶段，反馈与修正系统是教学质量保障体系的改进阶段。以学生为中心，建立学校的教学质量目标，实施相应的教学活动，并对教学活动的成效进行检查与评估，将检查结果及时进行反馈，对好的方面加以标准化并巩固下来，对不足的方面制定整改措施加以改进，由此又进入了下一个循环。"计划—实施—检查—反馈"构成一个完整的循环，4 个阶段是相对的，它们之间不是截然分开的，每一个子系统的内部又有若干个子子系统，而每个系统都要相应地建立改进机制，从而确保质量的持续改进。

民办本科高校 SOAC 教学质量保障体系的运行机制主要包括决策机制、执行机制、控制机制、改进机制四个机制。

一、决策机制

当代决策理论认为："决策贯穿于管理全过程，管理就是决策"[①]。民办本科高校的教学质量始于办学定位和人才培养目标、专业标准与课程标准的设计，再到招生、教学基本建设、师资队伍建设和教学条件建设，再到整个教学过程，最后到学生就业和毕业生发展跟踪，是一个复杂的系统，各种决策贯穿于教学质量管理的全过程。

民办本科高校 SOAC 教学质量保障体系的决策机制与企业不同，因为除了校长为代表的领导群体之外，还有大量的教授、专家参与教学的管理，因而教学质量保障体系的决策不仅仅指校长及其办公会议的决策，其决策机制还应该包括教授、专家在内的各个利益相关者的参与。因此，其决策机制也比较复杂，需要设置一些委员会来进行辅助决策、决策论证与咨询。设置委员会既能充分调动这些利益相关者的积极性，发挥他们的重要作用，尽

---

① ［美］赫伯特·A·西蒙.管理决策新科学[M].李柱流,汤俊澄,等,译.北京：中国社会科学出版社,1985.

可能避免决策失误,使决策更具科学性,同时也是协调全校各职能处室质量职责与整合各方资源的重要手段。

首先要组建具有决策功能的委员会。一般有两个委员会是必须组建的,一是学校的教学质量保障体系建设工作委员会,由校长亲自担任委员会主任,教学副校长任副主任,其他分管校领导和各职能处室负责人、各学院院长为委员,还可以吸收企业专家、校友代表、教师代表和学生代表参加。这个委员会是教学质量保障工作的最高决策机构。二是教学工作委员会,这个委员会一般由教学副校长任主任,教务处、学生处、教学质量评估处等部门负责人与各学院教学副院长为委员,还可以吸收教师代表和学生代表为委员。这个委员会主要是对教学质量管理与建设中的重大事情做决策。

其次是组建具有咨询功能的委员会。比如各学院或各专业组建专业建设指导委员会,吸收用人单位有关领导、行业专家、校友、政府相关部门领导、专业负责人等参加,在专业设置、专业人才培养方案制定、课程设置及质量标准的制定等方面进行咨询和论证。另外还有教材建设委员会、教学事故认定工作委员会、教学督导工作委员会等。

决策机制的主要任务是明确学校的办学定位与人才培养目标,对学校的专业设置与调整、课程设置及调整、专业标准与课程标准的制定进行决策,对师资队伍、实验室等教学条件建设进行决策,同时制定有关教学过程管理的政策性措施,指挥协调全校关于教学质量管理的各项活动,总结经验和教训,并督促整改。

二、执行机制

执行机制就是把学校教学质量管理的目标和方案具体落实到每一个教学过程中,使每个部门、每位教师严格按照质量标准行动的过程。教学是一个良心活,教学质量保障体系执行机制的关键就是建立全校师生员工贯彻质量标准的动力机制。这种动力主要来自组织岗位职责、制度规范与要求以及激励措施三方面。

1. 严格履行各级组织的岗位职责

学校要明确组织内部机构和部门对于教学质量管理的职责和权限,在规定质量管理体系的职责和权限时,一定要把学校的全部质量管理体系职责分解完全,既不留空白,也不出现重叠或交叉的现象,尤其要注意组织与外部和内部部门之间接口关系的处理,防止规定的职责与权限模糊不清,留下推诿和扯皮的余地与后患。有关机构、部门的职责和权限要在组织内部得到明确了解和沟通,使每个成员都明确自己的质量职责,从而在实际的工作中能够严格履行岗位职责。

2. 完善各项制度与工作流程

制度是要求大家共同遵守的办事规程与行为准则。教学质量保障的组织建立起来以后,要履行组织的职责,实现组织的共同目标,就必须建立相应的规章制度来指导与规范组织成员的行为。教学质量保障体系实际上就是一个完整的制度体系。这个制度体系主要包括关于各教学环节质量标准的一系列文件、各教学环节质量管理活动的规范和工作流程。

(1)编制各项教学质量标准。教学质量标准是判断和评价教学质量的基本依据,涉及教学过程的各个环节。

首先是专业标准。2018年教育部发布了经专家多年研究编写的涵盖全部92个本科专业类、587个专业的《国家标准》,当然这个标准是一种底线标准,各个高校应该根据学校实际和地方经济社会发展需求制定学校的专业标准。《专业人才培养方案》是其中最核心、最基本的专业标准,它明确了本专业的人才培养目标与规格;明确了本专业毕业生在知识、能力、素质等方面应该达到的毕业要求;明确了本专业的课程设置与课程目标;明确了本专业的各个教学环节及其要求等,是人才培养工作的基本依据。此外,还有"新专业建设标准""学士学位授予权评估标准"、专业认证指标体系等。

其次是课程标准。课程是学生在学校学习的重要载体,课程目标的实现支撑专业总目标的最终实现。因此,每门课程的标准至关重要。课程标准应当明确课程的目标、学习的内容、教学的方式方法、必备的教学条件、学业成绩考核办法等内容,是教师开展教学的基本依据,也是学生学习的基本指南。

最后是各个教学环节的标准。比如课堂教学、教材选用、教案编写、试卷命题、作业布置与批改、实验教学、社会实践、军训、认知实习、毕业实习、毕业论文(设计)等教学环节,每一个环节均应制定相应的质量标准。

（2）完善过程管理的各项规范与工作流程。各教学环节质量管理活动的规范与流程，也称为教学管理活动的标准，它涉及学校教学管理的全过程。教学管理制度越健全，教学管理就越规范，教学管理的质量就越有保证。我们从设计质量保障系统、过程质量保障系统、结果质量评价系统、反馈与修正系统四个方面来梳理教学管理活动的规范。

设计质量保障系统中的教学管理制度包括《毕业生就业市场调研工作实施意见》《专业设置与动态调整实施细则》《本科专业人才培养方案编制与实施管理办法》《专业人才培养方案制（修）订工作的原则性意见》《本科专业建设管理办法》《本科课程大纲编写规范与管理办法》《新时代深化本科教育教学改革全面提高人才培养质量的实施意见》《本科教育质量与特色行动计划》等。

过程质量保障系统中的教学管理制度包括以下几方面：教学运行管理制度，如《教师课堂教学工作规范》《调停课管理规定》《课程考核管理办法》《试卷管理工作规定》《教材选用与征订实施细则》《课程重修管理规定》《学生学籍管理实施细则》《学籍预警制度》《学生转专业管理办法》《学生考勤管理办法》《学生成绩管理办法》《实验教学管理办法》《学科竞赛管理与奖励办法》《校外实习实训基地建设与管理办法》《大学生创新创业项目管理办法》《大学生创新创业学分管理办法》《实验室使用管理办法》《本科生毕业论文（设计）工作实施细则》等；教学质量监控与评价方面的制度，如《教师教学质量评价实施办法》《学生评教实施办法》《学生教学信息员制度实施办法》《校级督导工作委员会工作条例》《两级教学督导工作实施细则》《听课、评课制度实施办法》《教学差错与教学事故认定及处理办法》等；教学条件建设方面的制度，比如《实验室建设与管理办法》《资产管理办法》《维修管理制度》《内涵建设经费使用管理办法》《高层次人才引进与教师招聘工作规定》《外聘教师管理办法》《教师进修访学与挂职锻炼管理办法》等教学条件保障方面的制度。另外还有学生管理、后勤管理、财务管理、组织人事管理、党务行政等方面的管理规章和制度。

结果质量评价系统中的管理制度主要有《教师、学生对学校教学工作满意度调查实施办法》《毕业生就业跟踪管理办法》《毕业生就业协议书管理办法》《校园招聘会组织管理规定》《毕业生就业考核和奖励办法》《毕业预警制度《毕业生学业座谈会工作方案》《用人单位满意度调查工作方案》等制度。

反馈与修正系统中的管理制度主要有《专业评估实施方案》《教学质量保障体系建设工作实施细则》《消灭"水课"打造"金课"实施方案》《课程诊断评估实施方案》等。

3. 建立和完善相应的激励措施

教学质量保障体系得以高效运转的动力,除了来自组织的岗位职责与要求、制度的规范与约束之外,还有就是学校对教学质量保障主体的激励措施。

首先是学校的薪酬制度及相应的人才引进政策。在诸多的教学质量保障主体中,最重要的是教师。教师的能力和水平对教学质量的影响非常重大。对于民办本科高校而言,要引进和留住人才,薪酬最为重要。另外还有住房、子女教育问题等人才引进的配套政策。

其次是学校的考核与奖励政策。比如《教职工年度考核制度》《教师教学工作业绩考核办法》《教师专业技术职务评聘方案》《教师重点学术工作量奖励办法》《教学名师评比奖励办法》《教坛新秀评比奖励办法》《教学优秀奖评比奖励办法》《教学成果奖评定与奖励办法》《教学工作量计算办法》《超课时酬金发放办法》以及其他的激励政策。

最后是一些负强化的政策与措施。比如《教职工请假与考勤管理制度》《教师职业道德规范实施细则》《预防和处理学术不端行为办法》《教学差错与教学事故认定及处理办法》等。

三、控制机制

控制是组织在动态的环境中为了实现既定的目标而进行的检查和纠偏活动或过程。控制作为计划、组织、领导、控制四大管理职能中的一项重要职能,在教学质量保障体系中主要是指监督、检查教学工作是否按计划、标准和规范进行,发现偏差,分析原因,进行纠正,以保证质量标准实现的过程。控制的基本过程主要有四步:一是确定控制点及标准;二是衡量实际业绩;三是进行差异分析,如果无差异则继续实施计划,如果有差异,则找出具体原因;四是(针对原因)采取纠偏措施,或者修改标准,或者修改计划,或者改进工作方法。具体如图 6-5 所示。

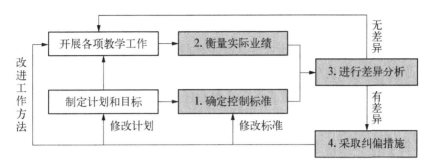

图 6-5　控制的基本过程

　　SOAC 教学质量保障体系的控制机制重点是要建立起信息收集机制、评价和诊断(衡量偏差)机制、信息反馈机制。信息收集机制就要通过建立教学质量定期检查制度、听课评课制度、学生教学信息员制度、督导工作制度、教学状态数据信息采集、统计和分析制度,运用问卷调查、座谈会以及其他计算机软件系统等技术方法获得各方面对教学质量的信息反馈,为决策提供依据。评价与诊断机制,一般是由校领导牵头,由质量管理部门组织,根据需要聘请教育管理专家、资深教师甚至是用人单位行家等组成评估专家组,通过深入课堂、查阅资料、召开座谈会、开展测评等方法,根据学校要求对专业、课程、实践教学、毕业论文等方面进行专门评估与诊断,对教学质量的状态作出评价。信息反馈机制是指把教学质量信息及时反馈给相关决策人员,并督促其整改。反馈的形式根据发现的问题及问题的数量和重要性,可采取集中反馈、个别反馈、随机反馈、口头反馈和书面反馈等形式,对于比较重要的问题,一般可以由质量管理部门下达整改任务书或整改联系函的形式进行。

四、改进机制

　　教学质量保障体系运行机制中最重要的部分就是改进机制,这也是传统教学质量监控体系中最薄弱与最容易被忽视的一环。建立教学质量保障体系的目的是持续改进不利于教学质量提升的方面,从而实现不断提升教学质量的目的。因此,如果不抓好最后的改进工作,教学质量保障体系就无法形成"闭环",就无法实现持续改进的目的。

　　改进机制的主要目的是在前期获取的质量信息和评价与诊断意见的基

础上,总结成绩,梳理问题,把成功的经验与好的做法加以标准化,形成制度或规范,以便在更大范围内推广,对失败的教训和无效低效的做法,加以抛弃或改造,制定相应的整改计划,采取相应的整改措施,解决发现的问题。从操作层面讲,在质量管理部门下达整改任务书或整改联系函后,相关决策人员应当针对问题,再次做深入分析,查找原因,制定好整改计划,采取有效措施进行整改,从而不断改进工作,提升质量。质量管理部门要担负起督促整改的职责,对于发现的重大教学质量问题,要实行建档督办、限期整改,及时了解整改的情况并组织复查,确保整改到位,取得实效。学校要建立相应的约束机制,明确教学质量责任主体,强化质量意识和责任意识,把教学质量监控与评估的结果与相关单位的业绩挂钩,与单位负责人的业绩挂钩,与教师的考核、奖惩、职称晋升挂钩,与相关单位和个人的绩效奖金挂钩,引导各级部门和广大教师注重教学质量的改进与提升。

教学质量是民办本科高校发展的生命线,构建"学生中心、产出导向、全员参与、持续改进"的 SOAC 教学质量保障体系是提高民办本科高校教学质量的关键环节。民办本科高校教学质量保障体系的建设是一个需要长期不断完善的过程,要准确定位,制定科学合理的质量标准,要充分调动和发挥全体教职员工的积极性和主人翁精神,实现教学质量建设的全员、全方位、全过程参与,要加强全过程管理监控,及时纠正偏差,不断改进,从而不断提升教学质量。同时在教学质量保障体系的建设过程中要注重塑造和培育优秀的教学质量文化。SOAC 教学质量保障体系的建设对于推进民办本科高校教学质量的持续提升具有不可替代的现实意义。

第七章
民办本科高校教学质量保障体系的实施策略

民办本科高校的教学质量保障体系建设是一个实践课题，其成果只有落实到民办本科高校的具体实践之中才有价值。本书提出的 SOAC 教学质量保障体系要在具体的民办本科高校中实施，首先需要学校领导高度重视这项工作，树立多样化的教学质量观，坚持走应用型人才培养之路，注重学校特色的凝练与发展，做好学校办学定位与人才培养目标的顶层设计，重视和加强学校的质量文化建设，使质量管理从一种"被迫的遵从"转变为一种"文化自觉"；其次要加强师资队伍、生源、经费与教学条件、课程等影响教学质量的关键要素的建设；最后要把握好教学质量保障体系具体实施的基本步骤。

第一节　我国民办本科高校教学质量保障体系建设的宏观策略

民办本科高校教学质量保障体系的建设要从宏观上树立多样化的教学质量观，坚持走应用型人才培养之路，凝练与发展学校的办学特色，塑造学校优秀的教学质量文化。

一、树立多样化的教学质量观

多样化的教学质量观是在高等教育大众化阶段和高等教育普及化阶段得到学界和社会广泛认同的教学质量观。这种质量观认为,多样化的教学质量观是高等教育分类理论的基本思想,是对经济社会发展的多元化、学生智能的多元化、高等教育发展规律的科学体现。

1. 经济社会发展的多元化对高等教育提出了多样化的需求

改革开放以来,我国政府进行经济体制改革,以公有制为主体,允许多种所有制经济共同发展,极大地促进了我国经济的快速发展。经济主体呈现政府、企业、自然人等的多元化特征;资源配置的方式也由原来的政府配置逐渐转变为市场配置起决定性作用[1];投资主体越来越多元化,既有国有资本、集体资本、非公有资本,也有国有、集体和非公有资本等参股的混有所有制经济。随着我国经济社会的发展,产业结构、社会结构等越来越多元化,行业越来越细分,随之而来的是对人才的多元化多层次需求,所谓360行,行行都需要具有相应知识、能力、素质结构的人才。经济社会的发展对高等教育提出了多样化人才需求,既需要设置各种不同的专业来培养多样化人才,也需要分不同的层次培养多样化人才;既需要学术型的精英人才,也需要各行各业的应用型人才,还需要直接面向岗位工种的技能型人才。因此,在高等教育大众化阶段,对高等教育需要分层分类,让不同类型的高校培养不同类型的人才,最终满足经济社会对人才的多样化需求。

2. 学生的个性化发展对高等教育提出了多样化的需求

美国哈佛大学教育研究院的心理发展学家霍华德·加德纳(Howard Gardner)1993年提出了多元智能理论,他认为每个人都拥有语言、逻辑—数理、空间、运动、音乐、人际交往、内省、自然观察等八种主要智能[2]。每个个体在这些方面的智能发展水平是不一样的,有些人在语言智能方面特别突出,有些人在运动智能方面特别突出,对于一个教育者来说,每个人都是聪明的,但聪明的范畴和性质呈现出差异(即学生是有差异性的),因此,我

---

① 授权发布:中国共产党第十八届中央委员会第三次全体会议公报[EB/OL].新华网 http://www.xinhuanet.com//politics/2013-11/12/c_118113455.htm,2013-11-12/2019-07-28.

② [美]霍华德·加德纳.智能的结构[M].沈致隆,译.北京:中国人民大学出版社,2008.

们首先要承认这种差异,然后要善于发现每个学生的长处,不要用一把尺子去衡量所有学生,要善于运用不同的教学方式方法,采用多样化的教学模式,实现因材施教。由此可见,学生对高等教育的需求是多样化的,满足学生个性化的高等教育需求,需要有不同类型的高校来提供这样的教育服务。

3. 多样化的教学质量观符合高等教育发展规律

潘懋元先生提出了高等教育发展的内外部关系规律,即高等教育发展要与经济社会发展相适应(外部关系规律)和高等教育发展要符合学生的成长发展规律(内部关系规律)。精英高等教育阶段的教学质量观是"卓越",因为这一阶段的大学生天然地处于各行各业的"精英"的位置。大众化阶段的高等教育更加关注经济社会发展各个方面对人才的需要,此时高等教育的教学质量主要关注社会适应性,关注其培养的人才是否是经济社会发展需要的人才。随着经济社会分工越来越细化,高等教育也出现了多种类型、多种层次。而不同类型、不同层次的高校培养的人才也对应经济社会发展价值链上的不同位置,因而不同类型、不同层次高校的教学质量标准就不同。随着高等教育从大众化迈向普及化阶段,选择性成为高等教育的鲜明特征。高等教育的质量不仅表现在满足经济社会发展需要,而且表现在更加注重满足学生个人发展的需要,因此教学质量更不能用统一、整齐、划一的标准进行衡量,此时衡量教学质量的标准更多表现在是否满足学生个性化发展的需要上,学生的满意度成为教学质量评价的主要标准。当然,多样化、多元化并不是完全不重视统一性。潘懋元先生认为,高等教育质量标准可以分一般的基本质量要求和具体的人才合格标准两个层次,一般的基本质量要求是国家对高等教育的人才培养目标,而具体的人才合格标准,则是不同高校根据地方经济社会发展要求和学校的实际所制定的人才培养目标和规格,一般的基本质量要求体现统一性,具体的质量标准体现多样性[①]。

总之,民办本科高校教学质量保障体系的建设首先要树立多样化的教学质量观,根据经济社会发展与学生发展需求,结合民办本科高校的实际,科学确定其办学定位与人才培养目标。

[①]　潘懋元.高等教育大众化的教育质量观[J].中国高教研究,2000(1).

二、坚定不移地走应用型人才培养之路

无论是从国家的导向,还是从当前我国民办本科高校发展的实际出发,我国民办本科高校基本都定位于"应用型"(西湖大学除外),同时结合每一所民办本科高校的学科专业特色,在应用型的基础上同时又确立了特色的应用型人才培养目标定位。办学特色与办学质量不是一朝一夕就能形成的。在办学定位与人才培养目标明确以后,需要围绕目标孜孜不倦地加以追求,才有可能取得成效。然而在实际的建设发展过程中,部分民办本科高校出现了两种错误倾向:一种是依照传统本科高校的经验办学,追求"正规化""高大上",自觉或不自觉地以传统学术研究型大学为榜样进行办学;另一种是经过一个阶段的建设发展之后,不顾自身条件,盲目攀高,把学校的发展途径预设成专科升本科,本科升大学的"爬格子"模式,争取硕士点、博士点、重点学科、重点实验室和更多的教授、院士,并以此来展现自身的实力。这种预设实际上将学校定位在以研究型大学为发展终极目标的某个发展阶段上,造成"盲目升格,定位不明,特色迷失"[①]的问题。实际上,我国应用型高等教育的探索刚刚起步,其内涵建设远未完成,对于民办本科高校来说,只有在应用型本科教育的探索之中持之以恒、不断发展,才可能办出特色,争创一流。在大众化与普及化高等教育阶段,高等教育领域是一个多元共存的生态系统,不同层次不同类型的高校都可以各安其位,获得良好的发展空间。这在世界上高等教育高度发达的国家已经得到证明,不同高校之间的不同定位和注重特色发展,形成了不同类型高校尺短寸长、万紫千红、和谐发展的蓬勃局面,为社会经济发展提供了一个完整的人才体系。民办本科高校应保持定力,不攀高、不低就,坚定不移地走应用型人才培养道路,只有这样,才能整合人、财、物等各方面资源,紧紧围绕学校办学定位与人才培养目标,建立健全教学质量保障体系,不断打造办学特色,提升人才培养质量。

三、注重凝练和发展学校的办学特色

办学特色是学校的竞争力的体现,凝练和发展特色是为了更好地提高

---

① 高林,等.应用性本科教育导论[M].北京:科学出版社,2006.

民办本科高校的人才培养质量和竞争力,更好地满足经济社会发展的需求和学生个性化发展的需要。所谓办学特色,是指"在长期办学过程中积淀形成的,本校特有的,优于其他学校的独特优质风貌。特色应当对优化人才培养过程、提高教学质量作用大、效果显著。特色有一定的稳定性并应在社会上有一定影响、得到公认"①。关于其具体内涵,刘献君认为:"任何学校的办学特色,都应体现独到的教育理念、学校成员认同的规章制度、独特的优良传统和校风、良好的社会影响和效果四个方面的内涵。"②

根据高等教育分类理论,高等教育是分层次和类型的,如按学科专业设置可以分为综合性大学、多科性大学、单科性大学等;按科研规模可分为研究型大学、教学研究型大学、教学服务型大学、教学型大学等;按管理权限可分为部属大学、地方省属大学、地方市属大学等。每一类型大学都有其与其他类型大学相区别的特色,刘献君称之为"类特色"。他认为,大学在确立和创建办学特色的方向与目标时,首先要明确自己在整个大学系统中的位置,以"类特色"为前提③。从国家对高校的管理与政策导向来看,民办本科高校是地方新建本科高校中的一类,"服务地方经济社会发展,为地方经济社会发展培养应用型人才,建设教学服务型大学"应是其"类特色"。

在创建"类特色"的基础上,民办本科高校还应根据学校自身发展历史和积淀、根据市场竞争,创建自己的"个性特色"。个性化的办学特色一般体现在办学理念、学科专业、人才培养和师资队伍等方面。对于一所正处于办学特色成长期的新建民办本科高校,凝练和发展办学特色的路径一般包括:形成独到的办学理念,重点扶持1~2门优势学科,加强相应的优势特色专业建设,打造一支高水平的教师队伍,构建多样化的人才培养模式。一所学校的社会影响力突出体现在学校的学科建设和人才培养质量上。由于经济社会发展需求的多样化,学校只能以主要满足某类或某几类"顾客"的需要为基本任务,并以此来体现办学特色。"从一定意义上说,一所大学的优势学科所在,也就是这所大学的特色所在,大学根据自己的独特优势发展某些重点学科,使之成为优势学科,并率先在自己的优势学科领域为社会发展做

---

① 教育部办公厅.普通高等学校本科教学工作水平评估方案(试行)[Z].教高厅〔2004〕21号.

② 刘献君.论本科教学评估中的办学特色[J].高等教育研究,2005(06):40-43.

③ 刘献君.论大学办学特色的创建[J].高等教育研究,2012,33(01):51-56.

出显著成绩,是大学形成办学特色的重要切入点"①。因此,民办本科高校的特色建设要特别注重服务地方经济社会发展的优势学科和优势特色专业的建设,不求面面俱到,但求点的突破。

四、塑造民办本科高校的教学质量文化

张应强教授认为:"现代意义的高等教育质量保障既是一种具有强烈问责取向的意识形态,也是一种技术手段,同时,它在日益理性化和专业化的同时也逐渐演化为一种权力机制。对于遵从的倡导,对于技术的迷思,以及权力和责任的失衡,是当前高等教育质量保障所固有的弊端。要使提高高等教育质量成为一项可持续的事业,须从质量保障走向质量文化。"②民办本科高校的内部教学质量保障体系建设虽然还处于起步阶段,但是要使质量保障体系得以良性运行,使大家从一种"被迫的遵从"转变为一种"文化自觉",从而使教学质量得到有效保障,需要同时注重质量文化的建设。

(一)高校质量文化的内涵

高校质量文化移植于企业质量文化。美国质量管理学家朱兰在其著作《质量控制手册》中提出:"质量文化是人们与质量有关的习惯、信念和行为模式,是一种思维的背景。"③"质量文化"概念首先应用在企业管理领域,使全面质量管理获得了较好的发展,极大地提高了企业的效益。20世纪90年代,一些国际质量管理机构就已经开始重视并加强质量文化的研究。美国质量学会(ASQ)提出了质量文化的四个层级,即质量的物质层级、行为层级、制度层级和道德层级,其中道德层级代表着质量文化的核心内容和最高境界,也是质量文化建设的最终目标④。随着世界高等教育质量保障运动的兴起和发展,以及高校质量保障制度的逐步完善和质量管理研究的深入,

---

① 储召生.办学特色:大学的必然选择[N].中国教育报,2003-07-27.

② 张应强,苏永建.高等教育质量保障:反思、批判与变革[J].教育研究,2014(5):19-27,29.

③ [美]约瑟夫·M·朱兰,A·布兰顿·戈弗雷,等.朱兰质量手册(第五版)[M].焦权斌,等译,北京:中国人民大学出版社,2003:724.

④ 齐艳杰.高校质量文化建设现状与改进策略——基于"高等教育第三方评估"个案调研[J].中国高教研究,2016(03):22.

企业的质量文化被引入高校的质量管理之中,成为高校超越制度建设等技术手段之上的一种新的质量管理形式。

欧洲大学联合会于 2002 年实施了"质量文化项目",完成了对 40 个国家近 300 所高校的三轮调研,明确界定了"高校质量文化"的内涵:"高校质量文化是大学在教育教学实践过程中以质量为目标的价值认同和履行质量承诺的行为表征的统一;是大学保障教育质量的技术层面的可操作性和文化层面的可认知性的统一;是在大学内、外部利益相关者一致认同的情境下,大学组织的物质层面、制度层面、行为层面、道德层面的内在'质量文化模式'。"①

高校质量文化是在长期的教育教学实践中形成的。每一所高校,包括民办高校,在办学实践过程中,总是对教育教学质量有着基本的认识,都会制定相应的教学管理制度和规范,开展相应的教学质量管理工作,因此,高校质量文化的元素是客观存在着的。但是这种质量文化元素常常是"零散的""不系统的""不自觉的",没有形成一个完备的高校质量文化体系。只有当学校领导及其教职员工高度重视教育教学质量工作,并从学校质量文化建设的全局来考虑质量建设工作,比如学校主要领导亲自发动并组织制定质量愿景、质量战略、质量目标,并付诸实践,建立相应的质量管理组织等,高校的质量文化就从"不自觉"走向"自觉"。高校质量文化中教学质量文化是其核心组成部分,主要针对如何提高人才培养质量,以充分发挥高校人才培养的首要职能。

(二) 高校质量文化的主要特征

高校质量文化既是一种独特的文化,也是一种质量管理的形式,主要具有以下特征。

1. 高校质量文化是在实践中有意识形成的

一般来说,文化都是无形中不自觉地形成的,是受社会、经济、政治等因素的影响,于人的主观意识之外形成的。但是高校质量文化不一样,它虽然自高校办学以来不自觉地存在着部分质量文化的元素,但是它的形成是需

---

① 齐艳杰.高校质量文化建设现状与改进策略——基于"高等教育第三方评估"个案调研[J].中国高教研究,2016(03):23.

要依靠学校领导者的亲自推动，是全校师生员工在学校领导的亲自带领下努力实现质量目标的过程中逐步形成的。它的形成是有意识的，是在质量管理的实践中，不断总结经验和教训，上升为质量文化理论，然后再指导实践，在实践中培育进而形成一种精神文化。

2. 高校质量文化具有特定的层次结构

高校质量文化同企业质量文化一样具有物质层、制度层、行为层和道德层四个层级的结构。物质层级的质量文化是高校质量文化的最表层部分，是大学质量管理理念在具体的教学、科研、服务等质量管理过程中的物质外化，包括学校的建筑与教学环境、软硬件条件和后勤服务设施等；制度层级的质量文化是指各种规章制度、行为准则、工作流程等的总和。质量制度文化的形成必须建立在制度的强势执行上，只有严格遵守和严格实施制度，才能逐步形成一种自觉自律的文化特质。行为层级的质量文化是组织内部各部门及员工在制度的规范与约束下所采取的行为模式以及传统习惯，比如开学典礼与毕业典礼的隆重仪式、学生穿着校服、佩戴校徽、住集体宿舍、定期举行沙龙等。道德层级的质量文化是深入灵魂的最高境界，是高校质量文化的核心内容。当教育教学的质量愿景、质量目标、质量方针、质量态度和价值观等方面渗透到高校全体教职员工的思想和心灵，成为共同的价值观、行为模式和信念时，质量文化就上升到了精神层，即道德层级。道德层级的质量文化对制度层、物质层、行为层的形成起着决定性的作用。

3. 高校质量文化是一种具有管理功能的文化

高校质量文化是在实践中形成的一种高度理性的文化，它有明确的目的（即实现质量目标），有特定的手段（即文化手段），因而高校质量文化具有管理的功能。高校质量文化的功能主要体现在以下四方面。

（1）凝聚人心的功能。高校质量文化建设有利于师生员工对学校的质量管理理念、质量目标、质量方针、质量标准、质量管理制度等形成共同的价值观，把个人的前途与学校的发展紧密结合起来，树立"提高质量，人人有责"的文化氛围，改变过去那种"事不关己，高高挂起"的质量态度，构建"人人都是管理者"的全员、全过程、全方位参与的质量管理理念，从而使全校上下同心协力，为提高学校的教学质量奠定基础。

（2）规范与约束的功能。高校质量文化内含明确的价值目标和质量追求,同时依靠文化渗透和大学精神的激励,使人们在潜意识中感觉有一种无形的约束力,制约和影响着人们的行为,从而弥补规章制度的不足,当然这种精神与道德层面的约束力也来自大家都认同的质量管理制度和规范。

（3）激励与促进的功能。高校质量文化既是一种精神约束力,同时也是一种"精神驱动力"。因为,高校质量文化一旦形成,对学校的质量建设就具有导向作用,无形中把全校师生员工都引导到实现质量目标上来,通过潜移默化的作用影响师生员工的行为,促进教职员工的质量意识和职业道德素质的提高。

（4）品牌塑造功能。学校的品牌更多来自高质量的毕业生,而高质量的学生培养离不开学校的质量建设。高校质量文化对内具有质量管理的功能,对外又是一种质量"承诺",是高校质量提升的持久动力,作为高校校园文化的重要组成部分,对高校品牌的塑造具有十分重要的作用。

4. 高校质量文化是一种持续改进的动态文化

衡量高校教学质量高低的主要标准是"顾客需求的满足程度"。"顾客"包括学生、学生家长、用人单位、政府等利益相关者,尤其是学生和用人单位。顾客的需求不是一成不变的,会随着经济社会的发展而改变,高校的质量目标与标准等就要作相应的调整,因此,高校的质量文化也是动态变化的。高校质量文化对内具有管理功能,其目的就是更好地实现质量目标,而实现目标的过程是具有很大的不确定性的,受多种因素的影响,因而必须要建立相应的控制与改进机制,使实现目标的过程始终不会偏离方向。高校质量文化不是僵化的,而是持续变革与改进的,是一种持续改进的动态文化。

（三）民办本科高校教学质量文化建设的策略

高校质量文化通过"以文化人"的方式,使全校师生员工对学校质量愿景、质量目标、质量方针、质量标准、质量管理制度规范等产生认同感、责任感,并对质量目标的实现具有使命感。民办本科高校作为新建地方本科高校,要把教学质量保障体系的建设与高校教学质量文化建设统一起来,同向同行。

1. 强化教学质量信念,构建质量愿景

信念是强大的精神力量,有了坚定的信念,就能振奋精神、克服困难,即使遇到再大的挫折,也不会轻易放弃。教职员工在高校的教学质量建设中

起着决定性作用,而其作用的发挥,又受教职员工教学质量信念的影响。有些学校基础管理工作逐年在完善、制度建设逐年在加强,但是人才培养质量却提高得不明显,究其原因就是缺少质量文化中最核心、最为有效的精神信念,缺少员工主动、自觉提高教学质量的积极性。"教学是一个良心活",不解决教职员工的思想问题,就是治标不治本,就不可能持久地提高教学质量。教学质量信念是高校全体教职员工努力做好本职工作,主动提高工作质量,进而提高整体人才培养质量的自觉性的综合反映。教学质量文化的培育,需要在全体教职员工中不断强化教学质量信念,使其成为全体教职员工的共同价值观。

教学质量信念不是凭空或靠宣传就能培育出来的,最关键的因素在于高校是否拥有一个深入人心而明确的质量愿景。民办本科高校办学历史不长,在着力建设教学质量保障体系的起始,首先就应构建一个明确的质量愿景。愿景是充分相信人、尊重人、激励人,以人为本的文化理念,着力开发和挖掘人的内在潜能,把个人自我价值的实现与组织的美好未来紧密相连,形成一种共同的价值理念,在促进人员活性化的同时,也创造组织的活力和成功。愿景是内在的而不是相对的,它是员工渴望得到某种事情的内在价值。彼得·圣吉提出:共同的愿景可改变人们与公司的关系,它创造出一种共同的特色,并使每个员工总是从"我们公司"而不是"他们公司"角度考虑问题[①]。质量愿景是质量理念、质量思想和质量价值观的总和,实质上是质量文化的精神层。比如海尔集团在创建初期曾有一个"砸冰箱"事件,海尔集团总裁张瑞敏用大锤砸毁了76台有质量缺陷但尚可用的冰箱,用这样的实际行动向每个员工传递海尔的质量信念。这件事"砸"出了海尔员工的质量意识。此后,海尔集团进一步提出了"高标准、精细化、零缺陷"的质量理念,提出了"提供有全球竞争力的产品,最大限度地满足顾客和相关方的需求,成为世界名牌"的质量方针,提出了"第一次做好就是最佳质量成本"等质量信条[②]。这些质量理念、质量方针和质量信条构成了海尔集团的质量愿景,

---

① [美]彼得·圣吉.第五项修炼:学习型组织的艺术与实践[M].张成林,译.北京:中信出版社,2009.

② 李跃生,陈孟英.卓越企业的卓越文化(Ⅰ)——对海尔以质量为核心的企业文化的调研[J].质量与可靠性,2003(05):8-13.

成为海尔集团全体员工共同的质量信念，促进了海尔集团的快速健康的发展。高校的质量文化建设首先要建立质量愿景，重点是在全校范围内形成关于办学质量的共同认识，确立共同的质量价值观，以此达成全校质量管理的地位、质量准则与标准的共识，形成具有自身特色的办学思想和质量文化。

质量信念和质量愿景的构建主要取决于领导的信念，要充分发挥校院两级领导的推动作用和示范作用。教学工作中心地位不是一句空话，而是需要各级领导身体力行。民办本科高校的主要领导是质量愿景的倡导者、决策者、推动者、组织者、示范者和指挥者，质量文化的建设需要依靠行政力量积极推动。校院各级领导要积极学习质量建设理论，更新质量观念，积极宣传贯彻学校的质量理念、质量方针、质量目标、质量标准和质量管理举措等，身体力行做好示范。

2. 坚持"以学生为中心"，确立质量战略

学生是高校最重要的"顾客"，学生的需求同时也代表了社会的需求、用人单位的需求。对于民办本科高校来说，学生更是学校存在与发展的"衣食父母"。因此，"一切为了学生，为了学生的一切"应当成为民办本科高校的重要办学理念。民办本科高校建设质量文化，要坚持"以学生为中心"，把提高人才培养质量确立为学校发展的核心战略。

教育的最终目的是培养人，是促进学生的发展。以学生为中心，就是要把学生及其发展作为教育的目的，要确立和尊重学生在教育活动中的主体地位，尊重学生的个性特点，让学校的一切活动都为满足学生的成长和发展而设计和组织。围绕学生刻苦读书来办教育，引导学生求真学问、练真本领，是回归教育的常识。在教学中，学生是主体，教师是主导，学生不"学"，教师怎么教都没用，尤其是在信息技术高度发达的今天，学生获取信息和知识的渠道越来越多样，获取的内容越来越丰富多彩，教师的教学理念和教学方式方法必须要进行转变。教师的"教"是为了学生更好地"学"。因此，"以学生为中心"来确立学校的质量战略，就是学校的所有工作都要围绕学生而展开，质量建设的理念要从以前保障教师的"教"及其条件建设转向保障学生的"学"及其"学"的条件建设上来。学校的校园环境建设与生活设施的建设要从有利于学生的成长和发展的角度展开，学校的实验室建设、图书资料

建设、教室环境的改造、实习实训基地的建设以及师资队伍建设和各种教育教学的改革都要围绕是否有利于学生的"学"而展开,从而更好地保障每个学生的健康成长和个性化发展的需求。

3. 丰富质量管理工具和方法,建设学习型组织

建设高校质量文化,需要在实践中创造和发展新的质量管理工具和方法。海尔集团在经营管理中提出了"斜坡球体理论",认为企业如同斜坡上的球,市场竞争和员工的惰性产生下滑力,基础管理是止动力,创新是上升力,企业同时受到这些力的作用,不进则退。根据这一理论和全面质量管理的全员、全方位、全过程的原则,创造性地提出了"OEC"管理方法,意思是"每天的工作每天完成、每天清理,并且每天都要有提高"。海尔将其概括为"日事日毕,日清日高"。海尔把全部生产和管理责任层层分解、细化,落实到每个员工,要求"日事日毕,日清日高"①。为了加强质量管理,海尔还设计了 3E 卡、6S 现场管理办法等,这些质量管理工具和方法有效推动了海尔质量文化的形成和产品质量的提升。高校质量文化的建设也需要学习海尔质量文化建设的经验,应用和创新质量管理的工具和方法。比如"向课堂 45 分钟要质量"的行动目标,建立学生、同行、督导、领导等"四位一体"的课堂教学质量评价办法,推出"学分制、选课制、导师制"等举措,使教师把精力投入教学中,促进教师的优胜劣汰,推动课程教学质量的提升。

培育质量文化,需要建设学习型组织。提升教学质量,教师是关键。在科学技术快速发展的今天,教学内容、教学方法、教学手段都需要不断更新,教师的教育教学能力和水平也需要不断提升,因此,高校要加强教研室等基层教学组织的建设,把基层教学组织建设成为一个学习型的组织,既有利于教师积极吸引外部的新思想、新知识,也有利于教师间相互学习,相互提高。培育质量文化,各级行政管理组织既是管理者、推动者,也是执行者。要提高管理人员的执行力,也需要建设学习型组织,积极开展质量管理的理论和方法的学习和研究,提高行政管理人员的教育理论和管理理论水平,充分理解学校的办学理念、质量理念,创造性地开展质量管理工作。质量文化建设

① 李跃生,陈孟英.卓越企业的卓越文化(Ⅰ)——对海尔以质量为核心的企业文化的调研[J].质量与可靠性,2003(05):8 - 13.

是一个不断学习、运用、总结、创新的过程,通过学习型组织的建设,可以深入、广泛地开展教学质量保障的宣讲与培训。质量文化建设要从树立愿景、改变心智入手,从领导做起,学习新理论、创立新模式、规范新行为、养成新习惯、形成新文化,层层推进。

4. 注重内外结合,加强教学质量保障体系建设

再好的质量愿景和质量信念,如果不把质量管理付诸实践,一切都是空谈。高校质量文化的建设,必须构建一整套的质量保障体系。目前我国的高等教育外部质量保障体系已经不断得到健全,尤其是建立了"五位一体"的本科教学评估制度,对我国高等教育质量的保障起到了十分重要的作用。外部质量保障体系历经几十年的实践,汇聚众多专家学者的智慧,已经相当成熟,其各类评估指标体系直指高等教育质量的"要害",高校在建立内部教学质量保障体系时可以充分参考外部质量评估指标体系,从中领会精神,抓住"要点",内外结合,在此基础上突出和保障学校的特色与优势,从而使高校内部教学质量保障体系更加科学和更具生命力。

通过教学质量保障体系建设,物质层面的质量文化,如学校校园环境建设、设施设备建设、实验室与图书室资料建设、师资队伍建设等可以紧紧围绕育人中心,以优质的资源保障教学质量;制度层面的质量文化,如学校各级各部门的职责和分工、各项工作的流程、各种工作制度和奖惩制度得以建立健全,使学校的质量精神成为全体师生员工共同遵守的行为准则;行为层的质量文化,如学校的校风、教风、学风、各种典礼仪式等,成为全校上下的自觉行动;精神层面的质量文化,如质量理念、质量方针、质量目标等,成为全校上下共同的价值观,使提高教学质量真正成为每个教职员工的内在追求。

第二节 浙江省民办本科高校教学质量建设的对策建议

要提升民办本科高校的教学质量,除了要建立健全教学质量保障体系外,还必须加强民办本科高校教学质量形成的关键要素建设。本节主要就

加强师资队伍、生源、经费与教学条件、课程等四个影响浙江省民办本科高校教学质量的关键要素的建设提出若干对策建议。

一、提升民办本科高校师资队伍质量的对策建议

民办本科高校师资队伍质量提升需要营造良好的外部环境,加强民办本科高校内部的师资队伍培养和管理。

(一)营造良好的外部环境

1. 全社会要提高对发展民办教育的认识

我国民办高等教育的产生虽然有国家财政教育经费不足的客观实际,但绝不是政府教育经费不足时的过渡性产物,而是中国高等教育改革发展的必然要求。我国的民办高等教育已经从"补充地位"发展到了"重要组成部分",民办高等教育绝不是可有可无的。相反,民办高等教育是满足社会"多元化需求",增加"高等教育选择性"的重要供给力量。江苏省劳动模范、翔宇教育集团总校长卢志文认为:"底线+创造,是推进一切事业发展的铁律。底线有保障,发展无止境。保底靠政府,繁荣靠市场。对于教育,公办保均衡、促公平、守底线,民办抓环境、求发展、促繁荣。一定要两手抓两手硬,坚持两条腿走路。"[①]国家把民办教育按营利性和非营利性分类管理后,非营利性民办高校的教师与公办高校教师承担着完全相同的社会责任,他们应该享受与"公办高校教师"完全相同的社会保障。

2. 政府要依法行政,消除对民办教育的歧视性政策

我国于 2002 年底颁布了《民办教育促进法》,并于 2013 年与 2016 年对其进行了两次修订完善,尤其是 2016 年的修订,给我国的民办教育明确了分类管理的政策,从法律的层面澄清和解决了原有民办学校存在的法人属性不明、产权归属不清等问题。修法以后,政府就可以对营利性和非营利性的民办学校分类进行管理。根据新修订的《民办教育促进法》,政府应当加大对非营利性民办学校的扶持,给予更多优惠政策,培育一批高水平的民办

---

① 卢志文.不能用管理公办教育的方式管理民办教育[EB/OL].https://mp.weixin.qq.com/s/mkQcE1wfoRNPFabyiKGDdA,2019-03-31.

学校。目前,正处于原有民办高校选边站队的过渡时期,政府应当依法行政,取消对民办教育的一切歧视性政策,尽快制定相应的实施细则,使《民办教育促进法》能够真正落地,切实保障《民办教育促进法》赋予民办学校教师的合法权益。

(二) 加强民办本科高校内部的师资队伍培养和管理

1. 做好师资队伍建设规划

学校战略目标的实现最重要的因素是教师。师资队伍的建设规划要与学校的战略目标实现相匹配,一般要明确三方面内容:一是教师队伍的数量和结构要与学校的战略目标相匹配,达到实现教育目标的要求;二是在实现战略目标的过程中,教师也得到了相应的权益和成长;三是要建立与学校发展相适应的教师资源动态调整机制。师资队伍建设规划的质量,直接关系到教师资源的配备和建设质量。比如,民办本科高校一般都定位为教学型高校,以培养应用型人才为目标,围绕这样一个定位与人才培养目标,师资队伍建设规划就应该突出建立一支"双师双能型"教师队伍,要突出教师应用能力的培养培训,采取切实有效的措施来实现这样的师资队伍建设目标。

2. 提高教师的薪酬待遇和保障

薪酬待遇与社会保障是民办本科高校引进与留住人才的最重要因素。民办本科高校想要延揽人才,最重要的是确定合理的薪酬标准。薪酬标准的确立一要进行同城比较,一般应不低于同城公办本科高校的水平;二要注意薪酬与工作任务的匹配,以免大材小用,浪费资源,也要避免小材大用,浪费资金;三要注意校内原有教师与新引进人才的薪酬公平,一般来说,引进人才的薪酬与学校已有教师的薪酬的区别主要体现在绩效上,基本的薪酬标准应该一致,可以实行按贡献分配的原则,适当拉开不同职级教师之间的薪酬差距。在目前全国高校"抢人才"的背景下,民办本科高校一定要对人才有一个准确定位,不要好高骛远。要注重"筑巢引凤",解决教师的住房问题,使教师能够安居乐业。在实际人才引进中,给予引进人才的住房条件的优劣决定了学校在人才市场中的竞争力。另外,要尽快依法保障民办高校教师的各项权益(如养老保险、医疗保险、职业年金、教龄计算、职称评定等),尽量提高相关待遇,妥善解决青年教师普遍关心的住房和子女上学等问题,使其没有后顾之忧,能够安居乐业。

3. 做好师资招聘工作,提升起点质量

民办本科高校要招聘到自己需要的好老师,一般要做好以下工作。

(1)明确需求,确定招聘标准。在招聘之前应该对学校的学科专业建设对教师的需求有一个充分的规划,明确招聘教师的学科专业背景、职称与学历要求、教学与科研条件、思想品德与身心要求等。

(2)广泛宣传,把招聘信息传递到尽可能多的符合招聘要求的对象中。一是通过专业的招聘网站进行宣传,比如高校人才网、中国硕博人才网、博士人才网、智联招聘等,需要支付相应的宣传费用;二是通过学校官网宣传,借助于学校的知名度,对有意向的人才做宣传,直接找到学校官网来了解招聘信息的人才,往往意向比较明确,需要对其特别关注;三是通过参加有关单位组织的人才招聘会,与应聘人才直接面对面交流与宣传;四是直接到有关高校去招聘所需人才,这种招聘形式往往适用于专业性比较强,相关人才培养高校数量不是太多的人才,比如招聘捷克语教师,国内培养捷克语人才的高校只有少数几所,因此就可以直接联系相关学校和院系,前去定点招聘;五是通过各种人脉关系介绍并上门拜访联系洽谈,一般对于高层次的学术领军人才的引进通常需要采用这种方式,没有"三顾茅庐"的诚意是很难引进"大才"的;六是登报招聘高层次人才;七是委托相关的猎头公司引进人才。

(3)通过查阅简历、组织面试等方式进行甄别。对照招聘条件,对应聘者的简历进行审阅,对于符合条件的应聘者应尽快组织面试,进行面对面的洽谈。

(4)对有意向引进的人才要建档并跟踪联系,尽快签订聘用合同。学校领导、人事处、各学院院长等对于看中的人才一定要放下架子,发扬"三顾茅庐"的精神,用诚意感动对方,使对方最终与学校签订劳动合同或聘用协议。

(5)签订合同后要做好各种人才服务,让教师感觉到温暖。

民办本科高校在招聘人才中要避免过于注重学历、职称、科研成果的现象,要加强对教师的综合素质与思想品德的考察。笔者在担任人事处长期间,就曾遇到过以下几种教师:品行有欠缺的,比如在原单位因与学生发生不正当男女关系受处分的;政治有问题的,比如邪教信仰者;心理有问题的,比如精神有时不大正常的;等等。这些方面,只经过短暂的面试是很难考察出来的,需要深入地了解,比如通过查阅个人档案、实地政审、委托别人去原单位了解等途径,对拟聘用人员进行了解,以确保引进人才的质量。

4. 建立和完善师资队伍培养培训机制

在对浙江省四所民办本科高校学生的调查问卷中可知,民办本科高校教师对"教学方式方法"和"教学效果"的满意度是比较低的。民办本科高校年轻教师多,大部分又是非师范专业毕业,在教育教学方面几乎没有经验积累,因此教师队伍的培养培训对于提高教师的教学能力和水平至关重要,对于提高人才培养质量至关重要。笔者认为,对民办本科高校教师的培养培训应该从以下几个方面入手。

(1)抓好新教师岗前培训。岗前培训是针对所有新教师的,这里的"新教师"包括刚从大学毕业的新教师,也包括从其他高校引进新入职学校的教师。新教师岗位培训应主要开展学校的办学历史、校园文化、学校的办学理念、使命、愿景、校训、人才培养目标与定位等方面的培训,让新教师能尽快融入学校。对于刚从大学毕业的新教师,还应另外专门组织岗前培训,比如获取大学教师资格证的必备课程教育学、心理学、教师伦理与法规等课程的培训,另外还应开展教育教学技能方面的培训,比如如何备课与撰写"教案",如何出一份高质量的试卷,如何组织课堂教学,如何使用多媒体教学设备,如何利用国家和省市的精品在线开放课程资源进行翻转教学,如何建设在线课程、开展线上线下混合式教学等教学技能培训。

(2)建立校内教师定期培养培训机制。首先要围绕学校的发展战略和人才培养目标,制定学校师资队伍建设的中长期发展规划,完善学校教师发展中心的组织机构设置,学校每年应设置相应的教师培养培训经费预算,由教师发展中心统筹使用与安排。其次教师发展中心应根据不同年龄、学历、职称、专业的教师的实际情况制定个性化的教师培养培训计划,有针对性地开展教师培训工作。再次,要设计可持续发展的培训内容。应把提高教师的思想政治素质、教育教学理念,提高教师的教学水平、科研水平、管理水平,优化教师队伍的知识、学历、职称结构等作为教师培训的主要内容和任务。最后,建立灵活、开放的教师培训模式。可以通过聘请专家学者来校做讲座、作辅导报告、开展教学工作坊,送教师去其他学校接受集中培训、听课与教学观摩,鼓励教师去国内外高校进修、访学,鼓励教师进入企业挂职锻炼,鼓励教师参加跟所学专业紧密相关的研讨会、长短期培训等方式进行教师队伍的培养培训,通过继续教育学分(学时)的形式,要求教师有计划有目的地完成相应的进修提高的任务,使教师的知识能够及时更新,应用现代化教育技术的能力和水平能够不断得到提升。

(3)加强"双师双能型"教师队伍建设。民办本科高校普遍定位为教学型高校,以培养应用型人才为目标。然而民办本科高校的教师较多是刚从大学毕业的,缺乏实践与应用能力,这与民办本科高校的办学定位与人才培养目标定位十分不符。对浙江省四所民办本科高校学生的调查问卷也反映了学生认为"实践教学"是非常重要的,民办本科高校在"实践教学"方面还需要不断加强与提高质量。培养应用型人才需要建设一支"双师双能型"教师队伍。教育部、国家发展改革委、财政部在《关于引导部分地方普通本科高校向应用型转变的指导意见》中明确提出了"加强'双师双能型'教师队伍建设"①的要求,指出培养应用型人才的教师队伍不仅要注重"双师"资格,而且要注重教师的"双能"素质。所谓"双师"资格是指教师既具有高校讲师的资格,同时又具有诸如工程师、会计师、经济师的资格;所谓"双能"素质是指教师既具有胜任专业理论教学的能力,同时又具有专业实践教学的能力。"双师双能型"教师队伍建设的成效,直接关系到应用型人才培养的质量。

民办本科高校的"双师双能型"教师队伍建设可从两个方面入手:一是着力形成教师队伍的"双师双能"结构,即在目前自有专任教师以理论教学为主的情况下,聘请具有丰富实践经验的行业或企业专家为兼职教师,指导学生进行实践,形成"自有专任教师+外聘兼职教师"的"双师"结构,这是目前民办本科高校在短期内能较快实现的目标;二是加大对自有专任教师实践教学能力的培养,主要可以通过送教师去合作的实践基地挂职锻炼,让教

---

① 教育部、国家发展改革委、财政部.教育部 国家发展改革委 财政部关于引导部分地方普通本科高校向应用型转变的指导意见[Z].教发〔2015〕7号,2015.

196

师参与企业的应用研究,引进企业到学校建立实验室(生产线)或办事处,让自有教师参与这些实验室或办事处的工作,跟随企业派驻的专家学习实践技能,让自有教师掌握实践技能、了解生产过程、熟悉具体操作等,使教师发展成为既能进行理论教学,又能有效指导学生实践的"双师双能型"教师。

5. 建立和完善教师考核、评价与激励机制

赫兹伯格的双因素理论认为,激发人的动机的因素有两类:一类是保健因素,比如社会保障、医疗保障、工资水平、工作环境、福利和安全等,这类因素达到标准就不会使人"不满意"了,能起到维持现状的作用,但如果没达到,则会引发"不满",进而影响工作的积极性;另一类因素为激励因素,如上级表扬、晋职加薪、成就感等,这类因素可以提高人的工作积极性,激发人们争取更好的表现的动机。因此,民办本科高校的师资队伍建设,既要重视社会保障、住房公积金等保健因素,也要重视工资、职务晋升等激励因素,尤其是要做好教师的考核评价与奖励工作。

(1)要建立和完善教师的考核评价机制。首先要尽量减少各种各样的考核。民办本科高校教师工作量大、任务重,要尽量减少考核的次数,把能整合的考核尽量整合,不要重复考核。其次,考核要做到公平公正。如果失去公平公正,考核只能起到负面作用,而无法实现考核的最终目的。再次,要做好考核结果的利用,对优秀的要表扬,对不足的要令其改进,对太差的要采取相应的惩戒措施,使考核起到激励先进、鞭策后进的作用。

(2)要建立和完善奖励机制。高校教师的工作与企业员工的工作性质大不一样,教师的工作很多是凭"良心"的工作,是讲究学术自由的创新性工作,因此,高校教师的业绩不是靠"考核"出来的,而是靠"奖励"出来的。完善的奖励机制对于促进民办本科高校教师的工作积极性具有十分重要的作用。要建立与完善教学优秀的奖励机制,比如设立教学优秀奖、教学名师奖、教坛新秀奖等,对教学质量高的教师进行嘉奖;对指导学生发表论文、取得学科竞赛好成绩等的教师要进行奖励;对积极参加教学技能提升比赛并获奖、积极参加教育教学改革并获得教学成果奖等的教师要进行奖励;对取得省部级及以上教学科研项目、发表高层次的科研论文等的教师要进行奖励。这些奖励要跟工资绩效挂钩,跟职称晋升挂钩,跟各级各类人才称号挂

钩。完善的奖励机制是师资队伍建设的重要内容，也是加强师资队伍建设的重要途径。

二、提升民办本科高校生源质量的对策建议

生源质量好比工厂生产产品的材料质量，材料质量差的话，即使用最好的生产工艺，也很难生产出高质量的产品。因此，要提高民办本科高校的教学质量，首先要提升民办本科高校的生源质量，教学质量要从招生这个源头上开始抓。

（一）提升办学综合实力，打造特色专业与品牌

在我国高等教育正从大众化向普及化迈进的阶段，高校招生已经从卖方市场转变为买方市场，民办本科高校要想从竞争中赢得市场，唯有走内涵发展之路，不断提高自身的综合实力，打造特色专业与品牌。

1. 优化学科专业布局，走差异发展之路

民办本科高校的优势主要就是体制机制的优势，在专业布局与设置方面相对也比较灵活。民办本科高校应该紧密结合地方经济社会发展需求，明确自身的办学定位，确定学校重点发展的领域，对接相应的产业链或行业设置若干个专业，形成专业群，尽量不与地方其他高校重合，同时充分发挥民办高校的优势，根据经济社会发展变化，及时调整专业及其培养目标与规格，走差异化发展的道路。

2. 加强教学基本建设，提高人才培养质量

教学基本建设包括学科建设、专业建设、课程建设、教材建设、实践教学基地建设、学风建设、教学队伍建设、管理制度建设等，它们是保证教学质量的最重要的基础性建设。民办本科高校应遵循教育的基本规律和人才成长规律，规范办学，加强教学基本建设，不断提高人才培养质量。比如，推进学分制，深化人才培养模式改革；加强实践教学平台建设，提高学生实践动手能力和创新能力；加强课程资源建设，提升课程建设水平；优化专业结构，加强专业内涵建设；规范"质量工程"管理，凸显项目建设成效；重视教学改革研究，培育教学成果；加强教学质量监控，完善质量管理体系等。

3. 加大人才引进与培养力度，改善师资队伍数量与结构

对民办本科高校来说，师资队伍是一个薄弱环节。在招生过程中，有一支强有力的教师队伍是吸引考生报考的重要因素。因此，民办本科高校必须要加强师资队伍建设，舍得投入，改善人才引进条件，大力引进高层次人才。另外对自有的年轻教师要注重培养，努力提升其学历和职称。民办高校要提升办学实力，加强师资队伍建设是最需要重视的。

4. 凝练学科专业特色，打造特色专业与品牌

特色实际上就是质量，就是竞争力。因此，民办高校要有品牌意识，要不断凝练学科专业特色，举全校之力重点建设若干个专业，使这几个专业的办学条件、师资队伍、培养质量等与同类高校相比具有明显的优势与特色，从而形成学校的品牌。有了品牌与良好的口碑，学校就能获得考生及家长的认可，就会有更多学生报考民办本科高校。

（二）改进招生工作质量，提升民办本科高校招生能力

生源是民办本科高校的命脉，但要招收到满足学校发展需求的优质生源，学校除了要提升教学质量之外，还需要改进招生工作质量，提升民办本科高校的招生能力。

1. 提升招生宣传工作质量，提高立体传播能力

"酒香也怕巷子深"，让更多的考生和家长了解学校，提升学校知名度是招生工作的第一步。就像企业推销产品，不断地在各种媒体上做广告一样，高校要吸引学生报考也要注重"形象传播"，要学习可口可乐等公司的营销策略，提高招生工作的立体传播能力。要把学校的办学理念、综合实力、校园环境与教学条件、人才培养特色、取得的成就、发展的目标等编成精彩的"故事"，从考生、家长需求的角度，通过报刊、新闻广播等传统媒体和微信、QQ、抖音等新媒体，全面、准确、及时有效地传播"故事"，让考生与家长对学校的不同院系和专业有一个比较全面的了解。对考生和家长的疑问还应建立起互动的渠道，比如热线电话、电子邮箱、网络论坛等，及时进行答疑与辅导，给考生与家长留下良好的印象。

2. 打造一支专业招生队伍，提高鉴别选拔能力

提高生源质量，简言之就是选择招收优秀学生。2014 年国务院下发的

《关于深化考试招生制度改革的实施意见》就已经明确提出"探索基于统一高考和高中学业水平考试成绩、参考综合素质评价的多元录取机制"①。这个简称"两依据一参考"的高考新政要求高校"研究提出"两个方面的方案,即根据不同的专业要求,提出高中学考科目要求与综合素质评价的使用办法。这实际上就是对高校鉴别选拔考生的能力要求。所招生专业需要考生具备什么样的知识、能力、素质要求? 如何来测量与鉴别考生的这些知识、能力和素质? 哪些选考科目能反映这些要求? 哪些方面的素质评价能反映招生专业所需要的素质? 等等,这些问题都是需要高校深入研究的。

民办本科高校要提高生源质量,必须建立起一支专业化的招生工作队伍,这支队伍应当熟知招生政策与招生全过程,对学校的办学理念、办学特色,对所招生专业的培养目标与定位、办学实力与特色、毕业生就业去向等都有比较全面的了解。因此,对招生工作人员必须进行专业化与职业化建设,必须实行培训上岗制。

3. 规范招生程序和制度,提高招生管理能力

招生也是一项技术活,民办本科高校必须建立和完善相应的招生选拔机制。国务院《关于深化考试招生制度改革的实施意见》中要求"高校要将涉及考试招生的相关事项,包括标准、条件和程序等内容,在招生章程中详细列明并提前向社会公布;加强学校招生委员会建设,在制定学校招生计划、确定招生政策和规则、决定招生重大事项等方面充分发挥招生委员会作用;高校可通过聘请社会监督员巡视学校测试、录取现场等方式,对招生工作实施第三方监督;建立考试录取申诉机制,及时回应处理各种问题;建立招生问责制,2015 年起由校长签发录取通知书,对录取结果负责"②。这里提到的"招生章程"(招考标准、条件、程序)、"招生委员会""社会监督员""考试录取申诉机制""招生问责制""校长签发录取通知书"等以及其他招考信息的披露、校内资源的调配、人员的安排、面试的程序设定、激励机制的建立等,都要明确成文,形成制度,完善工作流程,加强招生录取工作的规范化,从而提高招生管理的能力。

---

① 国务院.关于深化考试招生制度改革的实施意见[Z].国发〔2014〕35 号,2014.
② 国务院.关于深化考试招生制度改革的实施意见[Z].国发〔2014〕35 号,2014.

（二）完善政策支持体系，落实民办本科高校招生自主权

政策是规范和影响民办本科高校招生考试的最重要因素，因此改进民办本科高校招生考试工作，最主要的就是完善国家和地方政府对民办本科高校招生考试的政策体系，落实《高等教育法》赋予民办本科高校的招生自主权，落实国务院《关于深化考试招生制度改革的实施意见》精神，尽快取消录取批次，实行本科高职分类招考，尽快落实"两依据一参考"的高考改革新政，建立多元录取制度。

1. 取消录取批次

现行高考招生录取制度是分批次的，民办本科被划到本科招生的最后批次，民办高职被划到高考招生录取的最后批次。这实际上是人为地把高校分成三六九等，人为地把民办高校尤其是民办高职院校视作最差的高校。这实际上是很不公平的。目前民办高校有的专业的办学水平、办学特色都已经超过了一些985、211大学，但是因为录取批次的限定，民办高校的这些专业招收不到分数更高的学生，而985、211大学这些办得并不好的专业，却招收到了考分更高、更优秀的学生。因此，从教育公平、办学公平的角度，应当逐步取消录取批次，让所有大学都同等竞争。各地在落实国家高考制度改革，制定本地区高考招生新政策时，应当取消录取批次。于考生而言，没有录取批次后，自己将具有更大的选择权，面对更多的高校，可以凭高分选择好大学的好专业，也可选择一般大学里的好专业；可以凭兴趣选择自己喜欢的专业和学校。于高校而言，没有录取批次后，选择学生的面将变得更大，可以在最大范围内挑选适合本校专业培养的学生。

2. 本科与高职学校实行分类考试与招生

根据联合国教科文组织的分类，博士研究生以下的高等教育属于第五层次，而这个层次的高等教育又分为5A和5B两类，5A是指普通高等教育，5B是指高等职业技术教育，这两类教育是两种不同类型的高等教育，而不是两个层次的教育。而我国现行的高考按批次录取，显然是把本科与高职当作两个层次，而不是两种类型，这种现象必须被改变。普通高等学校的招生考试重点考察的是考生的基础知识及灵活运用知识的能力。高职院校的招生考试重点要考察的是考生的技能。普通高校的生源重点是普

通高中毕业的学生与部分中职毕业生;而高职院校的生源重点是中专、技校毕业生和部分普通高中毕业生。因此,本科与高职学校应该实行分类考试与招生。

3. 建立职业资格证书与行业准入制度

我国的民办本科高校都属于新建的本科高校,基本上都属于应用型高校,以培养应用型人才为主。应用型人才的培养目标与规格和经济社会发展的各个行业或岗位是需要有一定的对应关系的。在我国,要提高应用型人才、民办高校与民办高校毕业生的地位,迫切需要建立起职业资格证书与行业准入制度。根据社会经济分工,对要从事某个行业或岗位的人,建立起相应的知识、能力、素质的明确要求或标准,而根据这个标准建立相应的职业资格证书标准,并且明确行业准入制度,想要进入某个行业工作就必须考取相应的职业资格证书。而我们的应用型本科教育应该包含相应的职业资格证书内容,使学生毕业后就可以相应获得毕业证书和职业资格证书。这样民办本科高校毕业的应用型人才的社会地位等将会得到明显提高,报考民办本科高校的学生将会更多。

4. 扩大自主招生,建立多元录取机制

民办本科高校实行自主招生,既适应了高校招生制度改革大趋势,也是民办本科高校应对生源危机、建设高水平民办大学的现实需要。招生自主权本来就是《高等教育法》赋予高校的一项办学自主权,因此,民办本科高校应扩大自主招生,建立多元录取机制。张亚群教授认为自主招生有三层含义:一是自主招生的"生",不仅包括"偏才""怪才"和"特长生",而且包括适合不同类型高校培养的优秀生源;二是自主招生的"招",既包括高校单独考试,还包括推荐审核、联合考试或统一考试等形式;三是自主招生的"自主"不是完全不受约束的招生选拔权,它要受到国家相关法律、法规和社会文化的约束[①]。所谓自主招生,是指高校在国家法律和政策允许的条件下,以权威性的考试与评价成绩(如统一高考成绩、高中学业考试成绩、高中综合素质评价、雅思、托福成绩等)为基本依据,然后对学生进行面试、甄别,必要时也可以组织笔试,学校和学生进行双向选择的招生模式。民办本科高校自

---

① 张亚群.高校自主招生改革:动因、问题与对策[J].北京大学教育评论,2010(04).

主招生,是指民办本科高校在国家核定的招生计划总数内,由民办本科高校自己决定招考标准,自己选择招考方式,自主招生录取①。

目前民办本科高校已经在进行自主招生的改革试点,比如浙江省允许民办本科高校进行"三位一体"招生改革试点,这为民办本科高校扩大自主招生积累了经验。目前民办本科高校的自主招生与公办高校一样,受到较大限制,尤其是招生计划占当年招生计划的比例很小。为了促进我国民办高等教育发展,应该进一步完善和扩大民办本科高校的自主招生。笔者曾发文论证民办高校全面实行自主招生的必要性与可行性,认为:民办高校实行自主招生,适应高校招生制度改革的趋势;民办高校不依靠国家财政支出,其提供的教育本身就具有"选择性教育"的特点,理论上可以办成"贵族学校",也可以办成"平民学校",基础就是学校与考生双向选择,这是民办本科高校实行自主招生的理论依据;国外私立大学的自主招生模式,为民办高校自主招生改革提供了参照;市场竞争为民办高校全面实行自主招生提供了机制保障①。

总之,提高民办本科高校生源质量既需要政府宏观政策的保障,给民办本科高校一个公平公正的招生地位;也需要民办本科高校自身苦练"内功",提高招生能力。

三、改善民办本科高校经费与教学条件的对策建议

经费与教学条件对教学质量起支撑作用。有了充足的经费就可以大力引进优秀教师,大力培养青年教师,尽可能改善教学条件,为教学质量的提升提供强有力的软硬件保障。

1. 处理好民办本科高校规模与质量的关系

2008年我国高考报名人数到达最高峰1 050万人,1999—2008年十年间,是我国高等教育大扩招阶段,2008年以后随着高考人数的逐年减少,我国高等教育也从外延扩张转向内涵提升,2007年我国独立设置的民办本科高校仅30所,仅占目前民办高校总数的五分之一。我们可以把2008年看作一个时间节点,把我国民办本科高校的发展分为两个阶段:2008年之前

---

① 赵海峰.民办高校全面实行自主招生的可行性探究[J].教育与考试,2016(04):58-63.

是我国民办本科高校发展的前期阶段(主要是从创办到高职层次办学阶段),2008 年之后是我国民办本科高校发展的中后期阶段(主要是从高职升格到本科办学,再争取研究生培养的阶段)。

在前期发展阶段,民办高校是以数量求生存,以生存求发展阶段,"规模"对于民办高校来说至关重要。"规模"既包括校园面积、建筑面积,还包括师生数量等,而最重要的是学生人数,因为有了学生就有学费收入,有了收入,学校就能生存与发展,规模是提升质量的前提。这一时期一批民办高校趁高等教育大扩招之际,迅速壮大规模,在民办高校中脱颖而出。在民办高校发展的中后期阶段,受国家招生人数限制,规模效益已经不再突出,人民群众对高等教育的需求也逐渐提高,因此,民办高校要生存与发展就必须提高教学质量,没有质量就没有生存,质量成为我国民办本科高校生存和发展的前提。

我国目前大多数民办本科高校是以学费滚动发展的,这就必然要求民办本科高校保持一定的规模,否则办学经费就无法保证,就会影响学校发展。在当前阶段,我国民办本科高校的办学规模已经基本保持稳定,在此基础上必须把内涵建设与提升教学质量摆到首位,加大教学经费的投入,不断改善教学条件,为教学质量的提升提供支撑。

2. 积极开拓筹融资渠道,增加学校的经费来源

清华大学的收入来源主要有中央财政拨款、政府性基金预算拨款收入、教育事业收入(学费、住宿费、委托培养费、考试考务费、培训费等)、科研事业收入(承接科研项目、开展科研协作、转化科技成果、进行科技咨询等)、其他收入(投资收益、捐赠收入、租金收入、银行存款利息收入等)。民办本科高校可以参照国内一流大学的收入来源项目,根据学校自身的特色,积极开拓,争取更多的经费。

(1) 依法积极主动争取政府资助,提高财政拨款金额。新修订的《民办教育促进法》第四十六条指出,"县级以上各级人民政府可以采取购买服务、助学贷款、奖助学金和出租、转让闲置的国有资产等措施对民办学校予以扶持;对非营利性民办学校还可以采取政府补助、基金奖励、捐资激励等扶持措施"。因此,民办本科高校可以依法积极向当地政府申请办学经费补助,提高财政拨款额度。

（2）丰富校理事会成员，争取社会多方捐助。政府的物质扶助与政策支持，在很大程度上是民办高校积极争取的结果。在这方面近代私立大学有许多经验可供参考。例如，南开大学张伯苓校长为了获得政府、政界要员与军阀的巨额物质支持，结交了许多政要与军阀，与他们建立了亲密的私人关系，聘请他们出任学校的校董等，不仅抬高了学校的地位与声誉，解决了学校立案、招生计划、就业等问题，而且打通了学校与政府、企业的关系，依靠这些军政领袖的影响力，得到更多的物质支持和政策支持。很多年后，张伯苓还念念不忘这些给予支持的朋友："徐前大总统菊人，陈前直隶总督小石，朱前巡按使经白，与刘前民政长仲鲁诸先生，或者拨助长年经费，或者补助建筑费用，倡导教育，殊深感激。"①在美国，私立大学的董事会规模要比公立学校大得多，成员可达到 50～60 人，在学校的章程中也都强调董事会代表利益的多样性，强调董事会成员应有不同的学历和社会背景。董事会成员的多样性，加强了大学与社会的联系，有助于办学经费的筹措。

（3）成立校友基金，扩大校友捐赠收入。积极组建校友会，组织各种校友活动，为校友发展提供相关服务，积极争取校友的捐赠，可以通过设立奖助学金、创业基金等形式，扩大校友的捐赠收入。对于捐赠人士，学校可以采取建筑物冠名或把画像、姓名等置于校内等形式，以示"吃水不忘挖井人"，鼓励更多的人捐款。

（4）结合学校特色，做大做强继续教育，增加教育事业收入。民办本科高校应该结合地方经济社会需要举办学科专业，然后结合学校特色，面向社会开展各类人才培训或技能培训，与地方政府合作，承接各类考试与培训，扩大成人学历或非学历教育，做大做强继续教育，增加学校的各种学费收入、培训费收入、住宿费收入、食堂餐饮收入等教育事业收入。

（5）深入开展地方合作，积极提供社会服务，增加科研事业收入。通过深入开展地方合作，积极承接科研项目，与企业开展科研协作，通过申请发明专利，促进科研成果转化等途径，增加科研事业收入。

（6）盘活学校资产，增加有关资产的租金收入。学校要充分利用有关

---

① 张伯苓.张伯苓教育论著选［M］.崔国良，编.北京：人民教育出版社，1997.

资产,特别是房产,可以结合学校建设规划,将部分房产进行出租以获得收益。这样既可以提升学校的基础服务设施,又能增加学校的租金收益。比如,在图书馆一楼或地下室开辟一间咖啡吧,然后出租给专业人士经营,既为师生提供了学术交流的场所,为长时间在图书馆学习研究的师生提供食粮,也增加了一部分租金收益。咖啡吧的装修精致得体,可以美化环境,提升服务档次。同样,在有关的教学楼、学生住宿区等开设的咖啡吧、超市、书店等,既属于学校基础设施的一部分,也能增加学校的租金收入。

(7)在市场允许的范围内,适当提高学费和住宿费。提高学费和住宿费是需要非常慎重的,必须以学校更高的服务质量与更高的教学质量为基础,否则会适得其反。新修订的《民办教育促进法》放松了对民办高校的收费政策,民办高校收费实行市场调节价。民办本科高校要充分利用好这一政策,在教学质量与收费之间做好平衡,尽可能争取更多的学费与住宿费的收入,从而使学校进入"更多学费收入—师资与教学条件进一步改善—教学质量进一步提高—更多学生报考—更多学费收入"的良性循环。

(8)利用民办高校体制优势,开展一些投融资活动。比如成立学校发展基金,成立基金管理公司,或委托投资公司运作,购买理财产品,投资兴办产业等,不断增加储备金,获得更大的收益。比如可以经营驾校、酒店、生产线等获得经营收入。

3.做好经费使用规划,建立教学环境逐年改善计划

有了经费之后,民办本科高校应当对经费使用做好规划。建议提前做好当年、三年、五年甚至十年的规划,根据学校发展战略的实施,提供经费保障。经费使用规划中应有专门的教学环境与条件逐年改善计划。民办本科高校从规模扩张阶段发展到现在的规模稳定阶段,原来在快速扩张过程中置办的一些课桌椅、教室的装修设施、实验室的仪器设备都会有些破旧与过时,为了跟上时代的发展,尤其是现代信息技术的发展与现代教育技术的广泛应用,民办本科高校的教学环境与条件大都需要改善与更新。因为经费有限,所以民办本科高校应当建立"教学环境与条件逐年改善计划",比如智慧教室与实验室的建设,可以一层一层地改造,也可以一幢一幢地改造,总之,每年应该预算一部分教学环境改善经费,用于教学环境与条件的更新。

4. 利用校企合作机制,改善实验实践教学条件

民办本科高校立足应用型人才培养目标,就要深入开展校企合作。除了引进企业专家进课堂教学、与企业共同制定人才培养方案、共同开发课程之外,还可以和企业共建实验室、工作室等,甚至可以引进企业的生产线,学校提供场地,让企业把最新的生产设备引入学校,使学生能通过实践获得最新的技能,实现与市场就业的"零距离",同时也极大地改善学校的实验实践教学条件,弥补学校实践经费的不足。

四、加强民办本科高校课程建设的对策建议

课程是教学质量保障体系建设的核心要素,课程质量决定了教学质量。因此,针对民办本科高校课程建设存在的问题,需要着力加以改进。

1. 课程目标要尽可能明确具体,形成完整的课程目标体系

在具体的实践中,一般把培养目标分成三个层次:第一层次是总述,就是对人才培养的方向、使用规格和知识、能力、素质等方面的总体要求;第二层次是人才培养规格和要求,主要是对知识、能力、素质三方面进行具体阐述,其中"知识"一般包括学科专业基础知识、专业知识、通识等三方面内容,"能力"一般包括专业能力(技能)、方法能力(工作方法、学习方法等)、关键能力(沟通、表达、思维、合作等)等内容,"素质"一般包括思想政治、职业道德、情感、态度、兴趣等内容;第三层次是具体中观、微观课程的目标和教育教学活动的目标,是对人才培养规格和要求的进一步细化。三个层次目标构成了一个完整的课程目标体系。

要做好课程目标的制定,可从以下四方面入手。

(1)立足于学生的实际。当前我国民办本科高校的学生在学习基础、学习习惯、学习方法等方面在同龄的考生中处于中间层次,比考上北大、清华等一流研究型大学的学生要差,比进入高职院校学习的学生要好一些,但在其他的比如社会活动能力、动手实践能力、形象思维能力等方面可能就比较好。笔者在本书第四章第二节中对民办本科高校的生源现状做了详细分析,民办本科高校在确定人才培养目标时,必须考虑学生生源的实际,确定一个可达成的培养目标,尽量使课程能够满足民办本科高校学生的身心发展需要。

（2）紧贴经济社会发展的需要。民办本科高校的人才培养目标，必须紧贴地方经济社会发展需要，因为这与毕业生的就业去向紧密相关。民办本科高校只有"出口畅"才能"进口旺"，因此必须立足地方经济社会发展需要，结合生源实际和学校实际，以培养本科应用型人才为主要目标。虽然同样是培养本科应用型人才，但也应根据学校的特色与办学实力的不同而有所区分。陈新民教授认为民办本科高校都整体性地定位于培养应用型人才，但不同的高校也有细微的差异，比如有的民办本科高校定位于培养高素质应用型创新人才，有的民办本科高校定位于培养高级应用型人才①。《中华人民共和国高等教育法》第十六条规定，"本科教育应当使学生比较系统地掌握本学科、专业必需的基础理论、基本知识，掌握本专业必要的基本技能、方法和相关知识，具有从事本专业实际工作和研究工作的初步能力"。民办本科高校应用型人才的目标定位首先应该达到本科教育对本科人才在知识、能力、素质等方面应达到的基本共性要求，实现学术性与职业性的结合，使所培养的学生具有从事本专业实际工作和研究工作的初步能力，同时应遵循应用型人才培养的社会需求导向，把地方经济社会发展的需求与学校的特色结合起来，在知识、能力、素质的设定上又有民办本科高校自己的个性。

（3）充分听取学科专家的建议。高校具有文化传承的职能，而人类文化遗产主要是以系统化的学科知识来体现的。在高等学校，除了要传授基础知识之外，还应传递一些处于发展前沿的专门化知识，把认识已知和探索未知有机统一起来，实现创新和发展。"这些学问或者还处于已知与未知之间的交界处，或者虽然已知，但由于它们过于深奥神秘，常人的才智难以把握"②，而学科专家最了解自己所在的领域。遵循学科专家的建议，也就是遵循学科知识的内在逻辑。当前有较多的声音认为应用型人才培养的课程要打破学科逻辑体系，应以完成任务为目标，以工作过程为导向。笔者认为，对于本科应用型人才培养的课程体系来说，完全打破学科逻辑体系本身就是不科学的。首先，本科应用型人才需要学习和掌握本学科本专业必需的基础理论和基本知识，应用型人才应用的是理论，在人才培养过程中就必

---

① 陈新民.民办高校人才培养模式改革的理论与实践[M].杭州：浙江大学出版社,2007.

② [美]约翰·S.布鲁贝克.高等教育哲学[M].王承绪等,译.杭州：浙江教育出版社,1987.

然关注理论而不是抛弃理论,当然民办本科高校所关注的是现成的、成熟的、可以直接应用的理论,对于学科专业基础理论和知识的学习需要学科逻辑;其次,微观课程之间需要遵循学科逻辑处理好先修与后修的关系;再次,学科本身就是在不同学科知识的交叉融合中发展的。不过,在某些具体的职业技术技能课程学习中,不要过于注重学科逻辑体系,不要被学科逻辑体系所束缚,而要以完成任务为目标,以工作过程为导向来组织课程内容。

(4) 可以参考《工程教育认证标准》中对培养目标的表述。在《工程教育认证标准》中,要求专业培养目标要符合学校定位,适应社会经济发展需要,要定期评估现有培养目标的合理性,然后根据评估结果对培养目标进行修订,评估与修订过程要有行业或企业专家参与,培养目标应包括学生毕业时的要求,还要能反映学生毕业后 5 年左右能够达到的职业和专业成就,要求"毕业要求"必须明确、公开、可测量,能够支撑培养目标的达成,并对毕业要求应覆盖的 12 个方面内容作了具体的规定①。

2. 加大双师型教师培养力度,提升教师开发应用型教材的能力

民办本科高校一方面要加大对有实践经验的教师的引进力度,另一方面要通过派教师到企业挂职锻炼、开展横向课题研究、共建实习实训基地等形式培养"双师双能型"教师,使教师了解经济社会发展现状,了解科技发展前沿,了解企业对人才的具体需求。同时应开展一些教材建设方面的培训,使教师掌握课程内容选择与组织的知识与技能,提升教师开发应用型教材的能力。民办本科高校的教师在课程内容"取舍"上一般应该遵循三个方面的原则,一是要围绕课程目标来选择课程内容,并应课程目标的调整而调整,确保课程目标的顺利实现。一般在课程目标体系明确以后,课程内容的选择就有了基本方向。课程内容应涉及课程目标所要求的知识、能力、素质等各个方面。二是要处理好学科知识、社会经验、学生兴趣三者的关系。学科知识不是越多越好,也不是越深奥越好,而是要符合学生的实际与兴趣。社会经验也一样,并不是所有的社会经验学生都需要,学生也不可能都有一样的社会经历。民办本科应用型人才要求掌握本学科、本专业必需的基础

---

① 中国工程教育认证协会.工程教育认证标准[EB/OL]. http://www.ceeaa.org.cn/main!newsList4Top.w? menuID＝01010702＃.2017－11/2019－04－17.

理论、基本知识。因此对知识应该有必需的(学科知识、社会经验等)和拓展的(学科知识、社会经验等)之分。这也涉及后续的课程内容组织问题。三是要讲求实效性,体现经济和适宜。经济就是课程选择的内容不要重复,以最少的课程内容最大限度地实现课程目标。适宜就是要符合学生的实际,广度和深度要适中,要以学生现有的基础为起点,要符合经济社会发展需求,不过时落后,要选择反映最新科技成果的、现代的、科学的知识。

3. 民办本科高校的课程结构要突出实践教学

实践教学是民办本科高校增强知识应用能力,提高学生实际动手能力的重要手段。实践教学的形式主要有实验、实践技能训练、实习实训、毕业论文(设计)、社会实践活动、科技创新活动、课外实践活动等。在第四章对浙江省四所民办本科高校师生调研中,学生和教师都一致认为"实践教学"是影响民办本科高校教学质量的重要因素。

实践教学在应用型本科教学体系中具有十分重要的地位。教育部2001年、2005年、2007年先后下发的一系列关于"加强本科教学工作,提高教学质量"的文件均对"实践教学"提出了明确的要求。

2012年1月,教育部、中宣部、财政部等七部门联合发布了《关于进一步加强高校实践育人工作的若干意见》(教思政〔2012〕1号),强调要充分认识实践育人工作的重要性,并对统筹推进实践育人各项工作,包括加强实践育人工作总体规划、强化实践教学环节、深化实践教学方法改革、认真组织军事训练、系统开展社会实践活动、着力加强实践育人队伍建设、积极发挥学生主动性、加强实践育人基地建设等8个方面工作进行了布置,同时要求加强对实践育人工作的组织领导[1]。随后3月份,教育部出台了《关于全面提高高等教育质量的若干意见》(教高〔2012〕4号),再次强调了实践育人工作[2]。

2015年10月,教育部、国家发展改革委、财政部又联合下发了《关于引导部分地方普通本科高校向应用型转变的指导意见》(教发〔2015〕7号),推动部分普通本科高校向应用型转型。文件对应用型本科高校建设的14项任务做了明确和布置,即明确类型定位和转型路径,加快融入区域经济社会

① 教育部、中宣部、财政部等七部门.教育部等部门关于进一步加强高校实践育人工作的若干意见[Z].教思政〔2012〕1号,2012.
② 教育部.教育部关于全面提高高等教育质量的若干意见[Z].教高〔2012〕4号,2012.

发展,抓住新产业、新业态和新技术发展机遇,建立行业企业合作发展平台,建立紧密对接产业链、创新链的专业体系,创新应用型技术技能型人才培养模式,深化人才培养方案和课程体系改革,加强实验实训实习基地建设,促进中职、专科层次与高职有机衔接,广泛开展面向一线技术技能人才的继续教育,深化考试招生制度改革,加强"双师双能型"教师队伍建设,提升以应用为驱动的创新能力,完善校内评价制度和信息公开制度。其中在"创新应用型技术技能型人才培养模式"中,明确提出"加强实验、实训、实习环节,实训实习的课时占专业教学总课时的比例达到 30％以上,建立实训实习质量保障机制"①。

　　民办本科高校实践教学体系建设要以教育部和地方教育行政部门关于实践教学工作的相关文件要求为指导,坚持理论教学与实践教学的有机结合,坚持知识、能力、素质教育有机结合,坚持学生主体作用与教师主导作用有机结合,坚持第一、第二、第三课堂有机结合,构建一个从低到高,从单一技能训练到综合技能应用,再到创新创业教育的以能力培养为主线的实践教学体系(见图 7-1)。

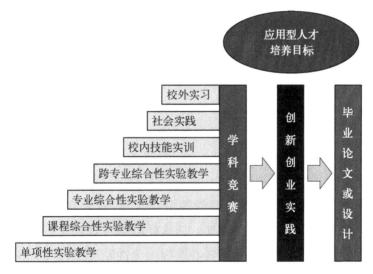

图 7-1　民办本科高校应用型人才培养的实践教学体系

———————————

① 教育部、国家发展改革委、财政部.教育部 国家发展改革委 财政部关于引导部分地方普通本科高校向应用型转变的指导意见[Z].教发〔2015〕7 号,2015.

民办本科高校要将实验教学课程系统地列入人才培养方案,结合理论课程的学习,不断完善单项性实验教学项目,然后对已有的单项性实验教学项目进行整合,设计构建课程综合性实验项目、专业综合性实验项目、跨专业综合性实验项目,形成本科应用型人才培养的实验教学体系,加深对理论的理解,掌握运用理论解决实际问题的方式方法。通过校企合作等途径加强校内校外实训基地建设,从第一课堂延伸到第二课堂进行专业技能实训,加强学生的技术技能训练。以学科竞赛与学生科研创新项目为抓手,提升学生的技术应用能力。结合创业教育与创新创业实践活动,锻炼提高学生的创新创业能力与素质。紧密结合实际工作岗位或行业的相关问题,开展毕业论文(设计)实践,全面提升学生的理论应用能力。在此基础上,最终实现应用型人才培养的目标。

4. 创新民办本科高校的课程模式

课程模式是课程编制所采用的计划方式和所确定的结构体系,是为了实现培养目标而构建的具有特定结构和功能的课程体系,是宏观的课程结构①。课程模式是依据不同的培养目标,在不同的教育理念指导下,结合本校的校情而构建的,因而课程模式必然呈现出多样性和动态性特征,没有哪一种课程模式能够适用于所有的大学,也没有哪一种课程模式是一成不变的。宁波大学曾提出并实施了"平台＋模块"的课程模式②。高林提出了应用型本科教育的"学科—应用"导向的课程模式,即由学科基础平台、应用能力平台、基本素质平台构成的课程模式,简称 K&C 课程模式③。

民办本科高校的课程模式要体现"新时代"(高等教育大众化与普及化阶段)高等教育多样性、选择性特征,满足学生个性化发展的需求。既要使学生具备本专业的基础理论、基本知识、基本技能、基本素质,还要让学生具有较为宽广的知识面与较高的综合素质,同时要为学生个性化的发展提供条件,为其就业奠定基础。从这样的教育理念与指导思想出发,笔者提出"通识教育课程＋专业核心课程＋个性发展课程"的"树状"课程

① 高林,等.应用性本科教育导论[M].北京:科学出版社,2006:69.
② 曹屯裕,贾让成,林麒.基于"平台＋模块"课程结构体系的人才培养模式[J].中国大学教学,2003(05).
③ 高林,等.应用性本科教育导论[M].北京:科学出版社,2006:77.

模式(见图 7－2)。

无论是公办还是民办教育,都要培养人才,都要"立德树人",因此,我们用"树"来比喻学生,用"养树"来比喻教育。世界上有千万种树,每一棵树都是由树根、主干和枝叶构成的。每一种树就好比某一类专业人才。在"树状"课程模式中,通识教育课程就好比树根,根系越发达,这棵树就能长得越高大;专业核心课程就好比树干,是撑起整棵树的支柱,树干越健壮,所

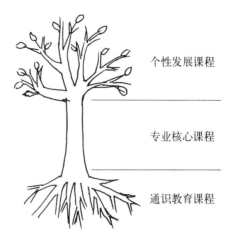

个性发展课程

专业核心课程

通识教育课程

图 7－2　"树状"课程模式示意图

撑起的枝叶就越茂盛;个性发展课程就好比枝叶,哪里有阳光雨露就往哪里长,自由生长才能变得茂盛,最终开花结果,找到属于自己的天空。

通识教育的目标是"促进人的全面发展、培养人的文化自觉、塑造共同的社会主义核心价值观"①。张亚群教授认为,良好的通识教育是适合本国的教育,是注重"学习"的教育,是突破学科藩篱的教育,是以经典、核心课程为载体的发展心智的教育,是凝聚共同的核心价值观的教育,是学习者通向成功之路①。从实践来看,我国的北京大学、复旦大学等一流高校都非常注重通识教育,把通识教育作为一流本科人才培养的重要内容。在实施通识教育过程中每个学校各有特色,比如,武汉大学构建了"42660"模式,即四大模块(中华文化与世界文明、科学精神与生命关怀、社会科学与社会发展、艺术体验与审美建设)、两类课程(核心通识课与一般通识课)、60 门核心通识课和 600 门一般通识课②。在"树状"课程模式中的通识教育课程体系一般有思政理论课、体育课、军事理论课、数学课、外语课等公共必修的基础课和学校根据人才培养目标与规格设置的其他通识教育课,一般也与武汉大学做法类似,分为若干模块和课程组,并且规定学生在每个模块或课程组里选修一定量的学分,选修学分的多少视各校对通识教育的重视程度而定。民

---

① 张亚群.什么是好的通识教育[N].光明日报,2016－05－10(014).

② 祁萧.中国大学通识教育改革之道——第三届大学通识教育联盟年会"校长论坛"纪实[EB/OL].https://www.sohu.com/a/167175288_99962057,2017－08－24/2019－04－20.

办本科高校因为教师数量不足等原因,通识教育课程来源有两个:一是自有教师开设的通识教育课;二是超星、智慧树等通识教育课程网络平台提供的课程,这些网络平台的通识教育课程极大地丰富了民办本科高校可供学生选修的范围。

专业核心课程,顾名思义是一个专业最核心、最重要的必修的课程。修读了这些课程,基本上可以学习到该专业的基础理论、基本知识和基本技能。教育部2018年发布了《普通高等学校本科专业类教学质量国家标准》(以下简称《国标》),基本规定了各个本科专业的最低标准,其中就规定了本科专业的核心课程。专业核心课程一般由该专业的学科基础课、专业基础课和专业课构成,民办本科高校应该遵守《国标》规定,开办专业核心课程。

个性发展课程包括但又不限于传统的专业限选课和专业任选课,它是整合全校范围的课程资源,与行业、职业和岗位紧密相关的一些实用课程,包括专业课程、技能课程、职业资格证书和技能证书考试课程。学校整合全校课程资源,结合经济社会发展需求和国家职业技能证书考试要求,设置好课程清单,有些是单门课程,有些是由几门课程组成的一个课程组,这些课程组往往是根据专业方向或证书考试需要而给学生选修提供的建议,如果修完该组全部课程,就能满足报考相应职业技能证书的要求,当然,学生也可以只修其中的一门或几门课程。个性发展课程全部是自由选修课程,学生须修满学校规定的个性发展课程学分,学有余力的同学经申请或通过额外付费等形式还可以选修规定学分之外的更多课程。在国家大力开发慕课与实施"互联网+教学"的背景下,学校还可以引进相关的精品在线开放课程,以弥补学校课程资源的不足,更好地满足学生个性化发展需求。

5. 确保课程教学大纲的制定与执行

课程教学大纲是指导教师的"教"与学生的"学"的纲领性文件,是课程教学质量评价的标准,因此,民办本科高校教学质量建设必须确保课程教学大纲的制定与执行。

(1)要正确认识课程教学大纲的功能和作用。学校的教学管理部门、教师和学生要转变观念,正确认识课程教学大纲的功能与作用。课程教学大纲是教学管理部门对教学进行管理与评价的重要依据；教师依据课程教学大纲实施教学；学生根据课程教学大纲开展课程学习。课程教学大纲是学校教学管理部门、教师、学生三者之间的一种"契约"，必须要严格遵守。

（2）要完善课程教学大纲的相关管理制度，提高课程教学大纲的科学性与权威性。课程教学大纲的科学性与权威性主要体现在三方面，一是编写课程教学大纲的主体的权威性。编写课程教学大纲应该保证编写者的专业性，编写者必须是本专业的教师或专家，最好能够组织相应的团队进行编写，以便集思广益。二是课程教学大纲的审核程序要规范、有效。课程教学大纲的审核应组建相应学科的专家团队，最好能够吸引用人单位的代表参加，也可以由本专业的教学指导委员会进行审核，要像论证专业人才培养方案一样进行课程教学大纲的论证，明确能够支撑该专业人才培养目标的实现。三是课程教学大纲的严格执行。教学管理部门要建立对课程教学大纲的执行进行督查的制度，督促教师自觉按照课程教学大纲的要求实施教学，对于不按课程教学大纲实施教学的行为要及时进行处理与纠正。

（3）要完善课程教学大纲的内容，提高设计质量。传统课程教学大纲一般只包括课程基本信息（包括性质、学分数、适用面等）、教学目标、教学内容范围、教学重难点、考核方式与要求、主要教学参考书等，体现的是以教师的"教"为中心，是单向的。美国大学的课程教学大纲比较好地体现了"以学习者为中心"的理念以及教师、学生、教学管理者的"契约"关系，它的内容不但包括课程的基本信息、教学的目标、课程主要内容、考核方式与要求，还包括教师的基本信息（姓名、职称、联系方式、办公地点、办公时间等）、该课程在专业学习中的地位和作用、课程的教学日历、课程的具体作业要求（含任务、上交截止时间、评分标准、所占分值等）、课程学业成绩的具体构成与考核要求、学生的责任和课程政策等详细的信息。一般学生在报名注册该课程后或教师在第一次上课前就能收到该门课程的教学大纲，"契约"关系就建立起来了。

6. 加强课堂教学方式方法的改革

课程实施的方式有很多种，包括课堂教学、学生自主学习、实习实训、社会实践等。虽然目前越来越强调对学生自主学习能力的培养,但课堂教学仍然是课程实施的主阵地,课堂教学的质量直接影响学校的教学质量。教无定法,教学是一门艺术,课程教学质量更多地取决于教师的教育教学能力和水平。民办本科高校教师很多没有经过教育教学方法等方面的专门培训,课堂教学仍然以传统的"满堂灌""填鸭式"的教学方法为主,因此教育部要求每个高校成立教师教学发展中心,加强对高校教师教育教学方式方法等方面的培养、培训,提高教师的教学能力和水平。对于民办本科高校而言,对教师的培养培训显得更为重要。

民办本科高校定位于培养本科应用型人才,更要加强教学方式方法等方面的研究和培训。笔者认为,可以学习德国、英国、澳大利亚等国关于应用型人才培养的方式方法,比如德国校企合作的"双元制"教学方式、英国的"三明治"教学方式等,学校要加强与企事业单位的合作,建立校企合作的实践实训基地,建立产教融合、协同育人的机制。在具体的教学方法方面,大力倡导讨论式、项目式、案例式、团队式等教学方法,充分调动学生的学习积极性,实现从以"教师为中心"向以"学生为中心"的转变。另外,可以充分利用国家大力建设精品在线开放课程的机遇,积极主动参与精品在线开放课程建设,采用线上线下混合式教学方法,充分利用在线开放课程资源和现代教育技术开展教学,提高教学效果。

7. 加强课程学业考核,注重过程性评价

课程评价是通过一定的方法和途径,对课程的计划、活动及结果等的价值或特点作出判断的过程[①]。对于民办本科高校来说,由于学生的学习主动性积极性不高、学习习惯相对较差、学习方法也相对欠缺,因此,在对课程的学业评价中要加强形成性评价,把形成性评价与总结性评价结合起来。降低期末一次性考核成绩的比重,加大平时成绩的比重,并科学合理安排平时成绩的构成,改变简单地以考勤率决定平时成绩的做法,把平时成绩划分为若干次作业(测验、任务、汇报等)成绩的汇总,明确每次作业的要求,引导学生平时认真学习,从而更好地达成课程目标。课程评价也是教学质量保障体系的主要内容,这里不做过多的阐述。

---

① 顾明远主编.中国教育大百科全书[M].上海:上海教育出版社,2012:1230.

第三节　民办本科高校教学质量保障体系的实施步骤

教学质量保障体系的一般模式只是一个理论骨架,只有付诸实践,与每个民办本科高校的实际结合起来,才能变得"有血有肉",才有生命力。把SOAC教学质量保障体系付诸实施,还需要做出更大的努力。本节对该体系的具体实施步骤提出以下几点建议。

一、构建质量愿景,统一思想,坚定信念

民办本科高校建设教学质量保障体系,从外部来看,是学校对社会的质量承诺,是学校接受政府和社会第三方评估的需要;从内部来看,是学校加强内涵建设,提升自身教学质量的需要,对学校的建设发展具有十分重要的意义。教学质量保障体系的建设是一个系统工程,需要全校上下共同努力才能出成效。因此,教学质量保障体系的建设需要有一个坚强的领导核心。民办本科高校教学质量的第一责任人是校长,坚持"教学工作中心地位",只有让开展教学质量保障体系的建设成为以校长为核心的校领导团队的意志,这项工作才能事半功倍。校领导首先要坚定建设教学质量保障体系的信念,同时要提出明确的质量愿景,然后召集校院中层干部进行研讨,一方面是为了尽可能完善学校的质量愿景,另一方面是为了在中层干部中进行动员,统一大家的思想,使全校中层及以上干部首先认识到建设教学质量保障体系的重要意义,明确学校的质量愿景,坚定大家建设教学质量保障体系的信念。中层及以上干部统一思想以后,再回到各部门各院系对全校教职工进行宣讲,使全校教职工都知晓学校即将全面开展教学质量保障体系建设,并且对学校的质量愿景也有一个大致的了解。同时通过校报、宣传窗、微信公众号、学校网站等平台进行学校办学理念、质量理念、质量目标等质量愿景的宣传,使学校的办学理念、管理愿景等深入人心。

二、建立健全教学质量保障组织机构

学校质量目标的实现、质量管理工作的开展必须依托一定的组织进行。虽然学校各个职能部门、各个学院都是质量管理的组织,都具有相应的质量管理职责,但是为了抓好学校的全面质量管理,有必要设置专门的质量管理职能部门来统筹这一项工作。目前国内高校关于质量管理机构的设置一般有以下几种:一是独立设置质量管理机构,这类机构与学生处、外事处等学校职能部门平级;二是与教师发展中心合署;三是与学校发展规划处合署;四是与教务处合署等。有了专门的质量管理机构以后,学校的教学质量保障体系建设就有统筹与管理部门了,这个部门(为方便论述,下文统称为"质量管理处")一般在分管教学副校长的直接领导下(受校长委托)开展工作。专门的质量管理机构组建以后,就要做好教学质量保障体系建设的前期准备工作,这些准备工作主要有以下几个方面:

1. 成立学校教学质量保障体系建设工作委员会

这个委员会一般由校长、书记任主任委员,教学副校长任副主任委员,其他校领导、各职能处室负责人、各学院院长、书记任委员,下设办公室,由质量管理处负责人任办公室主任。这个委员会是学校教学质量保障体系建设工作的领导机构和决策机构,是教学质量保障体系建设的指挥中心。这个机构便于全校统一思想、沟通交流教学质量保障体系建设中的问题并作出决策、贯彻落实学校的教学质量保障体系建设的各项任务。

2. 研究制定学校教学质量保障体系建设工作实施方案和建设纲要

质量管理处要进行广泛深入的调研,学习和借鉴成熟高校的教学质量保障体系建设经验,结合民办本科高校自身实际,研究制定学校《教学质量保障体系建设工作实施方案》(以下简称《实施方案》),其内容一般应包括指导思想、总体目标、建设原则、体系结构、任务与时间安排等。《教学质量保障体系建设纲要》(以下简称《建设纲要》)是《实施方案》的一个主要附件,是学校开展教学质量保障体系建设的行动指南,由质量管理处的负责人会同教务处、学生处、人事处等职能部门负责人共同制定,其内容一般应该包括两个方面,一是教学质量标准体系。这个质量标准体系的制定一般可以参考教育部本科教学工作合格评估指标体系、审核评估指标体系等外部教学质量评估的指标体系，结合学校实际的教学质量管理工作进行制定。一般包括主要方面（如本研究的四大子系统）、一级项目（相当于审核评估指标中的"审核项目"）、二级项目（相当于审核评估中的"审核要素"）、质量标准基本要求、质量监控点五个栏目。二是教学质量保障项目执行和监控任务落实分工。针对教学质量标准体系中的每个二级项目，确立项目负责人、落实的组织机构、执行人/执行机构、监督机构。将任务层层分解，最终落实到人。以下举例说明（也可以用两张表格的形式：一张为《教学质量标准体系》，另一张为《教学质量保障项目执行和监控一览表》）：

【教学质量保障体系建设纲要】

......

主要方面：设计质量保障系统

一级项目：学校定位和办学思路[1.1]

二级项目：学校定位与发展规划[1.1.1]

质量标准基本要求：学校定位与发展目标能紧贴地方经济社会发展需求，充分结合自身实际，体现高校自身的价值追求，学校教育事业发展规划、学科专业建设规划、师资队伍建设规划和校园建设规划等能准确体现学校定位。

质量监控点：学校发展规划

项目负责人：校长

落实机构：校长办公室、党委办公室、发展规划处、教务处

执行人/执行机构：分管校领导

监督机构：校党委、校教学指导委员会

......

3. 明确各职能部门、各学院的质量管理职责

质量管理处负责人要会同人事处对各职能部门、各学院的职责进行梳理，进一步明确学校每个职能部门和学院的质量管理职责。然后由各职能部门和学院对所在部门的各科室和各位管理人员的岗位职责进一步明确，尤其是明确其质量管理职责。使学校每个管理人员对自身应该承担的质量

管理职责了然于心,把好每个质量关。

4. 建立校院两级督导组织

学校应设立校院两级教学督导队伍,分别开展校级层面和院级层面的教学督导工作。教学督导工作主要包括课堂教学质量监控、实验教学质量监控、毕业论文开题工作检查、毕业论文(设计)检查、试卷质量检查等工作,并为专业评估、专业认证、院级教学基本状态监测等定期监督提供重要支撑。例如,同济大学组建了一支由240位校级督导和370位院级督导组成的队伍,为学校教学质量监控做出了巨大的贡献①。

三、做好实施方案的宣贯工作

在学校质量管理机构会同有关部门制定好《实施方案》与《建设纲要》后,应将其正式递交学校党政联席会议审议,通过后予以正式发文公布。为了切实落实好学校教学质量保障体系建设工作,应分三个层面组织召开《实施方案》的宣贯会议。首先召开教学质量保障工作委员会议,由校长亲自主持开展教学质量保障体系建设工作动员与任务布置,各分管副校长、各职能处室与学院负责人进一步统一思想认识,明确质量目标,领取相应任务。其次由各分管副校长牵头,按"条线"召开会议,进一步强调教学质量保障体系建设的重要意义,明确所在职能部门与学院的质量管理职责,落实相应的任务。最后由各职能处室、各学院负责人主持,召开所在部门的全体工作人员会议,传达学校教学质量保障体系建设工作会议精神,把相应的质量管理职责再次细化,落实到每个具体工作人员。另外,质量管理处还可以编制一些《实施方案》的解读材料,通过校报、宣传橱窗、网络媒体等向全体教职工宣讲,使全校上下了解政策与文件精神,以便更好地贯彻落实。

四、全面制(修)订教学质量具体标准、规章制度与工作流程

根据《实施方案》与《建设纲要》的要求,学校各职能部门分工负责,全面制(修)订教学质量的具体标准,优化相应的工作流程,完善相关的规章制

---

① 同济大学质量管理办公室.同济大学教学质量保证体系简介[EB/OL].https://qa.tongji.edu.cn/58/8a/c8933a88202/page.htm,2018-04-03/2019-08-10.

度。在设计质量保障系统中,各学院应组建专业教学工作指导委员会,重点建立专业动态调整机制、课程动态调整机制两个工作机制,完善专业培养方案、课程教学大纲、课程实践、认知实习、专业实习、毕业论文(设计)等实践教学环节质量标准的制(修)订工作流程与规范。在过程质量保障系统中应重点完善教学运行管理的各项工作流程与规范、师资队伍与教学软硬件条件建设的制度与措施、教学质量过程监控的各项措施与工作制度。在结果质量评价系统中应重点建立学籍预警机制,能够经常性地对学生的学业完成情况进行监控与预警,建立学生对教师教学质量的满意度评价和对教学工作的满意度测评制度、用人单位对毕业生的满意度测评制度,建立毕业生就业率与创业率以及教学基本状态数据定期采集与分析制度等,对专业人才培养质量进行定期分析。在反馈与修正系统中应重点建立教学质量定期和不定期反馈的制度,并建立相应的反馈渠道,使教职工能及时掌握相关的教学质量信息;同时针对教学质量反馈的一些问题要建立整改机制,完善相应的整改制度。

五、教学质量保障体系的运行与持续改进

在有了明确的质量愿景、质量理念、质量目标,有了一整套的教学质量标准体系,有了专门的质量管理组织机构和人员以后,教学质量保障体系的运行效率和效益就能提高了。教学质量保障体系的建设是在实践中不断完善的,其每个环节的运行都遵循 PDCA 的循环,如专业培养方案根据市场需求不断完善、课程设置和课程教学大纲也随着市场需求与培养目标的调整而及时进行完善,每个教学过程质量管理也在不断完善等。为了保障教学质量的持续改进,在体系运行过程中还需要进行周期性的监测,比如建立教学基本状态数据定期采集与分析、专业四年一轮的定期自我评估、每年开展的用人单位对毕业生的满意度调查、每学期开展的教师教学质量综合评价等周期性的监测与评估,并按评估反馈的意见进行整改,从而实现教学质量的持续改进。

六、不断加强教学质量保障体系的关键要素建设

教学质量保障体系是个大系统,系统整体功能的发挥取决于系统的结

构和构成系统的各个要素的质量。对于民办本科高校而言,教学质量保障体系中的生源、师资、经费与教学条件、课程是最为关键的要素。民办本科高校要加强教学质量保障体系建设,全面提高教学质量管理的能力和水平,提升人才培养质量,还需要不断加强这些关键要素的建设。随着生源质量的不断提高、师资队伍质量的不断提升、经费与教学条件的不断改善、课程体系和内容的不断优化,民办本科高校的教学质量保障体系会更加高效地运行,教学质量一定会稳步提升。

随着高等教育的普及化,民办本科高校的发展空间将越来越大。在国家建设"双一流"高校的过程中,民办本科高校也要争创"双一流"。而一流民办本科高校的建设最根本的就是要培养一流的本科应用型人才。建立健全民办本科高校的教学质量保障体系,不断提高影响民办本科高校教学质量的关键要素的质量,高水平民办大学的建设目标一定能够很快实现! 未来中国的高等教育领域,必将出现一批"一流的民办本科高校"!

附 录

民办本科高校教学质量保障体系
建设调查问卷(教师卷)

尊敬的老师:

　　您好!本问卷主要是用来研究我国民办本科高校的教学质量保障体系建设情况的,通过研究,为民办本科高校建立教学质量保障体系提供参考。本调查采用不记名方式,调查结果不涉及具体的个人,答案仅供科研之用,请您放心如实填写。您提供的信息对我们的研究和相关部门的决策非常重要,感谢您的支持与合作!

1. 您的性别

　　□男　　　　□女

2. 您的年龄

　　□35 岁及以下　□36—45 岁　□46—55 岁　□55 岁以上

3. 您的职称

　　□初级　□中级　□副高级　□正高级

4. 您的最高学历/学位

　　□专科　□本科　□硕士　□博士

5. 您从事的专业领域属于

　　□文科　□理科　□工科　□医科　□农科　□其他_____

6. 您的学校所在城市

　　□杭州　□宁波　□温州　□绍兴　□其他

7. 您对所在院校目前本科教学质量的总体满意度如何？

　　□非常不满意　　□不满意　　□一般　　□满意　　□非常满意

8. 您认为贵校目前的教学质量保障体系是否合理？

　　□非常不合理　　□不合理　　□一般　　□合理　　□非常合理

9. 您对学校的办学理念、办学定位和人才培养目标了解吗？

　　□非常不了解　　□不了解　　□一般　　□了解　　□非常了解

10. 学校的专业设置符合地方经济社会发展需求的程度

　　□非常不符合　　□不符合　　□一般　　□符合　　□非常符合

11. 学生的培养方案与学校定位和办学理念一致程度

　　□很不一致　　□不一致　　□一般　　□一致　　□很一致

12. 您都清楚自己所任教的课程在实现人才培养目标中的地位和作用吗？

　　□非常不清楚　　□不清楚　　□一般　　□清楚　　□非常清楚

13. 学校的课程设置及其结构的合理度

　　□很不合理　　□不合理　　□基本合理　　□合理　　□很合理

14. 学校制定的课程教学大纲支撑专业人才培养目标的程度

　　□很低　　□比较低　　□一般　　□比较高　　□很高

15. 课程教学大纲在教师授课中发挥的作用

　　□没作用　　□作用很小　　□一般　　□比较大　　□作用很大

16. 您认为目前学校施行的教学质量标准是否合理？

　　□很不合理　　□不合理　　□一般　　□比较合理　　□很合理

17. 您对学校选用的教材（内容）质量的总体满意度如何？

　　□非常不满意　　□不满意　　□一般　　□满意　　□非常满意

18. 学校的课堂考勤制度执行严格吗？

　　□非常不严格　　□不严格　　□一般　　□严格　　□非常严格

19. 学校的教学管理规范程度如何？

　　□非常不规范　　□不规范　　□一般　　□规范　　□非常规范

20. 教师开新课或新开课的审核制度

　　□非常不严格　　□不严格　　□一般　　□严格　　□非常严格

21. 学校对教师的课堂教学质量的监控制度健全程度

　　□很不健全　　□不健全　　□一般　　□健全　　□很健全

22. 教师对教学的精力投入相对于投入科研的精力来说

　　□非常少　□少　□一样多　□多　□非常多

23. 您认为学校目前的教师队伍整体质量如何？

　　□很低　□比较低　□一般　□比较高　□很高

24. 学校教师参加培养培训的机会多吗？

　　□很少　□少　□一般　□比较多　□很多

25. 学校重视实验和实践教学吗？

　　□很不重视　□不重视　□一般　□比较重视　□很重视

26. 学校教师主动采取有效方法引导和督促不同学生课后学习的情况

　　□几乎没有　□较少　□一般　□较多　□很多

27. 学校对教师的教学质量评价制度

　　□非常不满意　□不满意　□一般　□满意　□非常满意

28. 学校的教学质量保障体系的建设与完善情况

　　□非常不满意　□不满意　□一般　□满意　□非常满意

29. 对以下几项教学质量监控与评价措施,您认为在民办本科高校教学质量保障体系中的重要性如何？并就您所在学校的现状做出满意度评价。

　　(数字 1～5 表示"重要性"或"满意度"递增,1 表示最不重要或最不满意;5 表示最重要或最满意)

重　要　性					项　　目		满　意　度				
1	2	3	4	5			1	2	3	4	5
					A	学生评教					
					B	教师自评					
					C	同行评教					
					D	领导评教					
					E	教学教督制度					
					F	新教师岗前培训					
					G	教师在职培训					

30. 对于下列为学生提供的学习资源或机会,您认为对民办本科高校保障教学质量的重要性如何? 并就您所在学校的现状做出满意度评价。(数字1~5表示"重要性"或"满意度"递增,1表示最不重要或最不满意;5表示最重要或最满意)

重要性					项目		满意度				
1	2	3	4	5			1	2	3	4	5
					A	生源					
					B	师资队伍					
					C	教室、实验室等硬件条件					
					D	校园环境					
					E	全英或双语课					
					F	精品课					
					G	小班授课					
					H	实践教学					
					I	图书馆学习资源					
					J	数字化网络学习资源					
					K	精品在线开放课程资源					
					L	运动场、体育设施					
					M	学术讲座					
					N	学科竞赛活动					
					O	科研活动					
					P	实习基地					

31. 您认为影响民办本科高校教学质量的因素主要有哪些?

32. 为了提高本科教学质量,过去五年内您所在院校采取了哪些主要措施?

民办本科高校教学质量保障体系
建设调查问卷(学生卷)

亲爱的同学:

您好!为了更清楚地了解民办本科高校教学质量的影响因素,便于民办本科高校有针对性地加以改进,从而提升民办本科高校的教学质量,特举行本次调查。本调查是不记名的,调查结果不会涉及具体个人,答案仅作研究用,请您放心填写。非常感谢您的配合!

1. 您的性别

□男　　　□女

2. 您的年级

□本科一年级　　　□本科二年级　　　□本科三年级　　　□本科四年级

3. 您的专业属于

□文科类　　　　　□理工科类　　　　□艺术类　　　　　□医学类
□其他＿＿＿＿＿＿

4. 您的学校所在城市

□杭州　　　　　　□宁波　　　　　　□温州　　　　　　□绍兴
□其他＿＿＿＿＿＿

5. 您毕业后的首选去向

□国内攻读硕士研究生　　□出国(境)攻读硕士学位　　□就业
□自主创业　　　　　　　□其他＿＿＿＿＿＿

6. 您对以下各项现状的满意度

项　　目	非常不满意	不大满意	一般	满意	非常满意
您对学校目前本科教学质量的总体满意度	☐	☐	☐	☐	☐
学校的办学理念、定位和人才培养目标	☐	☐	☐	☐	☐
学校的办学特色	☐	☐	☐	☐	☐
教师具备较高的专业素养	☐	☐	☐	☐	☐
教师在教学工作中精力投入的充分性	☐	☐	☐	☐	☐
教师在教学中能因材施教	☐	☐	☐	☐	☐
教师在教学中十分关注师生互动	☐	☐	☐	☐	☐
学生和老师在课余能经常交流	☐	☐	☐	☐	☐
教师的教学方式方法	☐	☐	☐	☐	☐
教师的课堂教学水平	☐	☐	☐	☐	☐
教师对学生课后学习的引导与指点	☐	☐	☐	☐	☐
教师能有效运用多媒体和网络教学平台进行教学	☐	☐	☐	☐	☐
课程设置及结构的合理度	☐	☐	☐	☐	☐
使用教材的质量	☐	☐	☐	☐	☐
学生能顺利选上需要的课程	☐	☐	☐	☐	☐
学校提供的学习资源和机会	☐	☐	☐	☐	☐
自我学习状况认可度	☐	☐	☐	☐	☐
学校的学风总体满意度	☐	☐	☐	☐	☐
学校的教风总体满意度	☐	☐	☐	☐	☐

7. 您对学校学风的评价

	很好	较好	一般	较差	很差
学习目标明确性	□	□	□	□	□
学习主动性	□	□	□	□	□
学习方法	□	□	□	□	□
自主学习	□	□	□	□	□
参加学科竞赛	□	□	□	□	□
上课迟到、早退、旷课现象	□	□	□	□	□

8. 您对学校教风的评价

	很好	较好	一般	较差	很差
教师的教学责任感	□	□	□	□	□
教师的教学态度	□	□	□	□	□
教师的教学方法	□	□	□	□	□
教师的教学内容	□	□	□	□	□
教师的教学效果	□	□	□	□	□

9. 您认为影响教学质量的关键因素主要有哪些？（选择 4～6 项）

□学生基础

□教师的素质、能力和水平

□教学方式方法

□教室、实验室等教学硬件条件

□班级学生数

□学科竞赛活动

□校园文化活动

□实践教学

□图书馆学习资源

□数字化学习资源与环境

□其他＿＿＿＿＿＿＿＿＿＿＿

10. 对于提高教学质量您有什么意见和建议？

参考文献

一、著作

［1］黄海涛.学生学习成果评估：美国高等教育质量保障研究［M］.北京：教育科学出版社,2014.

［2］王季云.ISO9000 总论［M］.广州：广东人民出版社,1996.

［3］熊志翔.本科院校质量保障体系研究［M］.广州：广东高等教育出版社,2008.

［4］梁忠环,张春梅,张维霖,强玉红.民办高等教育教学质量保障体系研究［M］.青岛：中国海洋大学出版社,2012.

［5］吴岩.构建中国特色高等教育质量保障体系［M］.北京：教育科学出版社,2014.

［6］陈玉琨等.高等教育质量保障体系概论［M］.北京：北京师范大学出版社,2004.

［7］史秋衡,吴雪,王爱萍,等.高等教育大众化阶段质量保障与评价体系研究［M］.广州：广东高等教育出版社,2012.

［8］马健生等.高等教育质量保证体系的国际比较研究［M］.北京：北京师范大学出版社,2014.

［9］田锋.国际高等教育质量外部保障实践的研究［M］.广州：华南理工大学出版社,2014.

［10］唐霞.英国高等教育质量保证体系［M］.北京：北京师范大学出版社,2012.

［11］丁丽军.基于 AUQA 的澳大利亚高等教育质量保障模式研究［M］.南

昌：江西人民出版社,2012.

[12] 阳荣威等.比较视域下的高等教育质量保障研究[M].长沙：湖南大学出版社,2016.

[13] 高迎爽.法国高等教育质量保障体系研究：基于政府层面的分析[M].北京：中国社会科学出版社,2014.

[14] 毛礼锐,沈灌群主编.中国教育通史(第六卷)[M].济南：山东教育出版社,1998.

[15] 刘莉莉.中国民办高等教育发展的研究[M].长春：吉林人民出版社,2002.

[16] 瞿延东.我国民办教育的发展和管理[M].北京：中国财政经济出版社,2002.

[17] 教育部高等教育教学评估中心编.中国民办本科教育质量报告(2016年度)——中国民办本科教育质量的全景与深析[M].北京：教育科学出版社,2017.

[18] 徐绪卿.我国民办高校内部管理体制改革和创新研究[M].北京：中国社会科学出版社,2010.

[19] 靳诺主编.民办高校学生德育专题研究——我国民办高校学生思想调研报告[M].合肥：合肥工业大学出版社,2006.

[20] 张楚廷.高等教育哲学[M].长沙：湖南教育出版社,2004.

[21] 潘懋元,王伟廉.高等教育学[M].福州：福建教育出版社,1995.

[22] 王伟廉.高等学校课程研究导论[M].广州：广东高等教育出版社,2008.

[23] 潘懋元.高等学校教学原理与方法[M].北京：人民教育出版社,2003.

[24] 刘海峰.高校考试招生制度改革研究[M].北京：经济科学出版社,2009.

[25] 吴霓.学校教育管理实施ISO9000族标准的研究与实践[M].北京：教育科学出版社,2006.

[26] 钱学森.论宏观建筑与微观建筑[M].杭州：杭州出版社,2001.

[27] 高林,等.应用性本科教育导论[M].北京：科学出版社,2006.

[28] 张伯苓.张伯苓教育论著选[M].崔国良,编.北京：人民教育出版

社,1997.

[29] 陈新民.民办高校人才培养模式改革的理论与实践[M].杭州：浙江大学出版社,2007.

[30] 丛立新.澳大利亚课程标准[C].章燕译.北京：人民教育出版社,2005.

[31] 张亚群.高校自主招生与高考改革[M].北京：中国社会科学出版社,2012.

[32] 张亚群.中国近代大学通识教育与创新人才培养[M].福州：福建教育出版社,2015.

[33] 安波,徐会吉.民办高校师资队伍建设现状与对策研究[M].济南：山东人民出版社,2013.

[34] 熊志翔.高等教育质量保障体系研究[M].长沙：湖南人民出版社,2002.

[35] 宣勇.大学组织结构研究[M].北京：高等教育出版社,2005.

[36] 周海涛.大学课程研究[M].北京：中国社会科学出版社,2008.

[37] 詹姆斯.R.埃文斯 威廉.M.林赛.质量管理与质量控制(第7版)[M].焦叔斌,主译.北京：中国人民大学出版社,2010.

[38] 费根堡姆.全面质量管理[M].杨文士,译.北京：机械工业出版社,1994.

[39] Peter M. Senge, The Fifth Discipline：The Art and Practice of the Learning Organization(New York：Doubleday Currency,1990),14.

[40] Spady, W.G. Outcome-Based Education：Critical Issues and Answers [M]. American Association of School Administrators. Arlington, Va.1994.

[41] 赫伯特·A·西蒙.管理决策新科学[M].李柱流,汤俊澄,等,译.北京：中国社会科学出版社,1985.

[42] 霍华德·加德纳.智能的结构[M].沈致隆,译.北京：中国人民大学出版社,2008.

[43] 约翰·S.布鲁贝克.高等教育哲学[M].王承绪,等,译.杭州：浙江教育出版社,1987.

[44] 约瑟夫·M·朱兰,A·布兰顿·戈弗雷,等.朱兰质量手册(第五版)

［M］.焦权斌,等,译.北京：中国人民大学出版社,2003.

［45］彼得·圣吉.第五项修炼：学习型组织的艺术与实践［M］.张成林,译.
北京：中信出版社,2009.

二、报刊文章

［1］熊志翔.高等教育质量保障的制度性变革［J］.高教探索,2008(2).

［2］中国民办高教发展战略研究课题组.民办高等教育新发展中面临的问
题［J］.浙江树人大学学报,2002(5)：8.

［3］别敦荣.民办高校转型发展的思考［J］.山东高等教育,2014(5).

［4］［瑞典］托斯坦.胡森.论教育质量［J］.华东师范大学学报（教育科学
版）,1987(3)：2－9.

［5］黄怡,田瑞玲.谈层次需求理论对提高高校教学质量的启示［J］.兰州商
学院学报,2001(2)：110－112.

［6］马红霞.论教学质量及其评价［J］.天水师范学院学报,2002(6)：57－58.

［7］张卓.高校教学质量保障系统研究［J］.中国高等教育评估,1998(4)：
24－26.

［8］郝保文.论教学质量的结构及教学质量的提高［J］.内蒙古师范大学学
报（哲学社会科学版）,1994(3)：68－73.

［9］安心.试析高等教育质量保证的若干问题［J］.高等教育研究,1998(6).

［10］柳国勇,郭国庆.民办本科院校教学质量保障体系研究与实践［J］.教育
观察（上半月）,2016,5(07)：55－56.

［11］李卓.民办高校内部教学质量保障体系构建研究——以湖南涉外经济
学院为例［J］.教育教学论坛,2016(01)：8－9.

［12］胡祝恩.民办本科院校教学质量保证体系的探索与思考——以浙江越
秀外国语学院为例［J］.黑龙江教育学院学报,2015,34(07)：47－48.

［13］张黎.基于 ISO9000 的民办本科院校内部专业评估质量管理研究［J］.
赤峰学院学报（自然科学版）,2016,32(16)：203－205.

［14］王成东,蔡渊渊.基于 ISO9000 国际标准的黑龙江民办高校教学质量
管理问题及对策研究［J］.黑龙江科技信息,2013(4)：313.

［15］杨国昌,许法文.民办高校教学质量管理保证与监控体系的构建［J］.中

国高等教育评估,2011,23(02):58-61.

[16] 蔡文芬,陈莉.基于管理循环理论的民办高校教学质量保障体系构建[J].人类工效学,2015,21(05):71-74.

[17] 史祎馨,叶芬芳.基于系统论的民办高职教学质量保障体系的构建[J].当代职业教育,2013(09):42-45.

[18] 覃柳云,何茂勋.以全面质量管理的理念构建独立学院教学质量保障体系[J].中国质量,2007(11):30-32.

[19] 闫德鑫,冯芝丽.民办高校教学质量监控与保障体系的研究[J].时代农机,2017,44(08):228-229.

[20] 卢红玲.论民办高校校内教学质量监控体系的构建[J].文教资料,2012(03):196-198.

[21] 李晓光.构建民办本科院校教学质量保障与监控体系的意义及路径[J].广西广播电视大学学报,2018,29(03):51-53.

[22] 钱大宇.民办院校设置督导机制的意义——以浙江育英职业技术学院为例[J].民办教育研究,2006(05):68-71.

[23] 姚红燕.加强民办高校学生教学信息员队伍建设——以浙江树人大学为例[J].文教资料,2013(4).

[24] 徐洁.大学生参与教学管理的若干思考[J].科教文汇,2016(2)上.

[25] 沈振华,安妍.关于民办本科院校教学质量保障体系下加强师资队伍建设的研究与思考[J].课程教育研究,2012(34):21-22.

[26] 姚温玉,王志敏,王其浩.民办高校课程建设质量保障体系构建策略[J].鸭绿江(下半月版),2015(1).

[27] 郭晓娜,闫春生.民办高校实践教学质量保障体系的探索[J].价值工程,2011(35):234-235。

[28] 胡祝恩.民办本科院校教学质量保证体系建设的探索与实践——以浙江越秀外国语学院为例[J].高教学刊,2015(06):76-77.

[29] 郝结林.民办本科院校教学质量保证体系的探索——川外重庆南方翻译学院个案分析[J].重庆与世界(学术版),2014,31(01):59-62.

[31] 马红坤,邹波.构建民办高校教学质量与监控体系的思考——以江西科技学院为例[J].中国成人教育,2014(15):134-136.

［32］ 吴炯平，李望国，郭占元.民办高校应建立教学质量督导评估运行机制——广东培正商学院教学质量评估的实践［J］.黄河科技大学学报，2005(04)：25－28.

［33］ 刘振泉.民办本科高校教学质量保障体系研究［J］.青春岁月，2012(7)上：144－145.

［34］ 潘懋元.高等教育大众化的教育质量观［J］.中国高教研究，2000(01)：7－9.

［35］ 潘懋元，陈春梅.高等教育质量建设的理论设计［J］.高等教育研究，2016,37(03)：1－5.

［36］ 别敦荣，邵士权.高等教育质量观与优质高等教育的发展［J］.大学(研究与评价)，2007,(10)：50－56.

［37］ 别敦荣，孟凡.论学生评教及高校教学质量保障体系的改善［J］.高等教育研究，2007,28(12)：77－83.

［38］ 郑觅.高校内部质量保障：框架与措施——联合国教科文组织"IQA项目"优秀案例述评［J］.中国高教研究，2016(9)：17—22＋76.

［39］ 李国强.高校内部质量保障体系建设的成效、问题与展望［J］.中国高教研究，2016(2)：1－11.

［40］ 杨彩霞，邹晓东.以学生为中心的高校教学质量保障：理念建构与改进策略［J］.教育发展研究，2015,35(03)：30—36＋44.

［41］ 戚业国.高校内部本科教学质量保障体系建设的理论框架［J］.高教质量，2009(2)：31－33.

［42］ 魏红，钟秉林，李奇，韦小满.优化指标体系 强化内部保障 促进自主发展——新一轮本科教学评估基本问题探析(三)［J］.中国高等教育，2009(09)：37－40.

［43］ 邬大光，卢彩晨.艰难的复兴 广阔的前景——我国民办高等教育30年回顾与前瞻［J］.中国高教研究，2008(10)：12－16.

［44］ 张景轩.把脉高等教育和高校发展——访我国著名教育家潘懋元教授［J］.教育与职业，2005(34).

［45］ 袁振国.教育质量的国家观念［J］.中国教育学刊，2016(9).

［46］ 洪坚.非平衡自组织理论视角下民办高校生源危机管理［J］.教育发

研究,2012(11).

[47] 董圣足,潘奇,刘荣飞.民办高校招生现状及对策建议：上海实证[J]. 浙江树人大学学报,2013(9).

[48] 黄藤.今日且将汗作雨 明朝喜看鱼化龙——西安外事学院办学启示录[J].教育发展研究,2000(12).

[49] 邬大光.中国民办高等教育发展状况分析(上)——兼论民办高等教育政策[J].教育发展研究,2001(07)：23-28.

[50] 杨志坚.中国本科教育培养目标研究(之二)——本科教育培养目标的基本理论问题[J].辽宁教育研究,2004(6).

[51] 马彪,刘明岩,颜端武.论高校招生取消分批次录取[J].教育探索,2015(1).

[52] 周洪宇.努力规范民办高校招生管理[J].中国高等教育,2007(9).

[53] 邬大光.什么是"好"大学[J].北京大学教育评论,2018,16(04)：169-182.

[54] 陈武元.中国民办高校如何走出办学水平不高的困境——经费来源结构的视角[J].教育研究,2011(7)：43-46.

[55] 潘懋元.教育的基本规律及其相互关系[J].高等教育研究,1988(03)：6-12.

[56] 潘懋元,董立平.关于高等学校分类、定位、特色发展的探讨[J].教育研究,2009,30(02)：33-38.

[57] 武书连.再探大学分类[J].科学学与科学技术管理,2002(10).

[58] 邱均平.中国大学评价的意义、理念和做法[J].评价与管理,2005(2).

[59] 潘懋元,车如山.略论应用型本科院校的定位[J].高等教育研究,2009,30(05)：35-38.

[60] 刘献君.论"以学生为中心"[J].高等教育研究,2012,33(08)：1-6.

[61] 刘小强,蒋喜锋.学生学习视野中的高校教学质量建设研究[J].教育研究,2012,33(07)：77-81.

[62] 刘振天.系统·刚性·常态：高等教育内部质量保障体系建设三个关键词[J].中国高教研究,2016(09)：12-16.

[63] 刘献君.论本科教学评估中的办学特色[J].高等教育研究,2005(06)：40-43.

［64］刘献君.论大学办学特色的创建［J］.高等教育研究,2012,33(01)：51－56.

［65］储召生.办学特色：大学的必然选择［N］.中国教育报,2003－07－27.

［66］张亚群.高校自主招生改革：动因、问题与对策［J］.北京大学教育评论,2010(04).

［67］张亚群.什么是好的通识教育［N］.光明日报,2016－05－10(014).

［68］赵海峰.民办高校全面实行自主招生的可行性探究［J］.教育与考试,2016(04)：58－63.

［69］曹屯裕,贾让成,林麒.基于"平台＋模块"课程结构体系的人才培养模式［J］.中国大学教学,2003(05)：17－19.

［70］张应强,苏永建.高等教育质量保障：反思、批判与变革［J］.教育研究,2014(5)：19－27,29.

［71］李跃生,陈孟英.卓越企业的卓越文化(Ⅰ)——对海尔以质量为核心的企业文化的调研［J］.质量与可靠性,2003(05)：8－13.

三、学位论文

［1］沈玉顺.高校教学质量保障模式研究［D］.华东师范大学,1998.

［2］田恩舜.高等教育质量保证模式研究［D］.华中科技大学,2006.

［3］张欣.我国地方本科院校教学质量保障体系研究［D］.华中科技大学,2012.

［4］盛欣.新建地方本科院校人才培养质量及保障机制研究［D］.湖南师范大学,2015.

［5］方鸿琴.我国高校质量保障体系一般模式构建与质量审计［D］.华东师范大学.2011.

［6］赵莉.研究型大学本科人才培养质量提升研究［D］.中国矿业大学(北京),2017.

［7］王鑫.H省新建本科院校教学质量改进研究［D］.哈尔滨师范大学,2016.

［8］徐蕾.我国应用技术型大学质量保障研究［D］.武汉大学,2016.

［9］俞佳君.以学习为中心的高校教学评价研究［D］.华中师范大学,2015.

［10］苗耀祥.我国高等教育质量保证政策研究［D］.东北大学,2015.

［11］蔡红梅.研究型大学本科教学质量保证体系研究［D］.华中科技大学,2014.

［12］王斌.中国民办高等教育投资补偿机制研究［D］.武汉理工大学,2013.

［13］王庆如.民办高校办学水平提升策略研究［D］.陕西师范大学,2012.

［14］李钊.民办高校办学风险防范研究［D］.华中科技大学,2008.

［15］任艳红.高校教学评价制度的反思与重构［D］.陕西师范大学,2011.

［16］韩映雄.高等教育质量精细分析［D］.华东师范大学,2003.

［17］黎琳.中国大学人才培养质量保障研究——基于要素分析的视角［D］.厦门大学,2008.

［18］郑延福.本科高校教师教学质量评价研究［D］.中国矿业大学,2012.

［19］朱泓.高等学校教学质量评估体系的研究［D］.大连理工大学,2004.

［20］宋晓洁.民办本科高校教学质量保障体系研究［D］.广西师范学院,2017.

［21］邹秀楠.基于审核评估的高校内部教学质量保障体系研究［D］.哈尔滨理工大学,2017.

［22］姚瑶.新一轮评估背景下新建地方本科院校教学质量保障体系研究［D］.湖南农业大学,2016.

［23］吕帅.基于审核评估的本科教学质量保障体系构建研究［D］.大连理工大学,2016.

［24］肖颜婷.独立学院教学质量保障体系研究［D］.华侨大学,2015.

［25］刘东兴.我国应用型本科院校内部教学质量保障体系构建研究［D］.淮北师范大学,2014.

［26］梁桃.新建本科院校内部教学质量保障体系的探索与实践研究［D］.重庆师范大学,2014.

［27］李艳霞.技术本科院校教学质量保障体系问题与对策研究［D］.华东师范大学,2013.

［28］孔昱.运用ISO9000标准建构独立学院教学质量保障体系的研究［D］.华中师范大学,2012.

［29］苑玉洁.高职院校教学质量保障体系的构建［D］.兰州大学,2012.

［30］朱星荧.我国高等职业教育教学质量保障体系完善研究［D］.华中师范

大学,2011.

［31］刘媛媛.独立学院教学质量保障体系研究［D］.华中师范大学,2011.

［32］袁桂亭.大众化背景下高等院校本科教学质量保障体系研究［D］.哈尔滨师范大学,2009.

［33］肖鹏.我国民办高校教学质量保障体系研究［D］.广西师范大学,2005.

［34］陈文贵.高校内部教学质量保障体系的研究与构建［D］.天津大学,2005.

［35］闵杰.基于ISO9000的湖南工程学院教学质量保障体系的研究［D］.湖南大学,2006.

［36］王艳.新建本科院校教学质量保障体系研究［D］.武汉理工大学,2006.

［37］常晓.我国本科教学质量保障体系研究［D］.河海大学,2007.

［38］路洋.普通高校本科教学质量保障体系建设研究［D］.华东师范大学,2007.

［39］李伟.新建本科院校教学质量保障体系建构研究［D］.重庆大学,2007.

［40］叶林桢.大众化背景下高校本科教学质量保障体系的理论与实践研究［D］.南昌大学,2008.

［41］冯旭芳.高职实践教学质量保障体系研究［D］.浙江工业大学,2009.

四、政府文件

［1］国家教育委员会.民办高等学校设置暂行规定［Z］.教计〔1993〕129号,1993.

［2］教育部.关于印发《高等学校教学管理要点》的通知［Z］.教高司〔1998〕33号,1998.

［3］中共中央,国务院.中共中央 国务院关于深化教育改革全面推进素质教育的决定［Z］.中发〔1999〕9号,1999.

［4］教育部.教育部关于加强高等学校本科教学工作提高教学质量的若干意见［Z］.教高〔2001〕4号,2001.

［5］民政部.教育类民办非企业单位登记办法(试行)［Z］.民发〔2001〕306号,2001年10月19日发布施行.

［6］教育部.教育部关于印发《普通高等学校基本办学条件指标(试行)》的

通知[Z].教发〔2004〕2 号,2004.

[7] 教育部办公厅.普通高等学校本科教学工作水平评估方案(试行)[Z].教高厅〔2004〕21 号,2004.

[8] 教育部.教育部关于进一步加强高等学校本科教学工作的若干意见[Z].教高〔2005〕1 号,2005.

[9] 教育部.教育部关于全面提高高等职业教育教学质量的若干意见[Z].教高司〔2006〕16 号,2006.

[10] 教育部.普通本科学校设置暂行规定[Z].教发〔2006〕18 号,2006.

[11] 教育部.教育部关于深化本科教学改革全面提高教学质量的基干意见[Z].教高〔2007〕2 号,2007.

[12] 中共中央,国务院.国家中长期教育改革和发展规划纲要(2010—2020年)[Z].中发〔2010〕12 号,2010 - 7 - 8.

[13] 教育部.关于普通高等学校本科教学评估工作的意见[Z].教高〔2011〕9 号,2011.

[14] 教育部、中宣部、财政部等七部门.教育部等部门关于进一步加强高校实践育人工作的若干意见[Z].教思政〔2012〕1 号,2012.

[15] 教育部.教育部关于全面提高高等教育质量的若干意见[Z].教高〔2012〕4 号,2012.

[16] 国务院.国务院关于深化考试招生制度改革的实施意见[Z].国发〔2014〕35 号,2014.

[17] 浙江省人民政府.浙江省人民政府关于印发浙江省深化高校考试招生制度综合改革试点方案的通知[Z].浙政发〔2014〕37 号,2014.

[18] 上海市人民政府.上海市人民政府关于印发《上海市深化高等学校考试招生综合改革实施方案》的通知[Z].沪府发〔2014〕57 号,2014.

[19] 教育部、国家发展改革委、财政部.教育部 国家发展改革委 财政部关于引导部分地方普通本科高校向应用型转变的指导意见[Z].教发〔2015〕7 号,2015.

[20] 教育部 国家发展改革委 财政部.教育部 国家发展改革委 财政部关于引导部分地方普通本科高校向应用型转变的指导意见[Z].教发〔2015〕7 号.2015 - 10 - 23.

［21］中共中央办公厅.中共中央办公厅关于印发《关于加强民办学校党的建设工作的意见（度行）》的通知［Z］.中办发〔2016〕78 号.2016.

［22］教育部.推进共建"一带一路"教育行动［Z］.教外〔2016〕46 号,2016.

［23］浙江省教育厅.浙江省普通本科高校分类评价管理改革办法（试行）［Z］.浙教高教〔2016〕107 号,2016.

［24］教育部等五部门.教育部等五部门关于印发《民办学校分类登记实施细则》的通知［Z］.教发〔2016〕19 号,2016 - 12 - 30.

［25］国务院.国务院关于印发国家教育事业发展"十三五"规划的通知［Z］.国发〔2017〕4 号,2017 - 01 - 19.

［26］浙江省人民政府.浙江省人民政府关于鼓励社会力量兴办教育促进民办教育健康发展的实施意见［Z］.浙政发〔2017〕48 号,2017.

［27］教育部高等教育司.教育部高等教育司关于实施《普通高等学校本科专业类教学质量国家标准》的通知［Z］.教高司〔2017〕62 号,2017.

［28］浙江省教育考试院.浙江省教育考试院关于做好 2018 年选拔高职高专毕业生进入本科学习工作的通知［Z］.浙教试院〔2017〕81 号,2017.

［29］上海市教育委员会.上海市教育委员会关于做好 2018 年本市部分普通高校招收"专升本"新生工作的通知［Z］.沪教委学〔2018〕13 号,2018.

［30］教育部.教育部关于加快建设高水平本科教育 全面提高人才培养能力的意见［Z］.教高〔2018〕2 号.2018.

五、网络文章

［1］吴岩.在高等学校专业设置与教学指导委员会第一次全体会议上的讲话［EB/OL］.光明校园传媒 https://mp. weixin. qq. com/s/fgPd4eJSnNTz5usbJ9hBfQ,2019 - 6 - 26/2019 - 07 - 23.

［2］教育部.全国高等学校名单［EB/OL］.http://www. moe. gov. cn/srcsite/A03/moe_634/201706/t20170614_306900. html,2017 - 06 - 14/2017 - 07 - 20.

［3］仰恩大学官网.历史沿革［EB/OL］.http://web. yeu. edu. cn/xuexiaogaikuang/lishiyange.html,2019 - 07 - 15.

［4］ 教育部网站.教育部有关负责人就《民办教育促进法》修改情况答记者问［EB/OL］.http://www.moe.gov.cn/jyb_xwfb/s271/201611/t20161107_287961.html,2016 - 11 - 07/2019 - 07 - 15.

［5］ 中国经济网.2018 年 31 省区 GDP"成绩单"出炉：仅 5 省总量未破万亿［EB/OL］.http://district.ce.cn/zg/201902/02/t20190202_31418762.shtml,2019 - 02 - 02/2019 - 08 - 22.

［6］ 搜狐网.2018 中国民营企业 500 强榜单出炉,快看各省分布情况［EB/OL］.http://www.sohu.com/a/250850411_99919028,2018 - 08 - 30/2019 - 08 - 22.

［7］ 搜狐网.2018 年全国各省份人均可支配收入排行榜出炉,10 省份超全国水平［EB/OL］.https://www.sohu.com/a/303682326_120113054,2019 - 03 - 25/2019 - 08 - 22.

［8］ 中国科教网.2019—2020 年大学教育地区(31 个省市区)竞争力排行榜［EB/OL］.http://www.nseac.com/eva/CUAE.php? DDL year＝2019,2019 - 08 - 22.

［9］ 杭州钱江业余学校网站,地址为：http://www.hzqjac.com/home.php.

［10］ 西湖大学网站,地址为：https://www.westlake.edu.cn/.

［11］ 中国科教评价网."金平果"独家发布 2019 年中国民办院校竞争力排行榜［Z］.http://www.nseac.com/html/14/681240.html,2019 - 01 - 24/2019 - 08 - 24.

［12］ 四川大学.以课堂教学改革为突破口的一流本科教育川大实践［EB/OL］.http://jxcg.scu.edu.cn/cgbg/cgzynr.htm,2019 - 04 - 12.

［13］ 清华大学官网.清华大学 2018 年度部门预算［EB/OL］.http://www.tsinghua.edu.cn/publish/newthu/openness/cwzcjsfxx/cwysxx_all.htm,2018 - 04 - 01/2019 - 04 - 14.

［14］ 教育部门户网站.数读 2018 年全国教育事业发展基本情况［EB/OL］.http://www.moe.gov.cn/fbh/live/2019/50340/mtbd/201902/t20190227_371426.html,2019 - 02 - 27/2019 - 04 - 17.

［15］ 百度文库.PDCA 循环的四个阶段八个步骤［OB/01］.https://wenku.

baidu. com/view/8ce8c71552d380eb62946d8c. html,2019 - 03 - 20.

[16] UNESCO. Higher Education in the Twenty-first Century [EB/OL].
(1998 - 10 - 09)[2015 - 05 - 30]. http://www. unesco. org/education/
educprog/wche/eng. htm.

[17] 授权发布：中国共产党第十八届中央委员会第三次全体会议公报
[EB/OL]. 新华网 http://www. xinhuanet. com//politics/2013 - 11/
12/c_118113455. htm,2013 - 11 - 12/2019 - 07 - 28.

[18] 卢志文. 不能用管理公办教育的方式管理民办教育[EB/OL]. https://
mp. weixin. qq. com/s/mkQcE1wfoRNPFabyiKGDdA,2019 - 03 - 31.

[19] 中国工程教育认证协会. 工程教育认证标准[EB/OL]. http://www.
ceeaa. org. cn/main! newsList4Top. w? menuID＝01010702♯,2017 -
11/2019 - 04 - 17.

[20] 祁萧. 中国大学通识教育改革之道——第三届大学通识教育联盟年会
"校长论坛"纪实[EB/OL]. https://www. sohu. com/a/167175288_
99962057,2017 - 08 - 24/2019 - 04 - 20.

[21] 同济大学质量管理办公室. 同济大学教学质量保证体系简介[EB/
OL]. https://qa. tongji. edu. cn/58/8a/c8933a88202/page. htm,2018 -
04 - 03/2019 - 08 - 10.

后　记

　　本书是在本人博士学位论文的基础上修改出版的。攻读博士学位尤其是在学位论文写作期间，除了学识的增长，更多的是学会了淡定，学会了在工作、家庭、学习的多重压力之下坚定信心，奋勇向前。拙作即将付梓，但心中仍有一丝忐忑，因为总感觉研究还没有结束，还有很多问题有待我去进一步解决，本书最多只能算是阶段性成果。

　　我国民办高校因为各种历史的、社会的原因造成客观上的师资队伍弱、生源质量差、经费与教学条件投入不足等问题，如何提高和保障教学质量，建设高水平民办大学是民办教育从业者一直在思索并急于破题的课题。本书在分析了全国和浙江省民办本科高校的教学质量现状的基础上，试着构建了由设计质量保障系统、过程质量保障系统、结果质量保障系统和反馈与修正系统四个子系统组成的"SOAC 教学质量保障体系"，并对影响民办本科高校教学质量的关键要素——师资、生源、课程、经费与教学条件进行了深入分析，虽然取得了一定的成果，但由于本人的学术水平、教学管理的实践经验有限等原因，研究成果还有较大的局限性。

　　一是本研究基于对浙江省四所民办本科高校的调查分析，其研究结论是否能够代表全国民办本科高校的普遍情况有待进一步考证。本研究只是从全国第三方的一些排名数据来看，浙江省的民办本科高校在全国民办本科高校中处于中上水平，由此认为浙江省民办本科高校存在的问题在全国民办本科高校中或多或少地存在。但是研究中使用了较多的比较数据，比如生均教学仪器设备值、生均教学行政用房面积等数据是同浙江省的公办本科高校的平均数据做的比较，而浙江省公办本科高校的平均数据在全国公办本科高校中的情况并没有考证。因为浙江地处沿海经济发达地区,其公办本科高校的投入可能相对较大,因此,浙江省四所民办本科高校的相关投入在浙江省本科高校中处于劣势,但也许与中西部有些省份的公办高校投入相比,这些数据可能就并不处于劣势了。

二是本研究更多地偏重于教学质量保障的体系构建和影响因素的分析研究,而对于质量保障的评估、检测、审计等质量监控与评价的技术、方法和手段的研究没有深入,比如对于教师课堂教学的质量如何进行评价,指标体系如何构建,从哪些维度来进行评价,等等,这些具体的质量监控与评价的内容没有展开研究。本研究只是从宏观上对过程质量监控的内容进行了分析,具体的监督与评价有待今后研究的深入。

三是本研究虽然构建了"民办本科高校 SOAC 教学质量保障体系"的理论模型,并且在本人所在的民办本科高校开始付诸实践,但是毕竟实践还远不够深入,与该理论模型相配套的政策制度体系还有待在实践中进一步深化。也希望通过实践,真正建立起一个既有理论指导又有配套的政策制度体系的比较完备的民办本科高校内部教学质量保障体系,为高水平民办大学的建设作出贡献。

因此,本书不会是我研究"民办本科高校教学质量"这一主题的结束,而仅仅是一个开始。

在本书即将出版之际,要特别感谢我的导师厦门大学教育研究院张亚群教授对我的指导和帮助。每一次面见老师,老师总是不厌其烦,谆谆教导。每一次发邮件给老师,老师总是在第一时间给予回复。从论文选题、开题到写作框架的确定,再到论文的修改与定稿,都离不开老师的悉心指导。厦门大学潘懋元教授、刘海峰教授、邬大光教授、刘振天教授、别敦荣教授、史秋蘅教授、王洪才教授、郑若玲教授、覃红霞教授等,对本研究给予了宝贵的指导。感谢我的访学导师华东师范大学袁振国教授,在我最需要静心完成博士论文写作的时期同意接收我到华东师范大学做访问学者,并为我博士论文的写作创造了十分优越的条件。感谢浙江树人学院教务处的姜文杰副处长、质量监控中心的陈超祥主任,宁波财经学院教师发展中心的王志军主任、教务处的李继芳处长,温州商学院的陈坤党副校长以及其他教务处的同行与同事,为我论文的调查研究提供无私的帮助和全力的支持,你们的胸怀和对工作的态度令我深深钦佩！本书还得到了浙江越秀外国语学院优秀学术著作出版基金的资助,得到了学校有关领导、科研处和教务处的全力支持,对此一并表示感谢！最后特别感谢我的家人一路以来的鼓励和支持。如果没有他们的鼓励、指导和帮助,本书还不知道什么时候可以出版。

本书对民办本科高校教学质量保障体系的研究还只是一个初步的探索,更需要实践的检验与修正,难免存在不足之处,诚恳地希望得到各位学界前辈和同仁的批评指正。

赵海峰

2022 年 1 月 21 日